21世纪经济管理新形态教材·公共基础课系列

大学生心理健康教育

主　编◎朱玉珠　付　瑶　邢传波

副主编◎杨　坤　吴　迪　刘腾飞

清华大学出版社
北京

内 容 简 介

本书依据心理学的基本理论和方法,在内容设计上遵循大学生在认识、情感、意志、动机、个性心理等方面的一般规律和突出特点,让大学生进一步自我了解,发展自我。内容主要包括心理健康概述、自我意识、大学生的时间管理、人格、压力、情绪管理、人际关系、爱情、生命教育与心理危机应对、大学生生涯规划。通过对大学生心理健康教育的各个方面进行系统总结和论述,有理论、有实践、有案例,体现时代性,富有实用性,具有较强的针对性、理论性和实际操作性。

本书可作为普通高等学校大学生心理健康教育课程的教材,也可作为广大心理健康工作者的参考书。

图书在版编目 (CIP) 数据

大学生心理健康教育 / 朱玉珠,付瑶,邢传波主编 . —北京:清华大学出版社,2023.7
(2024.8 重印)
21 世纪经济管理新形态教材 . 公共基础课系列
ISBN 978-7-302-63938-1

Ⅰ . ①大… Ⅱ . ①朱… ②付… ③邢… Ⅲ . ①大学生-心理健康-健康教育-高等学校-教材 Ⅳ . ① G444

中国国家版本馆 CIP 数据核字 (2023) 第 115796 号

责任编辑:付潭娇
封面设计:汉风唐韵
版式设计:方加青
责任校对:王凤芝
责任印制:曹婉颖

出版发行:清华大学出版社
  网 址:https://www.tup.com.cn,https://www.wqxuetang.com
  地 址:北京清华大学学研大厦 A 座   邮 编:100084
  社 总 机:010-83470000   邮 购:010-62786544
  投稿与读者服务:010-62776969,c-service@tup.tsinghua.edu.cn
  质 量 反 馈:010-62772015,zhiliang@tup.tsinghua.edu.cn
印 装 者:三河市东方印刷有限公司
经 销:全国新华书店
开 本:185mm×260mm 印 张:13.5 字 数:301 千字
版 次:2023 年 8 月第 1 版 印 次:2024 年 8 月第 2 次印刷
定 价:46.00 元

产品编号:102452-01

加强和改进高校学生心理健康教育是新形势下全面贯彻党的教育方针、落实立德树人根本任务的重要举措，是提高大学生心理素质、促进其身心健康和谐发展的重要途径，是加强和改进大学生思想政治教育、培养德智体美劳全面发展时代新人的重要任务。习近平总书记强调指出："培育理性平和的健康心态，是高校育人的重要方面""要加强人文关怀和心理疏导，引导师生正确认识义和利、群和己、成和败、得和失，不断提升心理健康素质"。这些重要论述为做好新时代高校学生心理健康教育工作提供了思想指引和行动指南。

大学生心理健康教育课程作为高校通识课程之一，旨在普及大学生心理健康教育知识，增强学生心理健康意识，提高学生心理调适能力，培养学生健全人格，增强心理健康素质，着力培养学生自尊自信、理性平和、积极向上的健康心态，促进学生心理健康素质与思想道德素质、科学文化素质协调发展，努力培养德智体美劳全面发展的社会主义合格建设者和可靠接班人。

拥有健康的心理和良好的心理素质，不仅是大学生健康成长的需要，而且也是现代人才发展的需要。对于高等教育，《国家中长期教育改革和发展规划纲要（2010—2020 年）》明确指出："加快创建世界一流大学和高水平大学的步伐，培养一批拔尖创新人才，形成一批世界一流学科，产生一批国际领先的原创性成果，为提升我国综合国力贡献力量。"而拔尖创新人才应具备良好的心理素质，加强大学生心理健康教育就是全面提高大学生心理素质、促进身心和谐发展的基本手段，既是高校人才培养体系的重要组成部分，又是高校思想政治工作的重要内容。课堂教学是实施心理健康教育的主阵地，在大学生心理健康教育工作中发挥着主渠道的作用。《高等学校学生心理健康教育指导纲要》［教党（2018）41 号］指出，高校要基本形成教育教学、实践活动、咨询服务、预防干预"四位一体"的心理健康教育工作格局，其中首要任务是推进知识教育，完善心理健康教育教材体系，组织编写大学生心理健康教育示范教材，科学规范教学内容。

本书按照《高等学校学生心理健康教育指导纲要》《高校思想政治工作质量提升工程实施纲要》精神，在习近平新时代中国特色社会主义思想指引下，结合我校长期对心理健康教育研究与实践的丰富积累，依据当代大学生的身心特点和课堂教学特点，从全面实施素质教育的新视角、新观念及现代社会发展的新领域出发，在编写上力求突出科学性与思想性、理论性与操作性、知识性与趣味性相结合的特点，避免形成枯燥难懂的理论。

为扎实有效推进大学生心理健康教育工作，促进大学心理健康教育的科学化、具体化、规范化发展，实现"教学推动科研、科研促进教学"的目标和大学生心理健康教育工作高质量发展，依托佳木斯大学学生工作部（学生处）心理健康教育与咨询中心带领的心理联合会开展教科研活动，获批黑龙江省哲学社会科学扶持共建项目："虚拟仿真技术＋学生理论社团"发展模式构建与创新研究（20KSE345）、2022年度黑龙江省高等教育教学改革思政课专项项目："虚拟仿真技术在提升思政课教学实效性中的应用研究（SJGSX2022014）"、佳木斯大学教育教学研究项目（2020JY3-40）。本书作为相关课题阶段性研究成果，提升和展现了编写组成员的教科研水平。

本书共设十章内容，涵盖了《普通高等学校学生心理健康教育课程教学基本要求》相关主题，坚持理论与实践相结合的编写原则。理论内容由心灵故事、心灵之窗、心灵鸡汤、心灵游戏和理论知识等组成，注重以生动活泼的形式将心理健康教育的理论知识寓教于乐，通俗易懂地表达给各位大学生。心理案例以学生个体为样本说明心理问题的产生原因和解决途径，心理测试为结合本章的相关测试，团体辅导提供了结合章节主题的辅导活动方案。本书由朱玉珠、付瑶、邢传波担任主编；杨坤、吴迪、刘腾飞担任副主编；史秉玉、王羽轩、唐琦、郝继辉参加编写工作。其中，朱玉珠写作8.1万字，付瑶写作5.1万字，邢传波写作1.8万字，杨坤写作1万字，吴迪写作2万字，刘腾飞写作2万字，史秉玉写作3万字，王羽轩写作3万字，唐琦写作3万字，郝继辉写作1万字。

本书以心理健康知识的基本理论为基础，紧紧围绕影响大学生人格成长和完善过程中经常遇到的心理问题，如自我意识、人格完善、情绪调节、人际交往、恋爱心理、生涯发展等方面的困扰，通过对心理理论、心理调适方法的传授、心理测试与训练等环节，帮助大学生更好地认识自我，能够及时对可能发生的心理问题进行必要的预防，增强心理健康自我教育的自觉性、主动性和积极性，提升心理自我教育的能力，也可以供心理咨询员、辅导员、大学生、教师等参考学习。

本书在编写过程中参考和借鉴了国内外相关研究文献，在此，向相关文献的研究者辛苦付出和努力表示诚挚谢意。由于编者水平和能力有限，加上时间仓促，书中疏漏之处在所难免，欢迎广大同行和读者朋友批评指正。

编　者

2023年3月

目 录

第一章
心理健康概述

【本章学习目标】

1. 了解心理健康的概念和基本理论，了解大学生心理健康的主要问题。
2. 掌握提升心理健康水平的途径。

名人名言

有恬静的心灵就等于把握住了心灵的全部，有稳定的精神就等于能指挥自己！

——米贝尔

案 例 分 析

1920年，在印度米德纳波尔发现了两个被狼叼走并养大的女孩——狼孩。这两个狼孩虽然长得与人一样，但行为举止却完全和狼一样。她们白天睡觉，夜晚活动，常常像狼一样嚎叫，用四肢爬着走路，用手直接抓食物送到嘴边吃，不吃素食而是吃肉。她们没有感情，只知道饥时觅食、饱则休息。不过她们很快学会了向主人要食物和水，如同家犬一样。据研究，七八岁的卡玛拉刚被发现时，她的智力仅相当于一个六个月的婴儿。虽然人们费了很多心思，但都不能使她适应人类的生活方式。她两年后才会直立，六年后才艰难地学会独立行走，但快跑时还是四肢并用，到死也未能真正学会讲话。在她17岁死去时，智力只及一个三四岁的孩子。

点评：人们不禁会问，卡玛拉原来是人呀，怎么不具备人的禀性而变成"狼"了呢？这一实例有力地说明了社会生活对人的心理发展的决定性意义。这个故事告诉我们：一个人如果失去了社会生活条件，尽管他有着正常的人脑，也不再产生正常人的心理。人的心理现象，无论是简单的，还是复杂的；无论是离奇的幻想，还是虚无缥缈的神话故事，其内容材料都来自客观现实。正是由于客观现实中复杂的事物作用于人脑，人才能产生感觉、知觉、记忆、思维、想象、情感、意志等心理过程和个性心理特征及个性倾向性。所以说，客观现实是人心理活动的内容和源泉。

第一节 心理健康概述

一、认识心理的实质

（一）心理是脑的机能

任何心理活动都产生于脑，即心理活动是脑的高级机能的表现。没有脑的心理，或者说没有脑的思维是不存在的。正常发育的大脑为心理的发展提供了物质的基础。心理现象是随着神经系统的产生而出现的，又是随着神经系统的不断发展和不断完善，才由初级阶段不断发展至高级阶段的。人的心理是心理发展的最高阶段，因为人的大脑是最复杂的物质，是神经系统发展的最高产物。脑是心理活动的器官，人们获得这一正确的认识经历了几千年。现在，这一论断得到了人们从生活的经验、临床验证出的事实，以及从心理发生和发展过程，脑解剖、生理研究所获得的大量资料的证明。以致今天"心理是脑的功能"这一论断对大家来说已经是常识性知识了。

（二）心理是对客观现实的反映

健全的大脑为心理现象的产生提供了物质基础，但是，大脑只是从事心理活动的器官，有反映外界事物产生心理的机能，心理并不是它自身所固有的。心理现象是客观事物作用于人的感觉器官，通过大脑活动而产生的。所以客观现实是心理的源泉和内容。如果离开客观现实来考察人的心理，心理就变成了无源之水、无本之木。对人来说，客观现实既包括自然界，也包括人类社会，还包括人类自己。

（三）心理是客观现实的主观反映

心理的反映不是镜子似的机械的反映，而是能动的反映。因为通过心理活动不仅能认识事物的外部现象，还能认识事物的本质和事物之间的内在联系，并用这种认识来指导人的实践活动，改造客观世界。

心理是大脑活动的结果，却不是大脑活动的产品，因为心理是一种主观映象，这种主观映象可以是事物的形象，也可以是概念，甚至可以是体验，它是主观的，而不是物质的。从这个角度来说，应该把心理和物质对立起来，不能混淆，否则便会犯唯心主义或庸俗唯物主义的错误。

（四）心理在实践活动中发生发展

实践活动是人的心理发生、发展的基础。人的一切心理活动都是在劳动、学习、交往、生活中产生的，离开实践活动，人的心理不可能得到发展，因为人的心理的日益丰富是随着实践活动的日益深化而实现的，人在改变外界的实践活动中，也同时改变了自己对外界的反映，使自己的心理得到发展。按照"实践—认识—再实践—再认识"的认识规律来看，在实践活动中发生、发展起来的心理，必将作为再实践的理论指导，才能使实践活动不断深入。实践活动是检验人的心理的唯一标准，人对客观现实的反映是否正确，要由实践活动是否达到预期目标来进行检验。它推动着人们去改正错误，使反映不断精确和完善。

二、个体的心理发展

个体的心理发展指个体从出生到死亡的有规律的心理变化。在个体的一生中，其心理发展过程和个性特点不断变化。众多心理学家研究了个体心理发展的过程，其中应用最多的是美国心理学家埃里克森提出的心理发展理论。

20世纪50年代，作为对弗洛伊德性心理发展阶段的改进，埃里克森创立了心理发展八阶段理论。他接受了弗洛伊德人格理论和性心理发展五阶段理论，但是反对弗洛伊德试图单纯以性欲为基础来描述人格的观点。

从婴儿期到成人晚期，埃里克森将正常人的一生分为八个发展阶段。在每个阶段，个人都面临并克服新的挑战。每个阶段都建立在成功完成较早的阶段任务的基础之上。如果未能成功完成本阶段的任务，则会在将来产生心理问题。表1-1为埃里克森的心理发展八阶段理论。

表 1-1 埃里克森的心理发展八阶段

大 约 年 龄	德性	心理社会危机	重 要 关 系	相应获得的品质	
				积极的	消极的
婴儿期（0~1.5岁）	希望	信任感—怀疑感	母亲	希望、信任	恐惧、不信任
儿童期（1.5~3岁）	意志	自主感—羞怯感	父母	意志（自制力）	自我怀疑
学龄前期（3~6岁）	目的	主动感—内疚感	家庭	自主和价值感	无价值感
学龄期（6~12岁）	能力	勤奋感—自卑感	邻居、学校	有能力、勤奋	无能
青春期（12~18岁）	忠诚	自我同一—角色混乱	同伴、模范	忠诚、自信	不确定感
成年早期（18~25岁）	爱	亲密感—孤独感	朋友、伴侣	爱和友谊	泛爱（杂乱）
成年期（25~65岁）	关怀	生育感—自我专注	家庭成员、工作伙伴	关心他人和创新	自私自利
成熟期（65岁以上）	智慧	自我调整—绝望感	家庭、人类	智慧	绝望和无意义感

根据上述理论，我们可以找到个体心理发展的规律，具体有以下几个方面。

（1）心理发展具有顺序性和阶段性。人的身心发展的顺序性是指人的身心发展是一个由低级到高级、由简单到复杂、由量变到质变的连续不断的发展过程，是具有一定顺序的，大学生的心理发展也遵循一定的顺序和规律。个体的发展是一个分阶段的连续过程，前后相邻的阶段是有规律的、更替的，前一阶段为后一阶段的过渡做准备。个体在不同的年龄阶段表现出身心发展不同的总体特征及主要矛盾，面临着不同的发展任务。

（2）心理发展具有稳定性和可变性。人的心理发展在正常情况下，一般都不会越过某个发展阶段或者任意改变其发展顺序。也就是说在一定的社会和教育条件下，人的心理发展的阶段顺序、每一阶段的心理变化过程和速度基本都是稳定的、相似的。这种稳定性还表现在不同时代、不同社会，学生的心理特征也存在着普遍性和共同性。即使是不同的种族在不同的时代，这个年龄段思维的形象性也基本相似，尽管他们在思维的深度、范围上有一定的差别。心理发展的可变性是指在一定的条件下，人的心理发展程度和速度会发生某些变化，表现出一定的差异性。由于社会和教育条件的变化，以及生理和主观能动性等因素的影响，大学生的心理特征在程度上表现得可能鲜明（明朗）也可能较模糊；在速度上或快或慢，出现得或早或晚，经历的时间或长或短。

（3）心理发展具有共同性和差异性。心理发展的共同性是指在不同时代、不同的社会背景下，人的心理发展都表现为一定的普遍性或相似性，具有一般性、本质性、典型性的特点。尽管不同的历史时期，不同的社会生活和教育条件可以在某种范围和程度上影响心理发展，但绝不能打破这种共同性。人由于各种主客观因素的影响，其心理的发展也存在着个别差异。一方面，发展的速度和水平各不相同，如人们常说，有的人早慧，而有的人则大器晚成。另一方面，在个性心理方面，如兴趣、爱好、性格、意志、能力等，这种差异性还表现在性别之间，如女性的言语能力较强，而男性的空间能力较强等。

三、认识心理健康

世界卫生组织给健康下的定义为：健康是一种身体上、精神上和社会适应上的完好状态，而不是没有疾病或不虚弱现象。从世界卫生组织对健康的定义中可以看出，健康包含了三个基本要素：躯体健康、心理健康、具有社会适应能力。

（一）心理健康的概念

1948 年，世界卫生组织（World Health Organization，WHO）就提出：健康不仅是没有疾病或不虚弱，而是身体的、精神的和社会适应方面的完美状态。1989 年，世界卫生组织又提出了"健康"的新定义，即健康应包括躯体健康、心理健康、社会适应良好和道德健康。具有社会适应能力是国际上公认的心理健康首要标准，全面健康包括躯体健康和心理健康两大部分，两者密切相关，缺一不可，无法分割，这是健康概念的精髓。一个人只有全面健康，才能维持身与心的健康，更好地适应现代社会生活，更有效地为社会和人类作出贡献。心理健康的理想状态是保持性格完好、智力正常、认知正确、情感适当、意志合理、态度积极、行为恰当、适应良好的状态。

第三届国际心理卫生大会（1946 年）对于心理健康的定义是：所谓心理健康，是指在身体、智能以及情感上与他人的心理健康不相矛盾的范围之内，将个人的心境发展成最佳的状态。

（1）心理健康包括健康的身体、正常的职能以及良好的情绪状态，是多方面健康的结合体，缺失任何一方面，都不算达到了心理健康。同时，这三者之间的关系也是相互影响、相互依存的，是一个相互作用的统一的整体。

（2）个体的心理健康状态不能与他人的健康相矛盾，不能以损害他人的健康作为成就自己的前提。心理健康的目标是追求一种自身与他人和谐共处的双赢状态。

（3）心理健康是指个体所能达到的最佳状态而并非完美的境界，心理是否健康要基于自身的条件，以自身作为参照系。心理健康的人充满生命的活力，能充分发挥身心的潜能，同时也不会过分苛求完美。

（二）心理健康的意义

（1）心理健康能提高机体的健康水平，对预防疾病有积极的作用。心理素质好，自身免疫力强，可以提高机体对疾病的抵抗力，减少感冒、传染性疾病的患病概率。

（2）心理健康是高效率脑力劳动的一个很重要的内在条件。智商正常是心理健康的标准，情商、逆商值高也是高效脑力劳动最重要的内在条件。

（3）心理健康可以延缓衰老，使人常葆青春。大哲学家黑格尔认为，额上的皱纹是愁苦的表情留下的痕迹，所以，心理健康使你更美丽、更出众。可以毫不夸张地说，保持心理健康是世间最好的美容术。

（4）心理健康是社交的有力助手。心理健康者善于处理人际关系，所以心理健康是社交的有力助手，是良好的人际关系的产物和结果。

（5）心理健康是自我调节的杠杆和阀门。心理健康者善于调整自己的情绪，能够预防和调适不良心态的发生与发展，保持心态平衡和稳定。因此，心理健康是自我调节的杠杆和阀门。

（6）心理健康是一种生活目的。心理健康与否，只有在人际交往和人际相互作用的过程中才能得以调节与展示，从而使个人生活质量得以提高，精神境界得以升华。因此，心理健康是一种生活目的。

（三）心理健康的原则

判别个体心理健康的水平实质上就是评估个体心理功能状态的好与坏。一个人的良好心理功能应该符合以下四项基本原则。

（1）主观与客观的一致性。心理是对客观现实的反映，尤其是个体对社会现实的反映。个体的任何心理活动与行为，无论是从形式上还是从内容上，都必须与个体所生存的客观环境保持一致，体现主观与客观的一致性。如果失去了这种一致性，言行离奇出格，就会被其他人所不能理解。例如，一个人在无任何诱因的情况下突然在课堂上哈哈大笑或破口大骂。

（2）心理与行为的同一性。刺激引起的个体行为反应，首先通过心理活动对信息进行认知、评价，再进一步影响其行为。心理健康的人其心理活动与行为表达之间具有同一性，表现出心理与行为的同一性。一旦同一性受到破坏，则评估个体的心理活动或行为便偏离了正常的轨道。例如，某人感到期望满足、高兴的事情却作出了悲伤的行为反应。

（3）心理活动间的统一性。个体的心理活动包括认知、情感和行为意志三个方面，三者是相互影响、相互依存和相互制约的。当某种心理活动进行时，需要其他心理活动或为基础，或为辅助，或为协调，因此，这三者应该是完整统一、协调一致的。三者不统一意味着个体心理的分裂。比如恐惧症，个体在认知上并不认为某物有危险性，而在情感上却产生不可控制的恐惧，行为上产生逃避，这显然是认知、情感和行为意志的矛盾，所以是异常心理状态。

（4）人格的相对稳定性。长期的生活经历会让一个人的心理过程带有稳定的个人差异与特点，形成较稳定的个性特征。因此，个体的健全人格都表现出相对稳定的特征，无重大、突发事件就不会轻易改变。如果一个人的个性特征突然出现明显的变化，那么就需要考虑他的心理活动是否产生了异常。例如，一个开朗外向、热情活泼的人突然变得沉默寡言，而且没有特别的原因。

（四）心理健康的标准

心理健康应该是种什么状态呢？根据普遍的标准，心理学家将心理健康的状态描述为以下几点。

（1）有适度的安全感，有自尊心，对自我的存在有价值感。

（2）适度地自我批评，不过分夸耀自己，也不过分苛责自己。

（3）具有适度的主动性，不为环境所左右，能容忍生活中挫折的打击，没有过度的幻想。

（4）有自知之明，适度地满足个人的需要，并具有满足此种需要的能力，能对自己的能力进行客观的估计，能依据环境适度地改变自己。

（5）能保持人格的完整与和谐，个人的价值观能适应社会的标准，对自己的工作能集中注意力。

（6）有切合实际的生活目标。

（7）有良好的人际关系，有爱人的能力和被爱的能力，在不违背社会标准的前提下，能保持自己的个性，既不过分阿谀奉承，也不过分寻求社会赞许，有个人独立的意见，有判断是非的标准。

（五）心理健康的七个误区

很多人认为身体健康就是心理健康，这是大家对心理健康典型的误区之一。国际卫生组织早在 1981 年就指出健康不仅指身体健康，还包括心理健康和良好的社会适应能力。所以一个人应该身心都健康。除此之外，普遍还存在以下误区。

误区一：有病的人才会去做心理咨询。很多人觉得去做心理咨询的人都是有病的人，其实寻求心理咨询的人有很大一部分都是心理健康的正常人，因为在生活中常常会遇到自己无法解决的问题来寻求帮助，解开心结，而真正患有心理疾病的人往往需要的是开展心理治疗。

误区二：心理不变态就算心理健康。心理不健康有许多种形式，有一部分人的误区是不变态就算是心理健康，其实，变态只是一种极端形式而已。状态可用三区来表示：白色区、灰色区、黑色区。处于白色区就是健康，处于黑色区则属变态，灰色区属于在黑白之间可以相互转换，灰色调节得当就会变为白色，不当则会发展为黑色。所以不变态的人不一定健康。

误区三：心理咨询会告诉你怎么做。咨询的目标不是给求助者提建议，有时甚至不会直接告诉你怎么做，而是让求助者看到自己的问题，认识自己具有解决问题的能力和找到解决问题的方法和途径。

误区四：心理问题只发生在少数人身上。人在一生中的不同时期都可能会产生心理问题。而且每个人都可能有，只是或多或少的问题。

误区五：去做心理咨询是件丢人的事。很多人觉得去做咨询是件很难为情的事情，这是很大的误区。心理咨询在全世界都十分普遍，但是人们可能对它的了解还不够，这可能是造成这种误区的原因之一。另外，许多人对咨询医生不信任，这是普遍认知的问题，也是误解。

误区六：心理咨询就是聊天。心理咨询的谈话与漫无目的的聊天有本质的不同，除谈话外，还会采用其他方法，如采用测验、音乐干预等形式来帮助求助者。

误区七：心理咨询一次就能解决。由于许多人对心理咨询不了解，导致人们对心理咨询产生了过高的期望值，认为通过一次或两次的心理咨询就可以解决所有心理问题。其实，心理问题往往是无法通过一次或两次的心理咨询就能解决的。因为，心理问题和身体疾病一样不可能很快就能痊愈。心理问题解决的时间长短一般而言取决于两个方面的因素：一是求助者的配合程度；二是病程和泛化程度。心理问题形成的时间越长，对求助者生活的影响越大，解决起来需要的时间也越长，不同于身体疾病，心理问题的解决需要和心理咨询师双方的互动交流。这自然不是一次可以完成的。当然，也不是所有心理问题都需要多次咨询和治疗，简单的问题一次也能完成。

【拓展阅读】心理故事

一群年轻人到处寻找快乐，却遇到了许多的烦恼、忧虑和痛苦。有一天，他们去请教大哲学家苏格拉底："在哪里可以寻找到快乐？"苏格拉底请他们帮自己造一条船。这群年轻人用了近两个月的时间造好了船。他们请苏格拉底上船，一起合力划桨，齐声歌唱，快乐极了。苏格拉底说："快乐就是这样，它往往在你为一个明确的目的忙得无暇顾及其他的时候突然来访。"

第二节　大学生心理健康

一、大学生的身心发展特点

（一）大学生生理发展特点

经过青年初期的迅速发展，18~25岁的青年人生理发育逐渐缓慢直至生长成熟，这正好是我国一些青年在高等学校接受教育的时期。所以我国大学生身体的发展，正是处于由第二次快速生长期进入生长稳定时期，其特点是：生理发育趋于平缓和成熟，无论是身高、体重、肩宽、盆骨的发育都处于发育的平缓和成熟时期，同时，性的发育也同样处在成熟和完善阶段,而智力的发展水平正处在人生发展的最佳时期。这个阶段正是人体机能旺盛、生机蓬勃地进入成人阶段的前奏。

1. 身体机能的发展

(1)身体形态的性别差异明显。一般而言,第二次生长发育高峰所带来的"第二性征"在进入大学之前便已出现,进入大学以后,男子的身高增长速度已趋缓慢,开始转向肌肉的增长而显得粗壮结实;女子的身高增长已基本停止,转向于脂肪的积累而显得丰满。这种身体形态上的变化带来了男子气质和女子气质的明朗化以及男性意识和女性意识的进一步增强。

(2)内脏机能逐渐成熟。人的身体发展中,机能与形态是相互联系的。心脏血管和肺等功的完善与否常常通过脉搏血压和肺活量体现,大学生的脉搏频率与少年期相比,略有下降并逐渐稳定,血压也基本在正常范围内,肺活量逐渐提高,呼吸由浅而快变得深而缓。这表明,他们的循环系统、呼吸系统都已发育完善,达到了成熟。

(3)运动能力显著增强。随着身体形态与机能的成熟,大学生的运动能力也明显提高。他们已经有了较强的控制身体运动的能力,在速度、灵敏度、耐力、爆发力以及动作的协调性上有了很大的进步,并先后进入高峰阶段。

2. 内分泌系统的发展

大学生的内分泌系统已基本趋于稳定,脑垂体和甲状腺的发育和分泌激素呈平衡状态,可连续产生促性激素,调节性腺活动。因此,大学生的性器官和性机能发育已基本成熟,男性会发生遗精现象,女性则有正常的月经现象。

3. 神经系统的发展

大学生神经系统(主要是大脑皮层)的发育也已接近成人水平,脑的重量已经接近于成年人,但脑的机能仍在不断完善和发展。大学阶段,脑细胞机能的复杂化程度也在继续演化。在脑电波的活动中,已全部完成了由原始的 θ 波向 α 波的转化,表明大脑已完全成熟。大脑皮层的沟回组织已完善和分明。神经纤维的髓鞘化、增长和分支已接近完成。脑细胞正处于建立联系的上升期,皮层细胞活动增加,兴奋和抑制过程有较好的平衡,联络神经纤维活跃,特别是第二信号系统迅速增强,大脑皮层的分析与综合能力迅速提高,为大学生分析与综合事物的客观规律,从事长时的、复杂的和繁重的脑力劳动奠定了基础。

(二)大学生心理发展特点

1. 智力达到顶峰

个体智力发展一般在 18~25 岁达到顶峰,而大学生正处这一年龄阶段,其智力发展逐渐达到最佳状态,表现在以下几个方面。

(1)逻辑思维能力显著提高。随着独立性、创造性、敏锐性、批判性、广度和思维深度的进一步发展,大学生能够全面理解和分析不同的事物,掌握事物发展的一些规律,有创新的思想,敢于创新。

(2)观察能力明显增强。大学生对事物的理解不限于五官的感受和对事物的理解。

他们希望探索事物之间内在的、本质的关系，全面而深刻地理解事物。

（3）想象力快速提升。随着知识的积累和视野的开阔，大学生的想象力在重建想象力的基础上更加活跃和富有创造性。想象的结果可以达到一定的深度和广度。

（4）记忆力达到顶峰。随着大学生年龄的增长，大脑皮层形成的时间联系不断增多，记忆存储量不断增加，理解和记忆能力不断增强。

2. 自我意识逐渐成熟

青年时期，大学生的自我意识进一步发展，独立性、自尊、自信心和竞争力不断增强。他们从外在世界转向内在世界，致力于自我认识、自我体验、自我评价、自我监督和自我约束。他们可以加强自我反省，注重内心的分析和体验，进而了解自己的情绪和心理；注重别人对自己的评价，渴望被尊重和理解；注重自己的形象，规划理想的自我模式，而真正的自我和理想的自我开始偏离。他们经常把自己和别人比较。在比较的过程中，要了解自己，提高自己的积极性，纠正自己的消极性。总体而言，大学生自我意识的发展正逐步走向成熟和完善。

同时，由于缺乏知识、能力和经验，大学生的自我意识还没有达到最终的完善和统一。相当一部分大学生不善于处理自我完善与社会需求之间的关系。他们的自我认识存在偏差，往往不能正确评价自己，自我评价过高或过低。一旦遇到挫折，他们就容易自卑。

3. 情绪丰富、波动大

进入大学后，大学生的活动不断扩大，生活更加丰富多彩。多样性的需要和体验使他们产生丰富而复杂的情感，包括学习科学知识过程中形成的理性意识，集体生活中形成的道德意识，人际交往中形成的友情和爱情，文化娱乐中形成的审美，以及在政治生活中形成的荣誉感和责任感。这一阶段，大学生的情绪尚未达到稳定状态，情绪波动较大，呈现两极性。比如，在从兴奋到抑郁，或从冷漠到狂热的短时间内，这种不稳定的情绪状态往往会使一些大学生陷入理性与情感的冲突。

4. 意志水平明显提高，但不平衡、不稳定

青年时期，大学生意志水平显著提高，大学生的意识、决断力、坚韧性和自控能力有了一定程度的发展。大多数大学生可以自觉确定自己的目标，制定具体的实施方案，消除实施过程中的困难和障碍，努力实现自我价值。

但在这一时期，大学生意志水平的发展并不平衡和稳定。他们通常能够独立快速地处理一般的学习和生活上的问题，但在遇到关键问题或采取重大行动时，往往会优柔寡断、仓促武断、盲目从众等。情绪波动对大学生意志活动水平有明显影响。心情好时意志活动水平较高，心情不好时则意志活动水平较低。

5. 性意识趋于成熟

随着性生理和性心理的逐渐成熟，大学生的性意识得到了迅速发展。他们对异性充满好奇，希望多了解异性，追求纯洁美丽的爱情，努力建立一种相对稳定的爱情关系。他们的性意识开始觉醒，表现出对性刺激的反应、对性知识的兴趣、对性问题的思考和相应的体验。

二、大学生心理健康的标准

大学生心理健康的标准大致有以下几个方面。

（1）智力正常。这是大学生学习、生活与工作中所要具备的基本心理条件，也是适应周围环境变化所必需的心理保证，因此在衡量智力时，关键在于其是否正常地、充分地发挥了效能，即有强烈的求知欲，乐于学习，能够积极参与学习活动。

（2）情绪健康。情绪健康的标志是情绪稳定和心情愉快。包括的内容有：愉快情绪多于负面情绪，乐观开朗，富有朝气，对生活充满希望；情绪较稳定，善于控制与调节自己的情绪，既能克制又能合理宣泄；情绪反应与环境相适应。

（3）意志健全。意志是人在完成一种有目的的活动时，所进行的选择、决定与执行的心理过程。意志健全者在行动的自觉性、果断性、顽强性和自制力等方面都表现出较高的水平。意志健全的大学生在各种活动中都有自觉的目的性，能适时地作出决定并运用切实有准备的方式解决所遇到的问题，在困难和挫折面前，能采取合理的反应方式，能在行动中控制情绪和言而有信，而不是行动盲目、畏惧困难、顽固执拗。

（4）人格完整。人格指的是个体比较稳定的心理特征的总和。人格完善就是指有健全统一的人格，即个人的所想、所说、所做都是协调一致的。一是人格结构的各要素完整统一；二是具有正确的自我意识，不产生自我同一性混乱，以积极进取的人生观作为人格的核心，并以此为中心把自己的需要、目标和行动统一起来。

（5）自我评价正确。正确的自我评价是大学生心理健康的重要条件。大学生应适当进行自我观察、自我认定、自我判断和自我评价，做到恰如其分地认识自己，摆正自己的位置，既不以自己在某些方面高于别人而自傲，也不以在某些方面低于别人而自惭，能够自我悦纳，喜欢自己，接受自己，自尊、自强、自制、自爱适度，正视现实，积极进取。

（6）人际关系和谐。良好而深厚的人际关系是事业成功与生活幸福的前提。其表现为乐于与人交往，既有广泛而深厚的人际关系，又有知心朋友；在交往中保持独立而完整的人格，有自知之明，不卑不亢；能客观评价别人和自己，善于取人之长补己之短，宽以待人，乐于助人，积极的交往态度多于消极态度，交往动机端正。

（7）社会适应正常。即个体与客观现实环境保持良好秩序。做客观观察以取得正确认识，以有效的办法对应环境中的各种困难，还要根据环境的特点和自我意识的情况努力进行协调，或根据环境适应个体需要，改造自我适应环境。

（8）心理行为符合大学生的年龄特征。大学生是处于特定年龄阶段的特殊群体，大学生应具有与年龄相应的心理行为特征。

三、大学生心理健康常用的测评工具

（一）《症状自评量表 SCL—90》

90 项症状清单（Symptom Check List 90，SCL—90），又名症状自评量表（Self-reporting

Inventory），是世界上最著名的心理健康测试量表之一，在精神科和心理健康门诊的临床工作中得到广泛应用。该量表是当前使用最为广泛的精神障碍和心理疾病门诊检查量表，适用对象为 16 岁以上的人群。

SCL—90 共有 90 个项目，包含较广泛的精神病症状学内容，从感觉、情感、思维、意识、行为直至生活习惯、人际关系、饮食睡眠等均有涉及，并采用 10 个因子分别反映 10 个方面的心理症状情况，评定一个人是否有某种心理症状及其严重程度如何。与其他的自评量表相比，有容量大、反映症状丰富、更能准确刻画受测者的自觉症状特性等优点。它的每一个项目均采取 1~5 级评分，可以用来进行心理健康状况的诊断，也可以做精神病学的研究；可以用于他评，也可以用于自评。

（二）大学生人格问卷

大学生人格问卷（University Personality Inventory，UPI）是由 1966 年参加全日本大学保健管理协会的日本大学心理咨询专家和精神科医生集体编制而成的，主要用于早期发现治疗有心理问题的学生。1993 年，由樊富珉等主持召开全国 UPI 应用课题研究，对 UPI 的相关条目、筛选标准、实施过程等进行了较为系统的修订。目前，UPI 已经成为高校心理咨询与大学生心理健康教育工作的有效辅助工具。UPI 主要以大学新生为对象，作为精神卫生状况实态调查而使用，以了解学生中神经症、精神分裂症以及其他各种学生的烦恼、迷惘、不满、冲突等状况的简易问卷。问卷由三部分组成，第一部分是学生的基本情况；第二部分是 UPI 问卷本身，由 60 个项目构成；第三部分是附加题，主要是了解被测试者对自身身心健康状态的总评价，以及是否接受过心理咨询或心理治疗，有什么具体要求。UPI 问卷可操作性强、判断率高、简便快捷，是目前高校学生心理调查最为先进的调查方式。

（三）卡特尔 16 种人格测验

卡特尔 16 种人格因素测验（Cattell Sixteen Personality Factors Questionnaire，16PF）是一种权威且国际广泛使用的测量工具。16PF 是由美国伊利诺伊州立大学人格及能力测验研究所（Institute of personality and Ability Testing）的卡特尔教授（Raymend B.Cattell）经过几十年的系统观察和科学实验编制而成的一种精确的测验。于 1979 年引入中国并由专业机构修订为中文版，使之更适合我国的国情，同时建立了中国常模标准。16PF 测验能以约 45 分钟的时间测量 16 种主要人格特征。这 16 种人格因素是各自独立的，相互之间的相关度极小，每一种因素的测量都能使被试者某一方面的人格特征有清晰而独特的呈现，更能对被试人格的 16 种不同因素的组合进行综合性的评估，从而全面评价其整个人格特征。15 岁以上中学生和所有具备小学阅读水平的青年、中年和老年人都可以适用。16PF 在国际上颇有影响，并具有较高的效度和信度，广泛应用于人格测评、人才选拔、心理咨询和职业咨询等工作领域。

（四）艾森克人格测验

艾森克人格测验（Eysenck Personality Questionnaire，EPQ），是英国心理学家艾森克（H.J.Eysenck）等编制的一种有效的人格测量工具，对分析人格的特质或结构具有重要作用。目前，已被广泛应用于心理学研究与实际应用、医学、司法、教育、人才测评与选拔等诸多领域。EPQ 有四个量表，分别为精神质（P）、情绪稳定性（N）、内外向（E）和效度量表（L），对个性特质和心理健康都能较好的测查，共 88 个题目，题量适中，功能较全，在精神医学、心理咨询等行业都广泛应用，尤其是它的 50 多年的历史和几番修订补充，奠定了它在心理学的重要地位，在心理门诊中应用最为广泛。

（五）明尼苏达多项人格测验

明尼苏达多项人格测验（Minnesota Multiphasic Personality Inventory，MMPI）于 20世纪 40 年代制定，由明尼苏达大学哈特卫（S. R. Hathawag）和麦金利（J. C. Mckiniey）根据经验效标法编制而成，是迄今应用极广、颇富权威的一种纸—笔式人格测验，并应用于人类学、心理学及医学的研究工作中。它从多个方面对人的心理进行综合的考察，对每个被测验者的个性特点进行客观评价。它适用于 16 岁以上的人群。形式包括卡片式、手册式、录音带形式及各种简略式（题目少于 399 个）、计算机施测方式。既可个别施测，也可团体施测。题量为 566 道题目（其中有 16 道重复，实际题量为 550 道）。MMPI 于20 世纪八十年代被引入中国，中国科学院心理研究所组织了标准化修订工作，经过几十年的发展和修正完善，MMPI 在中国得到了广泛运用。

（六）抑郁自评量表

抑郁自评量表（Self-rating Depression Scale，SDS），是由美国杜克大学教授 WilliamW.K.Zung 于 1965 年编制，是美国教育卫生福利部推荐的用于精神药理学研究的量表之一。量表含有 20 个项目，分为 4 级评分，包括精神性 - 情感症状两个项目，躯体性障碍 8 个项目，精神运动性障碍两个项目，抑郁性心理障碍 8 个项目。因其使用简便，能相当直观地反映病人抑郁的主观感受及其在治疗中的变化，适用于具有抑郁症状的成年人。但对具有严重迟缓症状的抑郁难以评定，对于文化程度较低或智力水平稍差的人使用效果不佳。当前已广泛应用于门诊病人的粗筛、情绪状态评定以及调查、科研等领域。

（七）焦虑自评量表

焦虑自评量表（Self-rating Anxiety Scale，SAS），由 W.K.Zung 于 1971 年编制。从量表结构的形式到具体评定方法，都与 SDS 十分相似，用于评定病人焦虑的主观感受及其在治疗中的变化，与 SDS 一样具有广泛的应用性。量表适用于具有焦虑症状的成年人，包括正向评分 15 题，反向评分 5 题共 20 个题目，每个题目分 4 级评分，评分需与常模或对照组比较进行分析，主要测量个体的焦虑状况，初步判断个体是否有焦虑倾向，也可用于观察焦虑的治疗效果。焦虑是心理咨询门诊中较为常见的一种情绪障碍，因此 SAS 可作为心理咨询门诊中了解焦虑症状的自评工具。

【拓展阅读】全国大学生心理健康日

为引导大学生关注自身的心理健康，2000 年，"5·25 全国大学生心理健康节"在北京师范大学拉开帷幕，健康节取"5·25"的谐音"我爱我"，意为关爱自我的心理成长和健康，活动的主题是大学生人际交往和互助问题，口号为"我爱我，走出心灵的孤岛"。此后（2004 年），教育部、团中央、全国学联办公室向全国大学生发出倡议，把每年的 5 月 25 日确定为全国大学生心理健康日。

发起人对"5·25"的解释是：爱自己才能更好地爱他人。心理健康的第一条标准就是认识自我、接纳自我，能体验到自己存在的价值，乐观自信，这样的人才能用信任、友爱、宽容、尊重的态度与人相处，能分享、接受、给予爱和友谊，能与他人同心协力。选择"5·25"是为了让大学生便于记忆，关注自己的心理健康。随后，"5·25"大学生心理健康日在全国的高校得到认同，全国高校都利用这一天开展多种形式的心理健康教育活动，甚至认为这一天就是"大学生的心理健康节"。北京师范大学心理学院车宏生教授说："大学生心理健康活动周的举行，说明心理学受到老百姓的重视。社会的发展需要心理学，希望这个活动能推广到全国各地。"如今，"5·25"大学生心理健康活动周已遍及全国各地，成为全国大学生活动的一个著名的品牌，其影响力将会越来越大。

历届"5·25"大学生心理健康活动周主题如下。

2000 年首届大学生心理健康日围绕主题，提出了自己的口号：我爱我，给心理一片晴空！

2001 年第二届活动的主题确定为改善人际沟通能力，口号是：我爱我，创造一个良好的人际空间。

2002 年第三届活动主题围绕"自我"方面展开，口号是：我爱我，了解我自己。

2003 年第四届活动针对"非典"，以危机干预为主题，口号是：我爱我，危机、理性、成长。

2004 年第五届活动主题为大学生社会化和人际关系问题，口号是：我爱我，走出心灵孤岛。

2005 年第六届活动围绕大学生生涯规划的问题，主题是：我爱我，放飞理想、规划人生。

2006 年第七届活动主题是：我爱我，快乐自在我心，健康、自信的心理。

2007 年第八届活动主题是人际交往与师生互助，口号为：我爱我，用心交往，构建和谐。

2008 年第九届活动主题是：和谐心灵，绿色奥运。

2009 年第十届活动主题是：认同、关爱、超越。

2010 年第十一届活动主题是：和谐心灵、健康成才。

2011 年第十二届活动主题是：珍爱生命，责任同行。

2012 年第十三届活动主题是：寻找我·拥抱我。

2013 年第十四届活动主题是：大声说出你的爱。

2014 年第十五届活动主题是：敞开心扉，拥抱爱。

2015 年第十六届活动主题是：释放心灵，成就梦想。

2016 年第十七届活动主题是：呵护心灵，健康人生。

2017 年第十八届活动主题是：健康从心开始，生命因你绽放。

2018 年第十九届活动主题是：绽放心灵，拥抱未来。

2019 年第二十届活动主题是：筑梦青春，追梦成长。

2020 年第二十一届活动主题是：弘扬抗疫精神，护佑心理健康。

2021 年第二十二届活动主题是：健康从心开始，生命因你绽放。

2022 年第二十三届活动主题是：塑健康心灵，享美好生活。

2023 年第二十四届活动主题是：健康从心开始，生命因你绽放。

第三节　大学生常见的心理健康问题和影响因素

一、大学生常见的心理健康问题

（一）大学生适应问题

有一个关于大学生生活适应问题的典型案例：刘某为大学三年级在校的男学生。高中时他学习成绩很好，考入了自己理想的大学。进入大学校园后，由于在新的环境中没有能够尽快去适应校园生活而与同学相处不融洽，学习成绩一再下降。父母看到其成绩后感到失望，刘某自己也很痛苦。因此，刘某的情绪一直都很低落、压抑，一度丧失了自信心，而且还极其自卑，甚至引起了严重的头痛。他认为自己高中时比较专注学习，学习成绩较好，加之自己单纯，在与别人交往这方面没有经验。刚进入大学时，整日与同学相处，先后与一些同学关系很好。但是，后来由于大家天天在一起相处，他很快就发现其他同学身上的一些缺点，于是就和他们慢慢疏远了。随着交往范围的扩大，他对有些同学的为人处世很是看不惯，久而久之就全都郁积在心里，想要发泄也发泄不出来。大一时，他学习成绩还排在中游，可到了大二以后名次就排在倒数十名之内了。寒假里，成绩单被寄回家中，父母看到后很是失望，他自己也无法相信，以致他整个寒假都是在痛苦和焦灼中度过的，自己的自信心也受到了严重的打击，几乎什么都不想做，有一段时间还有头痛得好像要裂开一样。转眼开学后，刘某的情绪十分低落，郁郁寡欢，感觉自己什么都不是，认为同学们也看不起自己，整天都生活在自我压抑当中。

许多大学生都遇到过或者是正面临着类似的问题。大学生对学习生活的不适应主要表现为学习成绩下降、情绪低落，人际关系紧张，有自卑感、孤独感等。出现不适应的主要原因应该归结于面对新的环境，学生没有在短期内学会适应，并且在重新认识和评价自我时出现了问题。

　　适应是指有机体为满足自己的需求与环境发生调和作用的过程，是心理健康最基本的一个标志，是大学生必备的心理素质。著名心理学家皮亚杰（Jean Piaget）有句名言：智慧的本质就是适应。适应是每个人终生的课题，当人们进入一个新的环境或者生活发生新的变化时就会面临适应的问题。在大学，大学生需要不断进行自我调整，不断认识和改造环境，达到与学生环境的动态平衡，以实现自我适应发展的过程。

　　大学生的角色地位及生活环境与高中时期截然不同。首先，大学生要自己安排生活，靠自己的能力处理学习、生活、人际等方方面面的问题。但根据调查，80% 的大学生以前在家没有洗过衣服，生活自理能力差，对父母及老师有较强的依赖性，因此大学的生活对这部分学生造成了一定的心理压力。其次，大学中评判学生优劣的标准已不再是单纯的学习成绩，还包括了组织管理能力、人际交往能力及其他的一些因素，这种标准的多样化使部分成绩优秀而其他方面平平无奇的学生感到不适应，自尊心受到强烈的打击，心理上产生失落和自卑。

（二）学业问题

　　举一个例子，小丽为大学一年级的女学生，近两个月来常感到焦虑无助。她说："大学是我梦寐以求的地方，在我的心目中，大学学术氛围浓厚，学习自由，可以学到自己想学的东西，从而不断深造自己，学业有成。进入大学后，新生入学指导、社团招新，还有丰富多彩的活动应接不暇，能自由支配时间，做自己喜欢的事，这些都让我觉得太棒了。我除了听本专业的课程，也去旁听感兴趣的课程，还加入了三四个社团。宿舍同学说，除了上课，几乎都见不到我，连周末都没有人影，觉得我过得太充实了。开始时我还挺有激情，全身心地投入，可过了一个月，我的状态出现了问题。有一天我忙碌到凌晨 1 点才回到宿舍，疲惫地躺在床上，忽然冒出一个念头：我为什么要这么投入地做这一切？我忽然感到无聊极了，发觉这样的生活其实不是自己想要的，忽然不知道自己究竟想要什么？这两个月一直处在混乱的状态，不知道该怎么办。"

　　这是一个典型的例子。大学新生积极尝试适应大学的生活，是对大学生活的融入和亲身的解读，会不断获得对大学更多的认识、对自我深入的了解、对未来更合理的规划，从而拥有一个清晰、动力十足的大学生活。案例中的同学在积极尝试之后，发现这并不是自己想要的大学生活，开始去思考她的大学目标是什么，这其实是一个很好的困惑。

　　上大学是很多人的梦想和目标。考上大学后新的目标不清晰或者还没确认，心理学将此时称为"目标断裂层"阶段。这一阶段常会出现盲目的思想、盲从的行为，导致处于这一阶段的人产生茫然无助的感觉。案例中的同学正处于这种状态。而要走出这一困境，就需要重新确立学业目标，重新评估自己的理想，重新规划自己的时间和行动，调整自己，重新上路。

　　大学生的主要任务是学习，学习上的困难与挫折对大学生的影响最为显著，学习成绩差是引起大学生焦虑的主要原因之一。现如今各高校对学生学习要求严格，并相继取消毕业清考制度，因此挂科太多就可能导致无法顺利毕业，这就给部分学生造成了一定的心理压力。另外，大学更注重学生的自学能力，因此就导致一些同学由于学习方法不当，成绩不理想，因而产生挫折感，随之而生的紧张不安的情绪就是焦虑，适度的焦虑及紧张对于学习、工作是必要的，但是持续重度的焦虑则会使人丧失自信，干扰正常思维，从而妨碍学习。大学生常见的学习问题主要表现为学习焦虑过度、学习动力缺乏、学习动机过强、学习成绩不理想、注意力涣散、记忆力减退及考试焦虑等。

（三）人际关系问题

举一个例子，某大学二年级女生，学习成绩在班上为第一名。但时常会有自卑心理，看不起自己。在大众场合不敢发言，跟别人交流时总不能恰当地表达自己的想法，尤其是跟老师或陌生人谈话时，总觉得十分局促，举手投足不知如何是好，并且脸红得很厉害。很羡慕别的同学在公共场合能够从容不迫，侃侃而谈。她强烈希望改变自己，虽然做过很多的努力，但一直得不到明显改观，内心非常苦恼。从高中到大学很少与异性同学交往，别人评价她是个冷漠、孤傲的人。她从小养成了以自我为中心的习惯，因此，在成长和交往的过程中，朋友越来越少，慢慢地脱离了群体，把自己封闭起来。后来，她开始反省自己，自责，觉得都是自己的错。时间一长，发现自己好像已经没有脾气了。不管跟谁发生矛盾，都认为是自己的错，然后深深自责，或者把怨气都闷在心里。总觉得难以与周围的同学建立一种和谐的关系，非常担心毕业后不能适应社会生活。甚至她一度觉得自己一无是处，极度自卑，没有勇气参加任何活动。

该女生所遇到的心理问题，是由其社会适应挫折所引发的人际性压力。她直接感受到的心理压力来自不和谐的人际关系，而且经历了两种极端的方式，先是过分地以自我为中心，把自我与群体、社会隔离开来，然后又过于以他人为中心，事事自责，迷失和忽略了自我。分析其根本原因，是由于她缺乏人际沟通的能力，从而在现实生活中迫切感受到社会适应性压力。

如何与同学友好相处，建立和谐的人际关系，是大学生面临的一个重要课题。良好的人际交往是大学生成长与社会化过程的重要组成部分，也是保持良好心理状态的必备条件，直接影响大学生的学习、生活质量乃至身心健康。有些大学生是独生子女，"以自我为中心"的心理倾向比较严重，在人际交往中经常表现为很少关心别人、唯我独尊、猜疑心理重、嫉妒心强。一些来自贫困家庭的学生则担心被别人看不起，性格敏感多疑，不愿或害怕与他人交往，常感到自卑、孤独和寂寞。有些大学生在建立人际关系时会过度在乎自我形象，有肯定自我、保护自我的强烈要求。大学生的人际关系问题常常表现在难以和别人愉快相处，没有知心朋友，缺乏必要的交往技巧，过分委曲求全等，因而导致沟通缺乏、心理紧张、情绪压抑、产生孤独感，从而影响正常的学习及生活。

（四）情绪问题

进入大学后，社会角色的转换引起许多心理冲突。一些基础相对较差、能力相对较弱、个性不够坚强而又不能正确对待挫折的学生，就可能产生各种消极情绪，从而产生内心的痛苦和不安，易出现情绪困扰，主要表现在以下几个方面。

（1）抑郁。抑郁是一种愁闷的心境，对任何事都感到悲观失望，郁闷、寡欢、意志消沉、自卑、内疚、失眠等，严重者还伴有心境恶劣甚至有自杀倾向。

（2）焦虑。焦虑情绪的发生原因是多方面的，可分为适应焦虑、考试焦虑、身体过分关注焦虑和选择焦虑。

（3）自卑。做事瞻前顾后，畏首畏尾，不敢与人交往，不敢实践，因而抑制了自己的才华，错过了进取的时机。

（4）冷漠。处于冷漠情绪中的大学生，在行为上常表现为对生活没有热情和兴趣；对学习漠然置之、无精打采；对周围的同学冷漠无情，甚至对他人的冷暖无动于衷；对集体活动漠不关心、麻木不仁。

（五）就业择业问题

随着我国改革开放的深入，大学生就业问题日益成为社会关注的焦点。大学生的就业模式由统包统分向自主择业、双向选择、供需见面的模式转变。这种新的模式为大学生施展自己的才华、实现自己的抱负提供更为广阔的平台。与此同时，就业制度的改革也对大学生的心理素质提出了新的挑战，特别是近年来就业矛盾日益突出，就业难度日趋增大，为广大毕业生带来了巨大的心理压力。应届毕业生的圈子里一直流传着这样的一句话：毕业就等于失业。部分毫无社会经验的毕业生，要想找到合适的工作是十分困难的。择业过程中遇到的各种问题，如工作单位不如意、担心自己能力不足、缺乏经验、不能胜任工作等，这些都为临近毕业的大学生造成巨大的心理压力，这种压力又以一些不正当的渠道宣泄出来，如乱砸东西、酗酒打架、消极厌世等。

（六）手机依赖问题

我们所说的"手机依赖"主要是指个体形成的一种对手机的心理渴求和心理依赖，比如说如果手机没有带在身边就会有心烦意乱的感觉；一段时间听不到手机的铃声，就会下意识地看一下手机等，这些类似的行为都可以算作"手机依赖症"的表现。研究发现，大学生的手机依赖率达到16.7%~30.2%，并呈现逐年上升的趋势，50%的大学生沉迷手机的原因是玩各种手游，30%的学生出于聊天交友的目的，15%的学生是用来办公，7%的学生用来学习。手机为高校大学生的学习生活带来便利的同时，也逐渐产生了不利影响，普遍出现了手机依赖的现象，对自身的人际关系、学业成绩、心理健康、情绪控制、睡眠质量、意志力、行动力等均产生不利影响甚至造成危害。

二、影响大学生心理健康发展的主要因素

影响大学生心理素质的因素十分复杂，它是生理、心理、社会等诸多因素共同作用于个体的结果。

（一）家庭因素与教育因素

在激烈的高考竞争中，家长一味地要求孩子学习成绩好，没有培养孩子良好的心理素质，忽略了孩子健康人格的培养。同时，在教育方式上，有些家长对孩子要求非常严格，经常用命令、指责的方式强迫孩子做事情，与孩子缺乏沟通，久而久之，孩子就会表现出懦弱、自卑、失去了个性；有些家长对子女过分溺爱、事事照顾周全，不让他们受一点挫折和伤害。这就使得这些孩子到了大学以后，依赖性极强，遇到挫折就不知所措，缺乏自信心和自理能力；有的家长只要求子女学习成绩好，对他们的行为放任不管，这样的学生到了大学以后常常以自我为中心、比较任性、不懂得尊重他人，很难适应集体生活；还有一些家庭因父母感情不和或离异等原因，造成了孩子性格暴躁偏激，逆反心理、自卑心理强等不良后果。

例如，某高校的一名男生在大一年级入学初期的生活、学习等各方面表现良好，学校心理健康测试筛查也显示正常。入学 4 个月后，一日因与同学关系不和而造成情绪波动，当晚喝酒迟迟不归。据该学生自述，从自己记事起家里经济情况较差，父亲常年在外打工不归，自己与母亲和爷爷、奶奶一起居住。父母都是小学文化程度，家庭成员之间关系异常紧张，经常争吵激烈，使得他幼小的心灵有害怕、恐惧的感觉。初中时候和父母一起居住在县城，父母经常吵架，母亲甚至当众训斥他，他极力想逃避争吵的家庭环境，自那时起他开始有自杀念头。高中时父母日常还是吵架不断，母亲对他依旧冷淡，经常当众训斥他，他变得不想说话，不想回家，与父母基本无交流。他喜欢漫无目的地一直沿路向前走，难受时曾用撞墙、划自己的手等方式折磨自己。生活中经常否定自己，凡事都觉得自己做得不够好而莫名责备自己。班主任感觉他性格异常于其他同学，经与其父母商量后，他由住校改为走读。经过 6 个月定时沟通和疏导，学生目前状态良好，宿舍关系融洽，可进入正常的学习和生活状态。

该生从小与父亲分离，心理成长不够完整，在早年没有建立良好充分的依恋关系；所处成长环境经常充满无休止的争吵，加之母亲的态度冷漠，使他对自己的成长环境很无奈，内心无时不充满着矛盾和冲突。他内心深处极其渴望被关注，渴望被关爱，渴望被在意；他缺乏安全感，却不敢大胆表露心声，心理承受能力越来越低，久而久之便形成了悲观消极的人生态度，从而在大学生活中遇到小事就触碰到脆弱的心理承受底线。一般来说，家庭因素对大学生心理健康的影响主要表现在家庭环境及结构、家庭教育方式、家庭经济程度、父母受教育程度以及家庭动力在孩子成长过程中的影响。

（二）社会大环境及大众传媒因素

伴随着信息社会的高速发展，求新求异的心理使青年大学生盲目追求西方文化，这些东西与我国当前的许多现实问题不相适应，从而导致学生对社会产生怀疑心理，陷入空虚、混乱压抑的紧张状态，长时间的心理失调必然带来心理上的冲突，出现各种不良的心理反应。随着电视机的普及、广播电视节目播放时间的延长、报纸杂志增多以及互联网的出现，大众传播媒介对大学生的心理健康影响越来越大。大学生求知欲强但辨别力差，崇尚科学但欠缺辨别思维，以及当前一些格调低下的杂志作品及观念错误的书籍、报刊泛滥，只顾谋利不顾社会效益，对大学生的思想及行为带来了消极的影响，严重阻碍了他们身心的健康发展。

（三）个体因素

大学生的年龄一般都在20岁左右，正处于青年期，是进入成人期的固定的心理结构之前的不稳定的时期。心理学家将青年期称为人生发展过程中的"第二次断乳"。大学生在大学期间面临着艰巨的心理发展课题，在此期间大学生要在自我接纳、社会适应、人际关系、异性交往、社会责任等方面不断取得经验和发展的基础上，在思想和行为方面真正摆脱对外界的依赖感而完全成熟起来，并最终树立独立完整的人格体系。可见大学生正经历着人生发展过程中的多事之秋，情绪不稳定、心理冲突时有发生，很容易产生适应不良从而出现各种心理问题。

【拓展阅读一】世界卫生组织对健康提出了十条标准

（1）精力充沛，能从容不迫地应付日常生活和工作的压力而不感到过分紧张。

（2）处事乐观，态度积极，乐于承担责任，事无巨细不挑剔。

（3）善于休息，睡眠良好。

（4）应变能力强，能适应环境的各种变化。

（5）能够抵抗一般性感冒和传染病。

（6）体重得当，身材均匀，站立时头、肩、臂位置协调。

（7）眼睛明亮，反应敏锐，眼肌轻松，眼睑不发炎。

（8）牙齿清洁，无空洞，无痛感；牙龈颜色正常，不出血。

（9）头发有光泽，无头屑。

（10）肌肉和皮肤富有弹性，走路轻松有力。

【拓展阅读二】美国心理学家马斯洛和米特尔曼提出的心理健康的十条标准

（1）充分的安全感。

（2）充分了解自己，并对自己的能力进行适当的估价。

（3）生活目标切合实际。

（4）与现实的环境保持接触。

（5）能保持人格的完整与和谐。

（6）具有从经验中学习的能力。

（7）能保持良好的人际关系。

（8）适度的情绪表达与控制。

（9）在不违背社会规范的条件下，对个人的基本需要进行恰当的满足。

（10）在集体要求的前提下，较好地发挥自己的个性。

心理自测一：大学生心理健康测试

对以下 40 道题，如果感到"常常是"，请画"√"；"偶尔是"，请画"△"；"完全没有"，请画"×"。

1. 平时不知为什么总觉得心慌意乱，坐立不安。

2. 上床后怎么也睡不着，即使睡着了也容易惊醒。

3. 经常做噩梦，惊恐不安，早晨醒来感到倦怠无力、焦虑烦躁。

4. 经常早醒 1~2 小时，醒后很难再入睡。

5. 学习的压力常使自己感到非常烦躁，讨厌学习。

6. 读书看报甚至在课堂上也不能专心致志，往往自己也搞不清在想什么。

7. 遇到不称心的事情便较长时间沉默少言。

8. 感觉很多事情不称心，无端发火。

9. 哪怕是一件小事情，也总是很想不开，整日思索。

10. 感觉现实生活中没有什么事情能引起自己的乐趣，郁郁寡欢。

11. 老师讲的概念常常听不懂，有时懂得快忘得也快。

12. 遇到问题常常举棋不定，迟疑再三。

13. 经常与人争吵发火，过后又后悔不已。

14. 经常追悔自己做过的事，有内疚感。

15. 一遇到考试，即使有准备也会感到紧张焦虑。

16. 一遇到挫折，便心灰意冷，丧失信心。

17. 非常害怕失败，行动前总是提心吊胆，畏首畏尾。

18. 感情脆弱，稍不顺心，就暗自流泪。

19. 自己瞧不起自己，觉得别人也总在嘲笑自己。

20. 喜欢跟自己年幼或能力不如自己的人一起玩或比赛。

21. 感觉没有人理解自己，烦闷时别人很难使自己高兴。

22. 发现别人在窃窃私语，便怀疑是在背后议论自己。

23. 对别人取得的成绩和荣誉常常表示怀疑，甚至嫉妒。

24. 缺乏安全感，总觉得别人要加害自己。

心理自测二：你的身心是否够健康

1. 快食：吃饭不挑食、不偏食，津津有味。

2. 快眠：能较快入睡，睡眠质量好，精神饱满。

3. 快便：能快速通畅地排泄，感觉轻松自如。

4. 快语：说话流利，头脑清醒，思维敏捷。

5. 快行：行动自如协调，迈步轻松有力，动作流畅。

6. 良好的个性：性格柔和，适应环境，为人处世好。

7. 良好的人际关系：与人相处自然融洽，朋友多。

如果你符合"五快""两良好"的标准，恭喜你，你的身心很健康！

<h2 style="text-align:center">思　考　题</h2>

1. 大学生心理健康的标准是什么？

2. 如何增进大学生自身的心理健康？

3. 如何看待自身心理健康方面出现的问题？

4. 如何维护自身的心理健康？

即测即练

第二章

自我意识

【本章学习目标】

1. 了解自我意识的概念和基本分类，会进行自我意识的塑造。
2. 能够客观认识自己，通过他人评价及自我认知提升自我意识。

名人名言

最大的谄媚者是一个人的自我，和它相比，其他的谄媚者都显得很有理智。

——培根

一个人在照镜子时，永远不会以陌生人的眼光来看待自己，他的自我意识会不断低声提醒自己，我看到的不是另一个自我，而是我的自我。 ——叔本华

好丑心太明，则物不契；贤愚心太明，则人不亲。士君子须是内精明而外浑厚，使好丑两得其平，贤愚共受其益，才是生成的德量。 ——菜根谭

案 例 分 析

案例一

谢小强，男，22岁，大学二年级学生。认为自己聪明过人，才能超群，爱在别人面前夸耀自己，别人越关注就越兴奋。认为自己关注的问题都是哥德巴赫猜想式的，很少有人问津。对同学有比较强的支配欲，爱支配他人而不愿受他人支配。对同学们提出的还谈不上批评的意见，谢小强总是不能接受，内心十分反感，还经常发怒。他看不到自己的缺点和不足，盲目地为十全十美的自我而陶醉，而且总是看不起周围的同学，既没有异性朋友，也没有同性朋友。

点评：谢小强同学属于自负行为。自负的行为特征：①对批评的反应是愤怒羞愧或感到耻辱（尽管不一定当即表现出来）；②喜欢指使他人，要他人为自己服务；③过分自高自大，对自己的才能夸大其词，希望受人特别关注；④坚信他所关注的问题是世上独有的，只能被某些特殊的人物了解；⑤对无限的成功、权力、荣誉或理想爱情有非分的幻想；⑥认为自己应享有他人没有的待遇；⑦渴望持久的关注与赞美；⑧缺乏同情心；⑨有很强的妒忌心。

案例二

蒋文兵，男，21岁，大学二年级学生。性格内向，不善言谈，遇到事情总爱一个人苦苦思索，在大学一年级第二学期，有一门课程考试不及格，参加英语四级考试又没有通过，便认为自己的学习能力不强，没法适应大学的学习。觉得自己缺乏社交能力，两年的大学生活，没有知心朋友，有话无处讲，有事无处求。对自己就读的大学不满意，认为缺

乏学术氛围，周围的同学都在混日子，自己也只能无所事事，随波逐流。因此，蒋文兵认定自己的前途一片黯淡，将来是注定没有出息的。

点评：蒋文兵属于自我意识中的自卑心理。自卑指个体自我评价过低、自愧无能而丧失自信，并伴有自怨自艾、悲观失望等情绪体验的消极心理倾向。常常夸大自己的缺陷，以偏概全。自卑原因有以下几点：自我认识不足、过低的期望、内向的性格、挫折的经历和不恰当的归因等。人自认为是怎样一个人比他真正是怎样一个人更重要，因为每个人都是按他认为自己是怎样一个人而行动的。

第一节 自我意识概述

一、基本概念

自我意识是指人们在意识中觉察自己心理或行为的过程，也是一个人在意识活动中，把自己变成客体、作为对象去认识的过程。

自我意识是意识的一种形式，指主体对自身的意识。它包括对自身机体及其状态的意识，对自己肢体活动状态的意识，对自己的思维、情感、意志等心理活动的意识。自我观念、自我知觉、自我评价、自我体验、自我监督和自我调节控制等是其重要的内容。

自我意识的发展过程是个体不断社会化的过程，是个性特征形成的过程。自我意识是人的个性结构的重要组成部分，是个性结构中的自我调节系统。因此良好的自我意识对人的良好个性的形成起至关重要的作用。

二、自我意识的分类

（一）从内容上划分

从内容上划分，自我意识大概分为以下几种。

（1）生理自我。生理自我是指个体对自己的身高、体重、体型，性别、容貌、年龄、健康状况等生理特质的意识。

（2）心理自我。心理自我是指个体对自己的智力、兴趣、能力、爱好、气质，性格等心理特点的意识。

（3）社会自我。社会自我是指个体对自己在社会群体中所担任的各种社会角色的知觉，包括对各种角色关系、角色地位、角色技能和角色体验的认知和评价。

（二）从形式上划分

从形式上划分，自我意识大概分为以下几种。

（1）自我认知。自我认知是自我意识的认知成分，指个体对自己生理自我、心理自我和社会自我的认识。它包括自我感觉、自我观察、自我观念、自我分析和自我评价等层次。其中，自我观念和自我评价是自我认知中最主要的方面，集中反映了个体自我认知乃至自我意识的发展水平，也是自我体验和自我调控的前提。自我认知主要涉及的是"我是一个什么样的人"的问题。自我认知对于个体的情绪体验、行为应对及协调个体在社会群体中的人际关系都有重大影响。

（2）自我体验。自我体验是自我意识的情感成分，在自我意识的基础上产生，反映个体对自己所持的态度。它包括自我感受、自爱、自尊、自信、自卑、内疚、自豪感、成就感、自我效能感等。其中，自尊是自我体验中最主要的方面。它主要涉及"我接受自己吗""我喜欢自己吗"及"我对自己满意吗"等问题。

（3）自我调控。自我调控是自我意识的意志成分，指个体对自己的行为与心理活动的自我作用的过程。它包括自立、自主、自律、自我监督、自我控制和自我教育等层次。其中，自我控制和自我教育是自我调控中最主要的方面。它涉及的是"我怎样调整自己""我如何改变自己""我怎样成为理想中的自己"等问题。

（三）从自我观念上划分

从自我观念上划分，自我意识大概分为以下几种。

（1）现实自我。现实自我指个体在受环境熏陶并与环境相互作用的过程中所表现出的综合的现实状况和实际行为的意识。它是自我现实、社会存在的真实反映。

（2）投射自我。投射自我，又称镜中我、是想象他人对自己的看法和评价。它与现实自我之间可能存在差距，自己对自己的看法和自己想象中别人对自己的看法往往是有差距的。

（3）理想自我。理想自我指个体经由理想或为满足内心需要而在意念中建立起来的有关自己的理想化形象。理想自我的内容尽管也是客观社会现实的反映，包括对来自他人和社会的规范要求以及它们是否满足个体需要的反映，但这些内容整合而成的理想自我却是观念的、非实际存在的东西。

投射自我对于现实自我的形成起重要的作用，人们总是把他人对自己的看法和评价作为重要参考，来形成自我概念。现实自我和理想自我的形成与社会环境密切相关。现实自我产生于自我同社会环境的相互作用，理想自我则产生于这种相互作用中他人和社会广泛的要求内化后在个体头脑中整合形成的自我的理想形象。

由于人们总是按照理想自我来塑造自己，理想自我是现实自我努力的方向，特别是青年人往往以为理想中的自己就是现实的自己。因此，现实自我总是带有不可摆脱的理想自我的痕迹。在正常情况下，当理想自我的形成建立在理智认识或他人和社会规范的自觉内化之上时，理想自我可以在现实自我和社会环境之间起积极的调节作用，指导现实自我积极地适应和作用于社会环境。

这时，理想自我、现实自我和社会环境的要求可以在新的水平和方向上达到协调一致，自我得到健康发展。

【拓展阅读】约哈里之窗理论

什么是"约哈里之窗"？

"约哈里之窗"又称"乔韩窗口理论"。约哈里之窗理论（Johari Window）是指美国心理学家约瑟夫·勒夫特（Joseph Luft）和哈里·英格拉姆（Harry Ingram）提出的关于人类自我认识的窗口理论。

约哈里之窗理论分为 4 个象限（图 2-1）：

开放之窗（Open Window）：自己知道，他人也知道。

盲点之窗（Blind Window）：自己不知道，他人却知道。

隐蔽之窗（Hidden Window）：自己知道，他人不知道。

未知之窗（Dark Window）：自己不知道，他人也不知道。

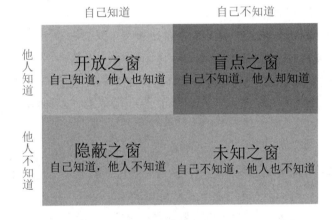

图 2-1　约哈里之窗理论

我们应该如何运用约哈里之窗理论，来更好地认识自我并进行自我管理和自我提升呢？

1. 开放之窗 = 公开的自我

自己很了解的真实自我，别人也很了解。比如自己的姓名性别、兴趣爱好、性格脾气、做什么工作等这些容易被别人了解的内容。

很多人可能会问，自己当然了解真实的自己，但怎么让别人也了解自己呢？所以我们要尽量放大自己的开放之窗，让更多的人知道自己的优秀和能力。如果我们想让别人赏识自己，首先必须要先展示自己美好和优秀的一面。

还有人可能会说，我没啥好展示的。其实，每个人都可以展示真实的自己，人人都会有优点。我们只要去挖掘自己的优点展示给别人或者从别人的开放之窗去了解和学习别人的优点。

我们也要学会宣传自己，要有介绍自己的文字或形式，如同面试工作会有简历、认识朋友会有介绍、考试报名会有表格。

我们一言一行的表现，在别人的眼里可能都已经打上了自律、无私、厉害、优秀、卓越、出色、给力等各种的优秀标签。只有我们够优秀、够开放，别人才愿意录用、认识、认可和帮助我们。

人无完人，我们要善于展示自己的优点，但也不要害怕暴露自己的缺点。暴露了自己的缺点，可能会得到别人的帮助，向别人学习，提升自己。

2. 盲点之窗＝盲目的自我

别人看得很清楚，自己却不了解。有点"当局者迷、旁观者清"的感觉。比如有些成功人士之所以成功，他们自己可能都不太清楚原因，但有些机构和有些人却能很清楚地归纳出他们的成功秘诀。

每个人都会有盲点，都会有认知的缺陷。我们可能不知道自己当下的优秀，也可能不知道自己过往的无知。

还记得知识的诅咒吗？有知识会被知识诅咒，没知识更加会被自我盲目。所以我们要时时审视和反省自己，虚心学习，耐心成长。

3. 隐蔽之窗＝秘密的自我

这部分通常指自己的秘密、隐私等不愿意让别人了解的部分。比如自己身上丑陋的疤痕，说过的谎话，冲动时干过的坏事等。

我们每个人在职场工作，可能都会有你不喜欢的人和不愿意干的事，如顶撞过我们的人、坑害过我们的合同。还有我们自己那些不愿与人分享的各种隐私。这些都是秘密的自我。

秘密大多指的都是我们自己的那些不愿意示人的伤痛、创伤、困境和误解。这些带来的伤害甚至会终其一生也无法摆脱和痊愈。所以当我们遭遇困境、无法独自排解的时候，不妨勇敢地敞开心扉，找到一个自己信任也愿意聆听的朋友去诉说我们的伤痛和困惑。当别人给自己造成了误解或伤害时，我们也应该抱着开放的态度去努力沟通化解、包容和接纳。

我们不应该主动去揭开让别人疼痛的隐私伤疤，我们应该努力去化解使自己痛苦的秘密压力。

4. 未知之窗＝未知的自我

这部分指自己和别人都不知道的，如自己的潜能、潜质等。

美国有个学者研究说，我们普通人其实只开发了我们自己蕴藏能力的 1/10，只利用了我们自己身心资源中很小很小的一部分。

科学家们也发现，贮存在人类大脑中的能力其实是很惊人的，我们平常其实只发挥了极小的一部分功能。

人的潜能是无限的，如果唤醒我们的潜能，人类将无所不能。

唤醒潜能的方法有很多，首先最简单有效的方法就是多读书、多输出，读书改变生活，写作改变命运。其次就是我们要多去接触新事物、新世界，要有一种开放的心态。

所以，我们要通过约哈里之窗理论，了解自己所处的象限从而真正弄明白自己，觉察和治愈自我，最终去探索、改变、成长自我。

第二节　自我意识的发展与来源

一、自我意识的发展

个体的自我意识不是与生俱来的。首先是对外部世界、对他人有了认识，然后才逐步认识自己。自我意识是在与他人交往过程中，我们根据他人对自己的看法和评价而发展起来的。这个过程贯穿人的一生。自我意识的发展大概有以下三个阶段。

1. 自我中心期（生理自我）

人刚出生时，没有自我意识，物我不分；七八个月时才出现自我意识的萌芽，2岁左右的儿童，掌握第一人称"我"的使用，3岁左右的儿童，自我意识有了新的发展，开始出现羞耻感、占有心，其行为是一种以自己的身体为中心，以自己的想法和情感来认识和投射外部世界。因而心理学家把这个时期称为自我意识的"自我中心期"。

2. 客观化时期（社会自我）

从3岁到青春期（14岁）这段时期，是个体受社会文化影响最深的时期。个体在幼儿园、学校中，通过游戏、活动、学习，逐渐形成各种角色观念。在社会生活中学习承担社会角色，是个体获得社会自我的时期。

在青春期以前，个体的眼光是向外的，引起其兴趣和注意的主要是外部世界，个体不关注自己的内心世界。个体虽然已能意识到自己是一个主体，能够充分认识到自己的行为，但并不了解自己的心理状况。在认识外部世界时，还不善于运用自己的眼睛观察、运用自己的头脑去思考。而主要是从别人的观点中认识事物和他人，对自己的认识也是服从于权威或同伴的评价。心理学家把这个时期称为自我意识的"客观化时期"。

3. 主观化时期（心理自我）

进入青春期后，个体自我意识经过分化、矛盾、统一趋于成熟，个体开始清晰地意识到自己的内心世界，开始有明确的价值探索和追求，强烈要求独立，从而产生了自我塑造、自我教育的紧迫感和实现自我目标的内驱力。青年的世界观、人生观、价值观的形成是个体自我意识成熟的标志。

二、自我意识的信息来源

自我意识是个体所特有的心理标志，它不是与生俱来的，而是后天获得的，是个体在社会环境中与他人的互动中逐渐形成的。一般而言，大学生对自己的认知可以通过以下四个方面逐渐形成。

1. 正确的自我认知

"人贵有自知之明"，全面而正确的自我认知是培养健全的自我意识的基础。自我认知是从多方位建立的，既有对自己的认识与评价，也有对他人的评价。我们不妨自己认真仔细地想一想，用尽量多的形容词描述自己，要忠实于自己的内心。

在此基础上，进行第二步，他观自我的描述，描述父母眼中的我、同学眼中的我、老师眼中的我、恋人眼中的我、兄弟姐妹眼中的我，寻找这些描述中共同的品质，将其归类。描述的维度越多，就越会找到比较正确的自我。

2. 客观的自我评价

只有正确的自我认知、正确的自我悦纳、积极的自我体验、有效的自我控制才能形成客观的自我评价。自我悦纳是自我意识健康发展的关键所在。悦纳自我首先要接纳自己，喜欢自己，欣赏自己，体会自我的独特性，在此基础上体验价值感、幸福感、愉快感与满足感；其次是理智与客观地对待自己的长处与不足，冷静地看待得与失。在生活中注重自我，自我意识是将注意力集中在自我的一种状态。积极的策略是：关注你自己的成功与优势积累。每个人身上都有着无数的闪光点，重点在于寻找你自己的闪光点并将其构成亮丽的人生风景线。

3. 积极的自我提升

提高自我效能感是个体在一定情境下对自我完成某项工作的期望与预期。当人们期望自己成功时，他必然会尽自己最大的努力，并且当面临挑战性任务时，会更加坚忍不拔，从而增加了成功的可能性。自我效能感高的人一般对学业期望较高，也就是说，自我效能感与成就动机呈正相关性。

另外是克服自我障碍，我们经常会有这样的感觉：体验对自己能力程度的焦虑带来的不安全感，这便是一种自我障碍。我们听说了太多的这样的故事：比如考试前由于身体不好而没有取得好成绩等。

这便是典型的自我障碍，为自己的考试不成功找到了适当的借口。一个渴望自我发展的人必须主动克服自我障碍，进行积极的自我提升与自我尝试。

4. 关注自我成长

自我的发展需要不断的自我反思、自我监控，但将成长作为一条线索贯穿于人生的始终时，整理自己成长的轨迹显得尤为重要。依照发展过程，深刻了解与把握自己。要记住：自我体验永远是个体的，当我们在分享他人自我成长的硕果时，也在促进我们自己的成长。

【扩展阅读】习得性无助

"习得性无助"是美国心理学家赛利格曼（Seligman）1967年在研究动物时提出的。他用狗进行了一项经典实验，起初把狗关在笼子里，只要蜂音器一响，就给以电击，狗关在笼子里逃避不了电击。多次实验过后，蜂音器一响，在给以电击前，先把笼门打开，此时狗不但不逃而且不等给以电击就先倒在地上开始呻吟和颤抖，本来可以主动地逃避却绝望地等待痛苦的来临，这就是习得性无助。习得性无助行为，是指一个人经历了失败和挫折后，面对问题时产生的无能为力的心理状态和行为。当一个人将不可控的消极事件或失败结果归因于自身的智力、能力的时候，一种弥散的、无助的和抑郁的状态就会出现，自我评价就会降低，动机会减弱至最低水平，无助感也由此产生。

自我意识是个体全部内心世界的总和，也是人格的核心部分，对个体人格的发展和塑造起至关重要的作用。自我意识的发展程度集中反映了个体的心理成熟程度和心理发展水平。大量的心理学实验也证明，个体社会适应不良及人际关系不协调主要是由自我意识不正确所造成的。只有健全的自我意识才能正确认识、悦纳自己，合理分析自己与周围环境的关系，从而保持良好的社会适应和人际关系，维护自身的心理健康。总之，健全的自我意识通过合理的自我认知、良好的自我体验、自觉的自我控制，从而促进个体的自我实现，最大限度地挖掘个体心理潜力。

第三节 大学生自我意识塑造

一、大学生自我意识发展特点

大学生处在自我意识发展的青年时期。青年时期一般指个体从十七八岁到三十五岁。重点关注自我形象的认知，是一个人对自身的连续性和同一性的认知。对自我的认识包括以下三种成分。

（1）认识成分，即对自己的个性品质特征和独特性的认知。

（2）情感成分，即对自身品质的评价及通过自我评价而产生的自尊体验。

（3）品行成分，即由认识成分和情感成分而派生出来的对自己行为的实际态度。

（一）自我概念的特点

自我概念大致有以下几个特点。

（1）自我概念的抽象性日益增强。个体逐渐运用更加抽象的概念来概括自己的价值标准、意识形态及信念等。

（2）自我概念更具组织性和整合性。青年在描述自我时，不再一一引出个别特点，而是将对自我觉知的各个方面（哪怕是相互矛盾）整合成具有连续性和逻辑性的统一整体。

（3）自我概念的结构更加分化。青年能够根据自己的不同社会角色分化出不同的自我概念，他们懂得自我在不同的场合可以以不同的面目出现。

（二）自我认识提高的主要途径

1. 自我探索是自我认识发展的内在动力

主动自我关注和自我探索是构成自我认识发展的内在动力。青年时期有意识地通过日记等方式倾诉自己的内心活动，描绘自我的情绪、情感体验，评价自己的个性特征和行为表现，以提高自我认识水平，并通过各种学习方式寻求对自我特征和表现的解释等。

2. 通过他人对自己的评价来认识自我

关注他人对自己的评价，并能够综合评价以提高自我认识。可以说，大学生认识自己的过程，也是通过他人的评价而发展自我概念的过程。大学生更注重教师、同学和家长对自己的评价。来自周围的这些重要人员的积极或消极评价，会激起他们强烈情感反应，也会巩固、增强或者动摇他们对自己的认识。这些评价的影响和作用不可低估。

3. 通过对同龄人的认同感来认识自己

通过对同龄人的认同来认识自己，主要是把自己与同龄伙伴进行比较，并与这些人产生心理上的认同感，进而加深对自身特点的认识和了解。

（三）确认自我认同感是青年期的重要发展任务

艾里克森提出，自我同一性的确立和防止社会角色的混乱是青年期的发展任务。自我同一性是关于个体是谁、个体的价值和个体的理想是什么的一种稳定的意识。每个人在青年时期都在探索并尝试去建立稳定的自我同一感，即自我认同感。艾里克森认为青年期自我同一感的确立是自我分化和整合统一的过程。

1. 自我分化是把整体的我分化为"主体我"与"客体我"

青年期的自我是将整体的自我分为"主体我"和"客体我"。"主体我"是观察者、分析评价者、认同者，"客体我"是被观察者、被分析评价者、被认同者，即由"主体我"来分析、认识"客体我"。在认识自我的过程中，自我概念好比"我是什么样的人"，自我评价好比"我这个人怎么样"，自我理想好比"我应该成为什么样的人"。在自我分化和自我认识的过程中，必然会产生观察者与被观察者反应是否一致的问题，于是，自然会出现"主体我"与"客体我"的认知一致或矛盾斗争，造成对自我的肯定或否定的认知。

2. 通过自我接纳和自我排斥达到自我认识的整合统一

"自我"经过一段时期的矛盾冲突，"主体我"和"客体我"便在新的水平上协调一致，即自我的整合和统一。新的整合和统一主要是通过自我接纳和自我排斥的过程实现的。

自我接纳是以积极的态度正确对待自己的优点和缺点，接受自己的长处和短处；以平常心面对自我现实；自我排斥是对自我消极否定的心理倾向，即否定自己，拒绝接纳自己的心理倾向。自我排斥与自我接纳一样，是自我意识发展过程中不可或缺的心理过程，是个体形成良好的心理品质所必要的心理过程。

青年期自我的发展经过自我分化，再通过自我接纳和自我排斥等过程之后，形成自我同一感。大多数青年人都能形成并确立自我同一感。

3. 不能确立自我同一感

如果"客体我"和"主体我"之间的矛盾难以协调，青年便难以确立自我形象，也无法形成自我概念。如是，他们在这个过程中会表现出明显的内心冲突，甚至引起自我情感的激烈变化，引发现实的"我"与理想的"我"之间的矛盾冲突，从而导致自我同一性扩散或社会角色混乱，并造成自我同一感危机。

4. 解决自我同一感危机的方式

有学者归纳出解决青年自我同一感危机的四种方式。

（1）同一性确立。体验过各种发展危机，经过积极努力，选择了符合自己的社会生活目标和前进的方向，以达到成熟的自我认同。

（2）同一性延续。正处于体验各种同一性危机之中，尚未明确作出对未来的选择，但是正在积极的探索过程中，处于同一性探索阶段。

（3）同一性封闭。在还没有体验同一性困惑的情况下，由权威代替其对未来生活作出选择。这实际上是对权威决定的接纳，属于盲目的认同。

（4）同一性混乱（扩散）。无论是否经历过同一性危机，或是否进行过自我探索，他们并没有对自己的未来生活抱有向往或做什么选择，他们不追求自己的价值或目标。这也称为角色混乱。

（四）延缓偿付期

青年期的发展是自我发现、自我意识形成和人格再构成的时期，是从不承担社会责任到以社会角色出现并承担社会责任的时期。比如在大学学习期间，这个时期可以称为青年对社会的"延缓偿付期"，既是一种社会的延缓，也是一种心理上的延缓，所以也称为"心理的延缓偿付期"。

二、大学生提升自我意识的途径

自我意识作为人的心理调控系统，构成人格的核心，对大学生的成长和发展起着重要的作用。从某种意义上说，一个大学生有什么样的自我意识，他的人格就会向什么方向发展，他的生活情态和人生成败将打上深刻的人格烙印。从自我意识来说，当一个大学生认为自己是个正直的人时，他就会坚持真理、维护正义、见义勇为，而不去做那些他认为不正直的事。从自我体验来说，当一个大学生见到别人的不幸就会感同身受，就会情不自禁地去帮助别人，而不会熟视无睹，无动于衷。从自我实现的意向来说，当一个大学生立志要做一个对社会、对国家有贡献的人时，他就会勤勤恳恳地为人民服务，而不会见利忘义，去做违背祖国和人民利益的事情。

自我意识的培养，是引导主体按社会要求自觉地对客体进行自我意识的教育，是自我意识的最高表现，是大学生完善自己个性、实现自我价值的重要途径。

（1）全面认识自我。全面认识自我是形成自我意识的基础，如果一个人能够全面的、正确地认识自己，客观地、准确地评价自己，就能够量力而行，确立合适的奋斗目标，并为实现这一目标而不懈努力。因此，大学生只有打破自我封闭、拓宽生活范围、增加生活阅历、扩展交往空间、积极参加活动、扩大社会实践，才能找到多种参考系，才能凭借参考系来多方面、多角度地认识自我，做到不自卑也不过于自信，不骄傲也不过于谦虚，才能充分发挥自己的聪明才智，实现自己的人生价值。可通过以下途径来认识自我。

①通过对他人的认识来认识自我。深刻的自我认识是以深刻认识和理解他人、理解社会为前提的。大学生应积极主动地投身于认识世界、改造世界的社会实践活动中去，不断丰富自己对自然、社会和他人的认识。通过认识他人、认识外界事物来进一步认识自我。

②通过分析他人对自己的评价来认识自我。正确地认识他人对自己的评价，是自我认识的一条重要途径，大学生一般很在乎别人对自己的看法，尤其是有影响力的评价者。他们对别人的评价往往引起两方面的反应，一方面积极地接受别人的看法，另一方面也许认为别人的评价不符合自己的实际。因此评价者的特点、评价的性质将会影响他们对评价的接受程度。同学之间的互评，教师给予具体而有个性的评价，都有助于自我意识的提高。但应注意评价的准确性、全面性、公正性，不切合实际的、片面的、不公正的评价，也可能导致自我认识的误区。当然，大学生应正确对待他人对自己的评价，从分析他人对自己的评价中进一步认识自我，不应对别人指出自己的缺点而耿耿于怀，更不应对自己的优点沾沾自喜。

③通过与他人的比较来认识自我。人总是不由自主地将自己和他人进行比较，在比较的过程中发现自己的优势，明白存在的问题，认识自己能力的高低，道德品质的好坏，追求目标是否恰当等。因此对大学生进行自我意识的培养时，要引导他们不仅与自己情况差不多的人比较，还要敢于与周围的强者比较。通过比较来认清自己的优势和劣势，长处和短处，达到取长补短、缩小差距的目的；通过自我比较来认识自我。人们不仅可以通过与他人的比较来认识自我，也可以从比较自己的过去、现在和将来中认识自我。因此，对大学生自我意识的培养，一方面应鼓励学生超越自我，不要满足于现有的成绩，另一方面也要引导学生确立恰当的抱负水平，不要一味地跟自己过不去，从自己的发展历程中进行比较，从比较中认识自我。

④通过自己的活动表现和成果来认识自我。大学生在从事各方面的活动中展现自己的聪明才智、情感取向、意志特征和道德品质。通过活动认识自己，用"实践是检验真理的唯一标准"来检查自己。因此在培养大学生自我意识的过程中，要引导他们正确分析自己的活动表现和成果，客观地认识自己的知识才能、兴趣爱好，进一步发挥自己的长处，弥补自己的短处；通过自我反思和自我评价来认识自我。大学生已具备了一定的自我反思和自我批评能力，在自我意识的培养中，要教育、引导他们不断地对自己的心理活动进行反思、分析，勇于解剖自己，敢于批评自己，在自我解剖和自我批评中加深对自己的认识。

（2）积极认可自我。大学生如果以积极的态度认可自己，便会形成自尊；如果以消极的态度拒绝自我，便会形成自卑。自卑者往往片面地夸大自身的缺点、短处，甚至否认自我存在的价值，从而极大地阻碍正确自我意识的形成。

①积极而准确地评价自我。积极而准确地评价自我是促使产生自尊感、克服自卑感的关键。俗语云：金无足赤，人无完人。每一个人都有自己的优点和缺点、长处和短处，对自己的长处要充分发挥，对自己的短处要正确对待，既不能护短，也不应因某些短处而灰心。一般来说人的短处有两种：一种是可以改变的，如不良习惯、脾气不好、缺乏毅力等，对此要有闻过则改的精神；另一种是无法补救的，如其貌不扬、身材矮小、四肢残疾等，对此要面对现实，有勇气接受自己的缺憾。同时注意提高自己的内在修养，在学问上狠下功夫，培养内在的心灵美，以"内秀"补偿"外丑"，相信勤能补拙，不断提升自己。

②正确对待挫折和失败。一个人在成长过程中，难免会有失败，要有勇气面对挫折，

认真总结教训，树立"不达目的不罢休"的信心。人常说：吃一堑，长一智；从哪里跌倒，就从哪里爬起来。因此，大学生应正确地对待学习、生活中的种种困难与挫折，从困境中走出来，总结教训，吸取经验，提高自己的能力，认可自己的能力，实现自己的理想。

（3）努力完善自我。自我完善是个体在认识自我、认可自我的基础上，自觉规划行为目标，主动调节自身行为，积极改造自己的个性，使个性全面发展，以适应社会要求的过程。正确的理想自我是在自我认识、自我认可的基础上，按社会需要和个人的特点来确立自我发展目标的。大学生要积极探索人生，理解人生，树立正确的人生观、价值观和世界观，为理想自我的确立寻找合适的人生坐标，从个人与社会的联系中认识有限人生的价值和意义，并通过实现这一目标而努力地完善自我。

努力提高现实自我、不断战胜旧的自我、重塑新的自我，既要努力发展自己，又绝不能固守自我，要积极主动地为社会服务，勇于承担重任；在为他人和社会服务、为国家和民族作贡献的过程中实现自我价值。当然提高现实自我是一个长期的过程，必须坚持不懈、持之以恒，才能使现实自我不断地向理想自我靠拢，并最终实现自己的人生目标，这一过程就是大学生努力完善自我的过程。

大学生在认真探索人生的过程中，逐步获得积极的自我统一，实现自身的价值。在获取自我统一的过程中，首先要分析和确认"理想自我"的正确性和可行性，其次与现实自我相对照，最后有针对性地、有计划地解决二者之间的矛盾，缩小差距，最终获得统一。

总之，自我意识的发展是一个漫长的过程，大学阶段是自我意识发展的重要阶段，因此正确认识自我意识发展的特点，对引导大学生全面认识自我、积极悦纳自我、努力完善自我具有重要意义。

【扩展阅读一】积极的心理暗示

心理暗示是指人接受外界或他人的愿望、观念、情绪、判断、态度的心理特点，是人们日常生活中，最常见的心理现象。

心理学家巴甫洛夫认为：暗示是人类最简单、最典型的条件反射。从心理机制上讲，它是一种被主观意愿肯定的假设，不一定有根据，但由于主观上已肯定了它的存在，心理上便竭力趋向这项内容。我们在生活中无时不在接收着外界的暗示，如电视广告对购物心理的暗示作用。

有人曾经做过"人工印记"的实验。用邮票大小的湿纸片贴到被试者的皮肤上，告诉他说，贴上之后这块皮肤就会发烧。不一会儿，揭去纸片，皮肤果然变红了。还有人将一块金属硬币放到被试者的手臂上，暗示说这块硬币刚在火上烤过，会把皮肤烫起泡来。没过多久，硬币下面果真"烫"出了水泡，呈现了二度烧伤痕迹。

从心理学术语上讲，心理暗示分为自我暗示与他暗示两种。心理暗示的作用可以是积极的也可以是消极的。积极的心理暗示可帮助被试者稳定情绪、树立自信心及给予战胜困难和挫折的勇气，消极的心理暗示却能对被试者造成不良的影响。

积极的心理暗示也能对人体产生激发潜力的作用。比如，暗示可以发掘人的记忆潜力。有人做过实验，分别让两组学生朗读同一首诗。第一组在朗读前，主试者告诉他们这是某著名诗人的诗，这就是一种暗示。而对第二组，主试者不告诉他们这是谁写的诗。朗读后立即让学生默写。结果是第一组的记忆率为56.6%，第二组的记忆率为30.1%。这说明权威的暗示对学生的记忆力很有影响。

【拓展阅读二】寓言故事：认识自己

山上的寺院里有一头驴，每天都在磨房里辛苦推磨，天长日久，驴渐渐厌倦了这种平淡的生活。它每天都在寻思，要是能出去见见外面的世界，不用推磨，那该有多好啊！

不久，机会终于来了，有个僧人带着驴下山去驮东西，它兴奋不已。

来到山下，僧人把东西放在驴背上，然后牵着它返回寺院。没想到，路上行人看到驴时，都虔诚地跪在两旁，对它顶礼膜拜。一开始，驴大惑不解，不知道人们为何要对自己叩头跪拜，慌忙躲闪。可一路上都是如此，驴不禁飘飘然起来，原来人们如此崇拜我。当它再看见有人路过时，就会趾高气扬地站在马路中间，走起路来虎虎生风，腰杆子瞬间挺直了！

回到寺院里，驴认为自己身份高贵，死活也不肯推磨了，只愿意接受人们的跪拜。

僧人无奈，只好放它下山。驴刚下山，就远远看见一伙人敲锣打鼓迎面而来，心想，一定是人们前来欢迎我的，于是它大摇大摆地站在马路中间。那是一队迎亲的队伍，却被一头驴拦住了去路，人们愤怒不已，棍棒交加抽打它……

驴仓皇逃回到寺里，奄奄一息，它愤愤不平地告诉僧人："原来人心险恶啊，第一次下山时，人们对我顶礼膜拜，可是今天他们竟对我狠下毒手！"

僧人叹息一声："果真是一头蠢驴！那天，人们跪拜的，是你背上驮的佛像，不是你啊！"

人生最大的不幸，就是不认识自己。每天我们都照镜子，但是我们在照镜子的时候，可有问过自己一句话："你认识自己吗？"看清自己最重要！

心理自测一：认识自我

场景：你在森林的深处，你向前走，看见前面有一座很旧的小屋。

（1）这个小屋的门现在是什么状态？（开着 / 关着）

（2）你走进屋子里看见一张桌子，这张桌子是什么形状的？（圆形 / 椭圆形 / 正方形 / 长方形 / 三角形）

（3）在桌子上有个花瓶，瓶子里有水，有多少水在花瓶里？（满的 / 一半 / 空的）

（4）这个瓶子是由什么材料制造的？（玻璃 / 陶瓷 / 泥土 / 金属 / 塑料 / 木头）

（5）过了一会儿，你走过瀑布，你站在坚硬的地面上，你看见地上有金光闪烁，你弯腰拾起来，是一个带着钥匙的钥匙链。有多少把钥匙拴在上面，你可以任意选一个数字（从 1 到 10）。

（6）你继续向前走，试着找出一条路来，突然你发现眼前有一座城堡。这个城堡是

什么样的？（旧的 / 新的）

（7）你走进城堡，看见一个游泳池，黑暗的水面上漂浮着很多闪闪发光的宝石，你会捡起这些宝石吗？（是 / 否）

（8）在这家黑暗的游泳池旁边还有一座游泳池。清澈的水面上漂浮着很多枚钱币。你会捡起这些钱币吗？（是 / 否）

（9）你走到城堡的尽头有一个出口，你继续向前走并走出了城堡。在城堡外面，你看见一座大花园，你看见地面上有一个箱子。这个箱子是多大尺寸的？（小 / 中 / 大）

（10）这个箱子是什么材料做的？（硬纸板 / 纸 / 木头 / 金属）

（11）花园里还有一座桥就在箱子的不远处。桥是什么材料建造的？（金属 / 木头 / 藤条）

（12）走过这座桥，有一匹马。马是什么颜色的？（白色 / 灰色 / 褐色 / 黑色）

（13）马正在做什么？（安静地站着 / 吃草 / 在附近奔跑）

（14）离马很近的地方突然刮起了一阵龙卷风。你有三种选择。

A. 跑过去藏在箱子里。

B. 跑过去藏在桥底下。

C. 跑过去骑马离开。

测试结果：

（1）门：

门如果是开着的——说明你是一个任何事都愿意与别人分享的人

门如果是关着的——说明你是一个任何事都愿意一个人去做的人

（2）桌子：

圆形 / 椭圆形——总有一些朋友陪伴着你，你完全地信任并接受他们。

正方形 / 长方形——你在交朋友的时候有点挑剔，你只是和那些你认为比较熟悉的朋友有一些来往。

三角形——在对待朋友的问题上，你是一个非常吹毛求疵的人，所以你的生活里没有许多朋友。

（3）瓶子里的水：

空的——你目前的生活很不满意。

一半——你的生活只有一半达到你的理想。

满的——你对目前的生活非常满意。

（4）瓶子的质地：

玻璃 / 陶瓷 / 泥土——在生活里你是一个脆弱的、需要得到照顾的人。

金属 / 塑料 / 木头——你在生活里是一个强者。

（5）钥匙：

1——生活中你只有一个好朋友。

2~5——生活中你有一些好朋友。

6~10——生活中你有许多好朋友。

（6）城堡：

旧的——显示你在过去的交往中有一段不好的和不值得纪念的关系。

新的——显示你在过去的交往中有一段很好的交往，现在仍然鲜活地驻留在你心里。

（7）从脏水的游泳池里捡宝石：

是——当你的伴侣在你身边时，你依然和周围的人调情。

否——当你的伴侣在你身边时，你绝大多数时间只会围着他/她转。

（8）从清澈的游泳池里捡钱币：

是——当你的伴侣不在你身边，你会和周围的人调情。

否——当你的伴侣不在你身边，你也会忠实于他/她。

（9）箱子的大小：

小——不自负。

中等——比较自负。

大——非常自负。

（10）箱子的材料（从表面看）：

硬纸板/纸/木头（不闪光）——谦虚的性格。

金属——骄傲而顽固的性格。

（11）桥的材料：

金属——和朋友有非常紧密的联系。

木头——和朋友有比较紧密的联系。

藤条——周围没有很好的朋友。

（12）马的颜色：

白色——你的伴侣在你心目中非常纯洁而美好。

灰色/褐色——你的伴侣在你心目中的位置一般。

黑色——你的伴侣在你心目中好像根本不怎么样，甚至还很坏。

（13）马的动作：

安静地站着/吃草——你的伴侣是一个顾家的、谦虚的人。

在附近奔跑——你的伴侣是一个非常狂野的人。

（14）这是最后一个问题但也是最重要的问题。故事的结尾是刮起一阵龙卷风，你会怎么去做呢？

A. 跑过去藏在箱子里。

B. 跑过去藏在桥底下。

C. 跑过去骑马离开。

那么什么是你的选择呢？现在，我们看看上面的这些事物代表的是什么。

龙卷风——你生活中的麻烦。

箱子——你自己。

桥——你的朋友。

马——你的伴侣。

如果你选择箱子，无论何时遇到麻烦你都会自己解决。

如果你选择桥，无论何时你遇到麻烦你都会去找你的朋友一起解决。

如果你选择马，你寻找的伴侣是你无论何时遇到麻烦都要和他 / 她一起去面对的。

心理自测二：自我意识问卷

该量表为自我意识量表（Self-Consciousness Scale，SCS），是由心理学家 Fenigstein、Scheier 和 Buss 在 1975 年编制的。

指导语：请根据每一个陈述与你自己实际情况的符合程度，在你认为合适的字母上打"√"。每个人对自己的看法都有其独特性，因此答案是没有对错的，只要如实回答就可以。

（1）我经常试图描述自己。

　　A. 完全不符合（0）

　　B. 比较不符合（1）

　　C. 不确定（2）

　　D. 比较符合（3）

　　E. 完全符合（4）

（2）我关心自己做事的方式。

　　A. 完全不符合（0）

　　B. 比较不符合（1）

　　C. 不确定（2）

　　D. 比较符合（3）

　　E. 完全符合（4）

（3）总的来说，我对自己是什么人不太清楚。

　　A. 完全不符合（0）

　　B. 比较不符合（1）

　　C. 不确定（2）

　　D. 比较符合（3）

　　E. 完全符合（4）

（4）我经常反省自己。

　　A. 完全不符合（0）

　　B. 比较不符合（1）

　　C. 不确定（2）

　　D. 比较符合（3）

　　E. 完全符合（4）

（5）我关心自己的表现方式。

A. 完全不符合（0）

B. 比较不符合（1）

C. 不确定（2）

D. 比较符合（3）

E. 完全符合（4）

（6）我能决定自己的命运。

A. 完全不符合（0）

B. 比较不符合（1）

C. 不确定（2）

D. 比较符合（3）

E. 完全符合（4）

（7）我从不检讨自己。

A. 完全不符合（0）

B. 比较不符合（1）

C. 不确定（2）

D. 比较符合（3）

E. 完全符合（4）

（8）我对自己是什么样的人很在意。

A. 完全不符合（0）

B. 比较不符合（1）

C. 不确定（2）

D. 比较符合（3）

E. 完全符合（4）

（9）我很关注自己的内在感受。

A. 完全不符合（0）

B. 比较不符合（1）

C. 不确定（2）

D. 比较符合（3）

E. 完全符合（4）

（10）我常常担心我是不是给别人留下一个好印象。

A. 完全不符合（0）

B. 比较不符合（1）

C. 不确定（2）

D. 比较符合（3）

E. 完全符合（4）

（11）我常常考察自己的动机。

  A. 完全不符合（0）

  B. 比较不符合（1）

  C. 不确定（2）

  D. 比较符合（3）

  E. 完全符合（4）

（12）离开家时我常常照镜子。

  A. 完全不符合（0）

  B. 比较不符合（1）

  C. 不确定（2）

  D. 比较符合（3）

  E. 完全符合（4）

（13）有时我有一种自己在看着自己的感受。

  A. 完全不符合（0）

  B. 比较不符合（1）

  C. 不确定（2）

  D. 比较符合（3）

  E. 完全符合（4）

（14）我关心他人看我的方式。

  A. 完全不符合（0）

  B. 比较不符合（1）

  C. 不确定（2）

  D. 比较符合（3）

  E. 完全符合（4）

（15）我对自己心情的变化很敏感。

  A. 完全不符合（0）

  B. 比较不符合（1）

  C. 不确定（2）

  D. 比较符合（3）

  E. 完全符合（4）

（16）我对自己的外表很关注。

  A. 完全不符合（0）

  B. 比较不符合（1）

  C. 不确定（2）

  D. 比较符合（3）

  E. 完全符合（4）

（17）当解决问题的时候我清楚自己的心理。

A. 完全不符合（0）

B. 比较不符合（1）

C. 不确定（2）

D. 比较符合（3）

E. 完全符合（4）

你可以根据以下规则计算一下自己的得分。

内在自我得分为第 1、3、4、6、7、9、11、15 题和第 17 题之和；公众自我得分为第 2、5、8、10、12、14 题和第 16 题之和。其中第 3 题和第 7 题反向计分，即选 0 得 4 分、选 1 得 3 分、选 2 得 2 分、选 3 得 1 分、选 4 得 0 分。对大学生群体为而言，内在自我的平均得分为 26 分，而外在自我的平均分为 19 分。

做做看，你是偏向内在自我还是公众自我呢？

思 考 题

1. 自我意识主要分为哪几类？

2. 大学生自我意识如何塑造？

3. 大学生在自我意识塑造过程中需要注意哪些问题？

即测即练

第三章
大学生的时间管理

【本章学习目标】

1. 了解时间的概念及特性，学习如何进行时间管理。
2. 学会克服拖延的方法。

名人名言

读书不觉已春深，一寸光阴一寸金。　　　　　　——王贞白《白鹿洞二首》

少年易学老难成，一寸光阴不可轻。　　　　　　　　——朱熹《偶成》

盛年不重来，一日难再晨。及时当勉励，岁月不待人。——陶渊明《杂诗七首》

案 例 分 析

不敢玩耍的小亮

"你们能不能小点声呀，马上要考试了，我在复习呢，你们还不复习？"寝室里此起彼伏的游戏声让小亮心烦意乱。

"哎呀，别装了，你已经很久没翻书了，你不也看不下去书？"小刚说道。"就是呀，考试还早着呢，快点来和我们一起团战，明天再复习也来得及。"小川应和道。"你要是不玩，就赶紧下楼取外卖吧，拜托拜托吧，十万火急，送餐小哥打电话来催了。"小方抬头喊道。

小亮听了急忙放下书本，冲出寝室，边走边嘟囔："就知道玩游戏，外卖来了也不早说，每次都这样，快来不及才说。"

拿完外卖走回寝室的时候，小亮回想起刚才的对话，陷入了沉思。当然是想玩游戏，而且小刚说得对，自己确实没有真的在学习。自己每天好像都很忙，参加社团、谈恋爱、兼职、学习，每天都在做各种各样的事情，但仔细想想，自己好像什么都没有做好。因为怕玩游戏耽误学习、浪费时间，自己已经很久没有玩游戏了，但即使这样，学习成绩也还是没有提上去。又不想像室友一样在玩乐中度过大学时光，最后什么都没学到。小亮突然变得很纠结，恨不得多一些时间去做更多的事情，但又不知道自己的时间到底该干些什么。

点评： 进入大学之后，大学生的时间相对宽松和自由。有些同学脱离了老师和家长的监督，整天沉迷于网络；有些同学热衷于参加各种活动，不会合理安排自己的学习时间，耽误了学业；还有些同学平时从不自习，考试前才开始挑灯夜读；当然，也有同学对自己的学习和生活有很好的规划，学得轻松自在，生活丰富多彩。小亮的烦恼是不知道如何管理时间，他想安排好生活里的事情，每天忙得团团转却好像什么都没干成。大学里的生活丰富多彩，很多人都希望能拥有充实的生活，给自己安排了各种活动，但没有合理地安排时间，使自己疲于奔命。时间是一种宝贵的资源，大学生要学会时间管理，这样学习才能更有效。

第一节　时间的概念

时间是一个较为抽象的概念，是物质的运动、变化的持续性、顺序性的表现。借着时间，事件发生之先后可以按过去—现在—未来的序列得以确定（时间点），也可以衡量事件持续的时间长短以及事件之间的间隔长短（时间段）。

一、时间的特性

时间大致有以下几种特性。

（1）供给毫无弹性。时间的供给量是固定不变的，不会增加，不会减少，每天都是24小时，无法开源。

（2）无法蓄积。时间不像人力、财力、物力和技术能被积蓄和储藏。无论个体愿不愿意，都会消费时间，无法节流。

（3）无法取代。任何一项活动都有赖于时间的堆积，也就是说，时间是任何活动都不可缺少的基本资源，无法取代。

（4）无法失而复得。时间无法像失物一样失而复得。它一旦丧失，则会永远丧失。花费了金钱，可以赚回，但倘若挥霍了时间，任何人都无力挽回。

二、时间管理

（一）时间的分配

西方统计学家指出，假如一个人的寿命为60岁，那么他总共有21 900天。一生时间的用途分别为：睡眠20年（7300天）；吃饭6年（2190天）；穿衣和梳洗5年（1825天）；上下班和旅行5年（1825天）；娱乐8年（2920天）；生病3年（1095天）；等待3年（1095天）；打电话1年（365天）；照镜子70天；擤鼻涕10天。最后，只余下8年零285天用来做事情。

这个统计是否准确还无法考证，却提醒我们注意这样一个事实：人生看似漫长，但可以做事情的时间很短。所以对于大学生来说，大学期间用来有效学习的时间并不是很多。因此，要想充分提高和全面发展自己的能力，就必须学会科学地管理时间。那么我们应该如何管理好自己的时间呢？

（二）时间管理的含义

时间管理是指在充分认识时间的性质和价值的基础上，通过事先规划和运用一定的技巧、方法与工具，实现对时间的灵活以及有效运用，从而实现个人或组织的既定目标。

相比于中学生活，大学生活更自由，这种自由很大程度上体现在对时间的安排上。除了上课之外，大学生还会有一部分课余时间。面对这些时间，有的同学安排得合理得当、科学有序，有的同学却浑浑噩噩、放任自流。学会时间管理会让学习更有效，获得事半功倍的效果。

表 3-1 为时间管理表，请根据自己的实际情况认真填写。

表 3-1　时间管理表

项　　目	时 间 分 配	每天占用的时间（小时）	所占的比例（%）
休闲	睡觉的时间		
	吃饭的时间		
	下课休息的时间		
	闲聊的时间		
	刷手机、玩游戏的时间		
	每周放松休闲的时间		
	节假日的时间		
学习	上学、放学的时间		
	上课有效学习的时间		
	有效处理作业的时间		
	有效复习的时间		
	参加科研活动、学术论坛的时间		

三、时间管理的方法

一百多年前，有道数学题难住了全世界的数学家：2 的 67 次方减去 1，究竟是质数，还是合数？这是一个数论的题目，虽然它的知名度远不及"哥德巴赫猜想"，但是，破解它的难度一点儿也不逊于后者。数学家们做过种种尝试，都无功而退。出人意料的是，1903 年 10 月，在美国纽约举行的世界数学年会上，一个叫科尔的德国数学家，成功地攻克了这道数学难题。他的论证方法很简单：把 193、707、721 和 767、838、257、287，两组数字竖式连乘两次，结果相同，由此证明，2 的 67 次方减去 1 是合数，而不是人们怀疑的质数。更令人惊奇的是，科尔并不是专门研究数论的数学家，这只是他的业余爱好。在他接受采访时，记者问："您论证这道题目花了多长时间？"他说："三年来的全部星期天。"无独有偶。一百多年以后的今天，在北京，一位知名作家接受了一位年轻人的采访。他在全国许多知名刊物上，发表了五千多篇颇有影响力的作品。年轻人问："您写了这么多作品，花了多少时间？"他说："二十多年来的全部星期天。"

数学家的成果和作家的作品，都是额外的收获。你想得到别人得不到的东西，就必须付出别人难以付出的东西。你的时间用在哪里，你的成就就在哪里。对于大多数人来说，最重要的不同就是对时间的管理，也就是说，如何管理时间，将让你的未来会有很大的不同。时间管理并不是盲目的，也不是完全相同的。时间管理要求不断地突破限制，使目标更容易达成。以下介绍几种有效的时间管理方法。

（一）时间象限法

美国管理学家斯蒂芬·科维依据紧急和重要两个维度将任务工作进行了划分，提出了时间管理四象限法。他认为工作一般可以分为既紧急又重要、重要但不紧急、紧急但不重要、既不紧急也不重要四种。在实际行动中，我们应该首先做既紧急又重要的事情，如复习功课、准备明天的考试；其次做重要但不紧急的事情，如准备下学期竞选学生干部；再次做紧急但不重要的事情，如阅读明天就要还给图书馆的一本书；最后才是既不紧急也不重要的事，如玩网络游戏。在生活中，我们总会遇到一些突发状况或是着急解决的问题，如果我们把精力放在处理这些事情上，那么我们的时间管理一定不理想。成功者往往花费更多的时间做最重要的事情，而不是最紧急的事情。

时间管理象限的出发点，在于学会处理事情的优先次序，先考虑事情的"轻重"，再考虑事情的"缓急"。

（1）第一象限。第一象限包含的是一些紧急且重要的事情，这一类的事情具有时间的紧迫性和影响的重要性，无法回避也不能拖延，必须首先处理、优先解决。

（2）第二象限。第二象限不同于第一象限，这一象限的事情不具有时间上的紧迫性，但是，它具有重大的影响，对于个人的存在和发展以及周围环境的建立和维护，都具有重大的意义。

（3）第三象限。第三象限包含的事情是那些紧急但不重要的事情，这些事情很紧急但并不重要，因此这一象限的事件具有很大的欺骗性。很多人在认识上有误区，认为紧急的事情都显得重要，实际上，像无谓的电话、附和别人期望的事、打麻将三缺一等事情都并不重要。这些不重要的事件往往因为它紧急，就会占据人们的很多宝贵时间。

（4）第四象限。第四象限的事件大多是一些琐碎的杂事，既没有时间的紧迫性，也没有任何的重要性。

在面对很多事情时，要学会分清轻重缓急，学会筛选。对实现远期目标和近期目标没有积极意义的事情，放弃它不会出现不良后果的事情应该果断予以淘汰，这样可以杜绝空忙、白忙，把时间用在有意义、有价值的事情上面。有的时候我们往往会使用"紧急优先"的处理方法，事情的急迫性让我们产生了"这件事很重要"的错觉，自以为在做一些重要的事情，实际上可能只是在做一些满足他人期望却对自身无益的事情。就像开篇案例中，小亮去帮室友取外卖，看似十万火急，其实是他中断了自己的学习而去做了一件没有太大价值的事情。

重要不紧急的事情往往是一些长期的规划安排，短期来看暂时先不去做也影响不大，但是如果长期拖着不做，就会使这些事情变得又紧急又重要。比如在学期开始时，就应该做好学习规划，每天完成一些学习任务；即使一时拖延症犯了不去看书在短期内也没有太大危害，但最后在考前就必须突击复习。紧急又重要的事情往往都是由此转化而来。因此这一类的事情应该尽早作出安排和处理，以减少不必要的慌乱。总之，我们在安排时间的时候要遵循要事优先的原则。确定了自己最重要的事情，不管它是否急迫，都要主动处理。只有这样才能游刃有余地安排自己的学习和生活。

（二）帕累托原则

帕累托原则是由19世纪意大利著名经济学家维弗雷多·帕累托提出的，又称二八定律。其核心内容是生活中80%的结果几乎源于20%的活动。帕累托从大量具体的事实中发现：社会上20%的人占有80%的社会财富，即财富在人口中的分配是不平衡的。生活中二八定律的现象更是比比皆是，如20%的人成功，80%的人不成功；20%的人用脖子以上赚钱，80%的人用脖子以下赚钱；20%的人正面思考，80%的人负面思考；20%的人支配别人，80%的人受人支配；20%的人做事业，80%的人做事情；20%的人持"我要怎么做才有钱"的想法，80%的人持"我要有钱我就怎么做"的想法；20%的人的人生有目标，80%的人爱瞎想；20%的人在问题中找答案，80%的人在答案中找问题；20%的人在放眼长远，80%的人只顾眼前；20%的人把握机会，80%的人错失机会；20%的人计划未来，80%的人早上起来才想今天干什么；在一个国家的医疗体系中，20%的人口与20%的疾病，会消耗80%的医疗资源……帕累托原则告诉我们：一个人的时间和精力都是非常有限的，要想真正"做好每一件事情"几乎是不可能的，要学会合理分配我们的时间和精力，要面面俱到还不如重点突破。把80%的资源花在能出关键效益的20%的方面，这20%的方面又能带动其余80%的发展。具体来说，在生活中运用二八定律首先要设定目标。其次要制订计划，制订计划的时候要鼓励特殊表现，而非赞美全面的平均努力；要寻求捷径，而非全程参与；要选择性寻找，而非巨细无遗的观察；要在几件事情上追求卓越，不必事事都有好表现；不必苦苦追求所有机会，而要把握重点机会。最后要在开始行动以后，能够坚持。

（三）莫法特休息法

如果把人比作一块电池，那么休息就相当于为电池充电。有效的休息，就像闪充一样，休息五分钟，工作两小时。它能让你全身心放松，以最快的速度尽可能多地恢复精力，为下一个阶段的工作做准备。当睡眠不起作用时，一个有效的休息方法更显得至关重要。它就是莫法特休息法。《圣经·新约》的翻译者詹姆斯·莫法特的书房有三张桌子，第一张桌子上放的是《圣经》译稿，第二张是一篇论文，第三张是一篇侦探小说。莫法特休息法就是从一张书桌搬到另一张书桌，继续工作。因为工作的性质不同，一种工作恰好是另一种工作的休息。这就是多线程的叠加效应。

"间作套种"是农业上常用的一种科学种田的方法。人们在实践中发现，连续几季都种植相同的作物，土壤的肥力就会下降很多，因为同一种作物吸收的是同一类养分，长此以往，地力就会枯竭。人的脑力和体力也是这样，如果每隔一段时间就变换不同的工作内容，就会产生新的兴奋灶，而原来的兴奋灶得到抑制，这样人的脑力和体力就可以得到有效的调剂。人的脑力和体力也是这样，如果长时间持续同一项工作内容，就会产生疲劳，使活动能力下降。那么莫法特休息法在实际学习生活中，该如何具体操作呢？

1. 莫法特休息法的运用模式

莫法特休息法大致有以下五种运用模式。

（1）抽象与形象交替。人类的左右脑各有侧重，左脑决定人的逻辑思维，即理性的一面。而右脑倾向于艺术思维，即感性的一面。通过左右脑负责类型不同，有针对性地进行工作和休息。

（2）活动与安静交替。在学习中如果始终用一个姿势坐着，时间久了容易感到疲劳。这时我们可以改变学习的姿态、变化学习的环境等进行交替。

（3）体力与脑力交替。在学习时，如果感到精力疲倦，可以放下手头的学习任务，到户外散散步或慢跑十分钟。经常进行这些户外的有氧运动，不仅可以增强我们的体质，而且对提高工作效率也大有好处。

（4）用眼与用耳交替。如果眼睛看书看累了，可以通过听音频的方式继续收听相关主题的知识，这样既不耽误学习，还可以让眼睛和耳朵都及时得到休息。

（5）学习和娱乐交替。工作、学习必须有张有弛，才能持之以恒，坚持下去。那种暴风雨式的工作方式，是不可能持久的。在紧张的学习间隙，我们可以看看电影、听听轻音乐，放松紧张的大脑皮层，松弛神经，消除疲劳。

2. 莫法特休息法注意事项

莫法特休息法大致需要注意以下几点事项。

（1）主次事情的时间分配。重要的事情多分配时间，如果把时间过多地分配在次要事情中，将会大大浪费我们的时间，降低时间的利用效率。

（2）每天设置的任务不要太多，最好每天集中做两三件任务。每个连续区间内一定集中注意力，高效学习、工作。很多人有不好的习惯，同一个时间内想做太多的事，结果是什么事情都做不好。

无论运用何种模式，莫法特休息法的最终目的都是为了确保自己的学习状态保持新鲜感，因此每隔一段时间，我们可以改变一下学习的内容和学习环境，在必要的时候做到劳逸结合，让学习与休闲娱乐活动有效结合起来。通过这种转换，可以把时间最大化地利用起来，而学习效率也会不断提高。

（四）6点优先工作制

美国伯利恒钢铁公司总裁曾因为公司濒临破产而向效率大师艾维利咨询求助。在近半个小时的交流中，前20分钟艾维利耐心地听完总裁焦头烂额般的倾诉，然后请他拿出一张白纸，并让他写下第二天要做的全部事情。几分钟后，白纸上满满记录了总裁先生几十项要做的工作。此时，艾维利请他仔细考量，并要求他按事情的重要顺序，分别从"1"到"6"标出六件最重要的事情。同时告诉他，请他从明天开始，每天都这样做：每天一开始，请你全力以赴做好标号为"1"的事情，直到它被完成或被完全准备好，然后再全力以赴做标号为"2"的事，以此类推……他请总裁自己先按此方法试行，并建议他，若他认为有效，可将此法推行至他的高层管理人员，若还有效，继续向下推行，直至公司每一位员工。一年后，艾维利收到了一张来自伯利恒公司的 2.5 万美金的支票，作为此次咨询的报酬。五年后，伯利恒钢铁公司一跃成为当时全美最大的私营钢铁公司。

　　这一时间管理方法被管理学界喻为"价值 2.5 万美金的时间管理方法"。根据这一著名的管理案例，可以将其提炼为"6 点优先工作制"。这一方法要求把每天所要做的事情按重要性排序，分别从"1"到"6"标出 6 件最重要的事情。每天一开始，先全力以赴做好标号为"1"的事情，直到它被完成或被完全准备好，然后再全力以赴地做标号为"2"的事，依此类推……艾维利认为，一般情况下，如果一个人每天都能全力以赴地完成六件最重要的大事，那么，他一定是一位高效率人士。表 3-2 列出了 6 点优先工作制的内容。

表 3-2　6 点优先工作制表格

序　号	今日事件记录	目标量化	完成度
1			
2			
3			
4			
5			
6			

　　制作 6 点优先工作制表格需要注意以下几点。

　　（1）注意要事第一，把最有效的时间放在最有效的事情上。

　　（2）将计划做的事情分为紧急、重要、不重要、不紧急四种，紧急的事情写在最前面，不紧急的事情放在后面，做好计划，安排好时间，不要随便改变自己的计划，最好在前一天把 6 点优先工作制写好。

　　（3）将一天的事情按轻重缓急排序，把最重要的六件事情写进 6 点优先工作制。因为时间是有限的，事情总是做不完的，所以你总是感觉很忙，没有时间，只要你管理好你的时间，时间就像海绵里的水，总是挤得出来的。

　　（4）标准格式，就是标准流程。时间一久，当你翻开你的 6 点优先工作制的笔记本时，往事历历在目，任何人都知道你过去做了什么，未来要做什么。在"完成度"打"√"或"×"，并在表格下面简要写下原因。

（五）新概念 GTD

　　GTD，是 Getting Things Done 的缩写，来自 David Allen 的一本畅销书"Getting Thing Done"，中文翻译本为《尽管去做：无压工作的艺术》。

　　GTD 的具体做法可以分成收集、整理、组织、回顾与行动五个步骤。

　　（1）收集。将你能够想到的所有的未尽事宜（GTD 中称为 Stuff）统统罗列出来，放入收集箱（Inbox）中，这个收集箱既可以是用来放置各种实物的实际的文件夹或工具篮，也可以是需要用来记录各种事项的笔记本。收集的关键在于把一切想法赶出你的大脑，记录下所有的工作。

（2）整理。将未尽事宜放入收集箱之后，就需要定期或不定期地进行整理，清空收集箱。将这些未尽事宜按是否可以付诸行动进行区分整理，对于不能付诸行动的内容，可以进一步分为"参考资料""日后可能需要处理""垃圾"几类，而对可行动的内容再考虑是否可在两分钟内完成，如果可以则立即行动完成它，如果不行则对下一步行动进行组织。

（3）组织。组织是 GTD 中的最核心的步骤，组织主要分为对参考资料的组织和对下一步行动的组织。对参考资料的组织主要就是一个文档管理系统，而对下一步行动的组织则一般可分为：下一步行动清单、等待清单和未来 / 某天清单。下一步清单是具体的下一步工作，而且如果一个项目涉及多步骤的工作，那么需要将其细化成具体的工作。GTD对下一步清单的处理与一般的待办事项清单最大的不同在于，它进行了进一步的细化，比如按照地点（电脑旁、办公室、电话旁、家里、超市）分别记录只有在这些地方才可以执行的行动，而当你到这些地点后也就能够一目了然地知道应该做哪些工作。等待清单主要是记录那些委派他人去做的工作，未来 / 某天清单则是记录延迟处理且没有具体的完成日期的未来计划、电子邮件等。

（4）回顾。回顾也是 GTD 中的一个重要步骤，一般需要每周进行回顾与检查，通过回顾及检查你的所有清单并进行更新，可以确保 GTD 系统的运作，而且在回顾的同时可能还需要进行未来一周的计划工作。

（5）行动：根据时间的多少、精力情况以及重要性按选择清单上的事项来行动。

（六）番茄工作法

弗朗西斯科·西里洛于 1992 年创立了简单易行的时间管理方法——番茄工作法。选择一个待完成的任务，将番茄时间设为 25 分钟，专注工作，中途不允许做任何与该任务无关的事，直到番茄时钟响起，然后在纸上画一个"×"，短暂休息一下（5 分钟就行），每四个番茄时段多休息一会儿。

（七）巧用生物钟

我们每个人的体内都有一座无形的时钟，它让我们的生命活动具有一定的节律性。有关研究指出如果人们能够按照生物钟来安排一天、一周、一月的作息，不仅能提高工作效率和学习成绩，而且会减少学习疲劳。生物钟时间段学习法（表3-3）是根据人在一天内的生理和心理状态设计的。如果你感觉自己学习和复习的效率不高，可以试试生物钟时段学习法，相信会有事半功倍的效果。当然，你也可以根据自己的生物钟来制定一个类似的表格。

表 3-3　生物钟时段学习法

时　段	时　　间	状　　态	适　宜　功　课
黄金时段	6:00—8:00	睡眠后人的疲劳已消除，头脑最清醒，体力充沛	功课的攻读
考验时段	8:00—9:00	人的耐力处于最佳状态	难度大的攻坚内容
突击时段	9:00—11:00	人的短期记忆效果奇佳	"抢记"和"突击"马上要考核的功课
休息时段	13:00—15:00	饭后容易疲劳，休息调整一下，养精蓄锐，以利再"战"	听听轻音乐，做做放松操
次佳时段	15:00—17:00	调整后精神又振作，长期记忆效果较好	合理安排需永久记忆的功课
攻关时段	17:00—18:00	人的分析能力最强，安排得当可以以一当二	完成复杂计算和难度大的作业
调整时段	18:00—20:00	精神最不稳定，心理的稳定性降至最低点	稍作休息，调整状态
识记时段	20:00—21:00	人的记忆力特别好，一天中的最佳记忆时间段	睡前记忆一些重要的内容
休息时段	21:00—23:00	人体各种机能开始进入低潮	准备休息

四、大学生如何管理时间

1. 合理管理娱乐时间

自我管理应该张弛有道。如果没有放松的时间，像本章开篇案例中的小亮一样一直投入紧张的学习，总会有感觉到疲惫、不快乐的时刻。正如他所担心的，刷手机、玩游戏等娱乐活动非常容易上瘾，会占用学习时间，但他想要努力控制自己不看手机、不玩游戏，这个过程需要很强的意志力。手机已经成了我们生活的一部分，如果一天没有带手机，会有什么感觉？可能很多人会焦虑不安、无聊、恐惧，要与这样的情绪对抗，戒手机显然是极难的。

自控并不意味着完全不满足自己的需求，而是在恰当的时候用恰当的方式去满足。想要从对手机的依赖转变为完全不碰手机是很难做到的，但我们可以合理规划满足的尺度。可以将玩手机作为一个阶段学习后的放松环节，在满足自己之前，需要等待和高效地完成学习任务。

有什么方法能够帮助我们调控、管理娱乐时间呢？

美国心理学家沃尔特·米歇尔提出了延迟满足的概念，即一种甘愿为更有价值的长远结果而放弃即时满足的抉择取向，以及在等待期中展示的自我控制能力。在半天的学习中，可以试着先给自己设定一个较短的时间段，如 9 点 30 分到 10 点的半小时作为游戏时间，其余时间为学习时间。再给自己设置一个基本学习任务，如完成两个章节的复习，完成基本学习任务之后，就可以在游戏时间段玩手机。如果一旦超量完成基本任务，如完成了三个章节的复习，则可以奖励增加游戏时间半小时。在这个过程中，一定注意划定时间段是非常重要的一步，很多时间浪费就是因为原本说好的 5 分钟娱乐时间玩着玩着就变成了半小时，因此必须给娱乐时间设置明确的前后节点。

2. 转移注意力，从现实生活中满足心理需求

新加坡心理学家提出过一个说法，智能手机是成年人的安抚奶嘴，其意在表明手机能为我们带来安全感，它能通过付出最小的努力使我们最便捷、最简单地获得一些满足。刷朋友圈让我们建立了人与人的联系，满足了我们社交的需要，避免了孤独感；网上丰富的信息让我们获取了许多新的信息，避免了无聊造成的焦虑感；音乐给我们感官以刺激；游戏提供我们即时的正向反馈，打中目标立刻有对应音效并显示得分，使我们一直处在成功的充实状态中，避免了焦虑感。手机提供了一个最简便的方式，帮助我们满足社交、感官刺激和获得奖励的需要。于是许多人不愿意再采用那些相对较难的方式，如线下聊天见面建立稳定人际关系、争取学业事业成绩获得成就感等，手机带给我们的满足感削减了现实生活的动力。

因此要降低和管理手机的使用，需要增加学生在现实生活中满足自己心理需求的能力。例如，进行人际交往训练以提高社交能力；降低学生们获得满足感的门槛，提供丰富的业余活动、宽松包容的社交环境、更容易体验成功的评价和考核方式，都会让学生们更愿意将精力投入到现实生活中。

五、大学生时间管理的方法

（一）将要做的事情按照优先程度安排顺序

80% 的事情只需要 20% 的努力，而 20% 的事情是值得做的，应当享有优先权。因此，要善于区分这 20% 有价值的事情，然后根据价值大小分配时间。

（二）时间管理要有灵活性

一般来说，我们要将 80% 的时间计划好，其余 20% 的时间属于灵活时间，要用来应对各种打扰和无法预期的事情。

（三）遵循生物钟

学习效率最高的时间是什么时候？要学会自己进行总结和分析，将最主要的学习任务放到最佳学习时间里面来完成。

（四）对事情的轻重缓急进行区分，采用有意忽略的方法

对没有意义的事情采取有意忽略的方式，在罗列的事件中也将之删除。对其他事件，要按照时间管理策略来安排先后顺序。

（五）避免追求完美，减少拖延行为

有时我们面对一项学习任务却迟迟不肯开始行动，主要原因是总觉得自己还没准备好，总觉得自己还不够满意。这种追求完美的心理也会让我们变得拖延。不要一味追求完美，而是要学会追求办事的效果。如果要完成一个小作业，那么请先安心坐下，然后至少写出一个段落，不管是否完美，只要能有这个开始，那么后面的事情自然水到渠成。

（六）学会任务分解的方法

如果面对的是一项比较困难的事情，自己不太想做，这个时候可以将这件事情细分为很小的部分，只做其中一小部分就可以了；或者先就其中最主要的部分做 15 分钟，逐渐积少成多。

（七）学会对学习的情况进行详细记录

这有助于分析自己的时间使用情况。从详细记录中，你可以看出自己的每项学习用了多少时间，自己的学习计划还需要做哪些调整，怎样能让学习更有效率。

第二节 大学生如何克服拖延

拖延是指在计划或者实施完成一项工作任务时有目的或者习惯性的推迟，使目标或任务无法按期完成。拖延在大学生中比较常见，需要引起重视。举一个身边例子：小帅是一名大一的学生，有一天他醒来后，发现寝室只剩下他一个人了，他躺在床上想，后天就要期末考试了，那我接下来干什么？思来想去定不下来，最终他决定用抛硬币的方式来决定，正面朝上就去刷抖音，背面朝上就去打游戏，硬币立起来就去自习室复习……

"明日复明日，明日何其多？我生待明日，万事成蹉跎。"总想着明天再做吧，把事情无限地往后推，最后往往什么事都做不成。这首诗歌描写的其实就是我们常说的"拖延症"，小帅的行为就是很多大学生的真实写照。拖延是在自我调节失败、能够预料后果有害的情况下，仍然把计划要做的事情往后推迟的行为。人们在拖延过程中的心路历程：拿到任务并不立即开始着手做，而是先做很多无关的事情，然后再进入恐慌区，接着悔恨地在最后期限到来之前把事情做完，结束后捶胸顿足地警告自己下次不能再拖延了。

（一）拖延的生理机制

在拖延的过程中，人们会选择回避、轻视或否认任务、转移注意力、向下比较等方式来取得心理平衡。例如，有些同学在开始写作业前选择先打扫寝室，因为"屋子太脏了看不下去"；有些同学在期末考试前去网吧打游戏而不是待在学校复习，就是为了回避与考试复习相关的场景；还有些同学会在拖延的时候安慰自己，"我的室友都还没开始做呢，

我比他成绩好，我就更不用着急了"。

很多人把拖延归结为懒、缺乏时间管理能力或目标茫然，但它的背后有复杂的生理机制、认知等因素影响。例如，人们会因为害怕失败选择拖延，直到考试前才开始复习，如果考试成绩不理想，就可以安慰自己因为时间紧迫没有好好复习导致成绩不好。

完成每一项作业和计划就像完成游戏中的进度条。设置合理的目标、及时开始、努力坚持都是在执行进度条，但是在执行的过程中，会面对各种诱惑，稍不注意就容易分心，拖慢进度条。本来该是调节完成目标的放松行为，反而让我们拖延完成任务。那么放松为什么有那么大的吸引力，我们为什么愿意为了眼前的小诱惑而放弃本来完美的计划和长远的收获呢？

1. 奖励承诺系统和多巴胺

现代神经科学家在人的大脑中发现了奖励承诺系统，每当大脑的这个区域受到刺激的时候，就会释放多巴胺，促使人们产生期待：再来一次，这会让你感觉良好！"多巴胺"这种神经递质，具有强大的魔力，很容易让人们沉迷于一些诱惑，欲罢不能。当人们知道用手机上网就可能收到新消息，下一个视频有可能会让自己捧腹大笑时，就会不停地点击，忘了还有执行进度条这回事。

2. 锻炼自控力

人们总希望通过一些方式来帮助自己抵御诱惑，你都用过什么方式呢？比如切断网络、卸载游戏、远离寝室等，这些都是自控力在发挥作用。自控力其实是一种帮助我们在面对诱惑时，稳定心率、三思而后行的能力。但自控力要抵御的不是外在的诱惑而是内心的冲突，当小帅掏出硬币的时候心里非常明白，自己应该努力让硬币立起来，但是大脑不断在说"我想玩会"，这种冲突正是让他失控的关键。如何才能打破这个魔咒，提高自己的自控力呢？

自控力其实更像是一种身体生理指标，而不是人格因素，而且几乎每个人都拥有自控力。通过心理学家对孩子进行的棉花糖实验发现，当四五岁的时候，人们就拥有延迟满足，以期获得更大的长期收获的能力。但是自控力对大脑来说是一项非常耗能的工作，当大脑感到能量不够时，总是倾向于在完全失去能量之前关掉自控力而保存实力。我们提高自控力就是要训练自己相信"我还有实力"。长跑运动员都知道当第一次疲惫来临的时候并不是真的疲惫，而撑过这次疲劳之后还能获得新的进步。运动是锻炼自控力最好的方法，一项研究发现，改善心情、缓解压力最有效的锻炼是每次5分钟，而不是每次几小时，任何能让你离开椅子的5分钟的活动都能提高你的自控力储备。充足的睡眠也能起到类似的效果。执行进度条的过程，极佳的方式不是过完全脱离诱惑的生活，而是努力保持身心愉快的生活，加强运动。

（二）拖延背后的原因

拖延对很多人来说就是一场噩梦，让人们痛苦又无奈，品尝"明明给自己订好的计划却总是不能完成"的苦涩滋味。然而人们为什么会拖延呢？原因主要有以下几个方面（表3-4）。

表 3-4　拖延背后的原因

拖延的原因	例　子
觉得完成任务的过程没意思	背四级单词
问题太难了	做高等数学题
觉得完成这个任务没价值	收拾寝室卫生
害怕别人对自己做的工作给予消极的评价	做社团活动计划
对完成后结果的恐惧，或者还有更多任务需要做	写论文
避免被控制	不喜欢这个老师，坚决不按时交作业
追求最后期限来临前的兴奋和刺激	上课铃响时，冲进教室
完美主义	不断修改自己的方案
社交需要	同学都拖延，我不拖延没朋友
压力过大	精力耗尽了，再也不想努力了

　　改变拖延，首先就是真正认识到拖延的危害。其次就是采取行动，心理学家威廉·詹姆斯发现，人们对待时间会有两种态度，一种态度是"这件事情必须完成，它实在讨厌，所以我能拖延就尽量拖延"，另一种态度是"这不是一件令人愉快的工作，但是必须尽快完成，所以我得马上动手，好让自己能早些摆脱它"。两种态度使人们做事情的效率大有不同。如果大学生能够面对不那么喜欢的学习任务也能马上动手去做，就会大大提高学习效率，并且会渐渐发现学习的乐趣。克服拖延的技巧有以下几点。

　　（1）认知层面调整。改善拖延应该从调整认知、接纳与自我关怀开始。面临未知的结果，学会接纳自己的负面情绪，以鼓励和原谅替代自我指责，当我们能够接受失败的可能时，拖延的情况就能够得到改善。

　　（2）行为层面调整。① 设定合理、可行的目标。完成这些可实现的目标，有助于一步步提升自我效能感，增加能力感和掌控感，意识到自己是有能力完成一些事情的，以减少因恐惧、焦虑产生的拖延。② 分解任务。将一个大的合理可行的目标拆分成若干个小任务，更容易实现的小任务能够增加我们实现大目标的信心。同时，分解的任务能够更方便我们设置时间规定，减少拖延。

【拓展阅读】

　　小帅很喜欢玩英雄联盟（一种网络游戏），却从不敢沉迷，老乡弘毅的经历让他感到警惕。弘毅是一名大四的学生，大一的时候成绩就不理想，大二开始专业课学习后就更跟不上进度，这时他开始着了魔似的沉迷英雄联盟，昼夜颠倒地玩游戏，经常逃课。大四时因学习成绩问题被学校勒令退学。

　　弘毅面对学习困难时开始拖延，沉迷游戏，还给自己找了一个借口——我没做好是因为时间不够，看似潇洒实际上是对自己的折磨，沉迷游戏也是为了逃避学习的压力和没有合理安排时间带来的焦虑。自我的逃避和拖延是为了表达"失败不是我的错"。如果回到成就动机上，从一个让自己有成就感的小事着手，学会时间管理，一点点改变，就会解决题。

　　如何做高效能的大学生？建议大家读一读《高效能人士的七个习惯》。

《高效能人士的七个习惯》是由美国商业管理和组织行为学教授史蒂芬·柯维博士创作的管理培训类图书，1989 年在美国首次出版。《高效能人士的七个习惯》分为四个部分十一章，列举了高效能人士的七大准则，强调品行修养的同时，介绍了为人处世的技巧，书中传授的内容不是某种流行时尚或管理技巧，而是经过时间的考验并且能够指导行为的基本原则。《高效能人士的七个习惯》被福布斯评为"有史以来最具影响力的 10 大管理类书籍之一"，成为中国企事业单位和政府机关必备的经典培训教材。

书中介绍的七个习惯如下。

习惯一：积极主动——个人愿景的原则

人性本质是主动而非被动的，人不仅能针对特定环境选择反应方式，还能主动创造有利环境。采取主动并不表示强求、惹人厌或具有侵略性，只是不逃避为自己开创前途的责任。工作中要采取主动，化消极为积极，不要说"我办不到"。

习惯二：以终为始——自我领导的原则

太多人成功以后，反而感到空虚；得到名利之后，却发现牺牲了更可贵的事物。因此，我们务必掌握真正重要的愿景，然后勇往直前坚持到底，使生活充满意义。这为我们指明了做人如何确定目标。

习惯三：要事第一——自我管理的原则

有效管理是掌握重点式的管理，把重要的事放在第一位。由领导决定什么是重点后，再靠自制力来掌握重点，时刻把它们放在第一位，以免被感觉、情绪或冲动所左右，认识自己，有时问题的反面是契机，学会成功地与他人合作。

习惯四：双赢思维——人际领导的原则

利人利己者把生活看作一个合作的舞台，而不是一个角斗场。一般人看事多用二分法：非强即弱，非胜即败。其实世界之大，人人都有足够的立足空间，他人之得不必就视为自己之失。正如书中所写的：人际关系有六种模式，要好聚好散，做到利人利己，需从自己的"品德"着手。这为我们讲清了互利的要领。

习惯五：知己解彼——将心比心交流的原则

若要用一句话归纳在人际关系方面学到的一个重要的原则，那就是：首先去了解对方，然后再争取让对方了解自己。这一原则是进行有效人际交流的关键。这告诉我们，要将心比心学会倾听，要有效地沟通，同时，表达也要讲技巧。

习惯六：统合综效——创造性合作的原则

统合综效的基本心态是：如果有一位具有相当聪明才智的人与他人意见不同，那么他的主张必定有其他人尚未体会的奥妙，值得加以了解。与人合作最重要的是，重视不同个体的不同心理、情绪与智能，以及个人眼中所见到的不同世界。假如两人意见相同，其中一人必属多余。与所见略同的人沟通，获益不大，要有分歧才有收获。这告诉我们，要敞开胸怀，博采众议；要尊重差异，化阻力为助力；要重视个人参与。

习惯七：不断更新——平衡地自我更新的原则

人生最值得投资的就是磨炼自己，因为生活与服务人群都得靠自己，这是最珍贵的工具。工作本身并不能带来经济上的安全感，只有具备良好的思考、学习、创造与适应能力，才能立于不败之地。拥有财富，并不能代表经济独立，拥有创造财富的能力才真正可靠。这告诉我们，要更新四个方面，那就是：身体方面，适当运动助健康；精神方面，荡涤心灵的尘埃；心智方面，不要停止自我教育；社会情感方面，历练待人处事之道。

总之，七个习惯相辅相成。习惯是人们在长期的社会实践和日常生活中逐渐养成的一种独特的、相对稳定的思维模式和行为方式。一个习惯一旦养成，它就会在不知不觉中影响我们的思想和行为。

《高效能人士的七个习惯》是一本难得的好书。书中论述的"积极主动"的态度，"以终为始"的目标，"要事第一"的方法，"双赢思维"的共识，"知己解彼"的沟通，"统合综效"的合作，"不断更新"的磨炼，都是引导人们一步一步走向成功的阶梯。

心理自测：番茄工作法
请按照下列具体的要求，设计制作一份番茄工作计划表并实施。

（1）每天开始的时候规划今天要完成的几项任务，将任务逐项写在列表里（或记在软件的清单里）。

（2）设定你的番茄钟（定时器、闹钟等），时间是25分钟。

（3）开始完成第一项任务，直到番茄钟响铃或提醒（25分钟到）。

（4）停止工作，并在列表里该项任务后画个"×"。

（5）休息3~5分钟，活动、喝水、上卫生间等。

（6）开始下一个番茄钟，继续该任务，一直循环下去，直到完成该任务，并在列表里将该任务划掉。

（7）每四个番茄钟后，休息25分钟。

在某个番茄钟的过程里，如果突然想起要做什么事情：

① 非得马上做不可的话，停止这个番茄钟并宣告它作废（哪怕还剩5分钟就结束了），去完成这件事情，之后再重新开始同一个番茄钟。

② 不是必须马上去做的话，在列表里该项任务后面标记一个逗号（表示打扰），并将这件事记在另一个列表里（如叫"计划外事件"），然后接着完成这个番茄钟。

思 考 题

1. 简述你在时间管理方面上遇到的问题。

2. 大学生如何提高时间利用效率？

即测即练

第四章

人 格

【本章学习目标】

1. 了解人格的概念、常见类型及表现。
2. 学会在学习生活中培养健全的人格。

名人名言

> 患难与困苦是磨炼人格的最高学府。　　　　　　　　　　——苏格拉底
>
> 应当把荣誉当作你最高的人格的标志。　　　　　　　　　　——牛顿
>
> 做人要有人格，做官要有官德，做事要靠本事。　　　　　　——郑培民

案 例 分 析

性格的缺陷会导致一个人的失败

小松是一名大二的学生，成绩优异。在班干部竞选中，他很自信地竞选班长一职，但是班级里仅有两个人投他的赞成票。小松很气愤，认为其他的同学是嫉妒他的才能，所以联合起来不选他。可事实是，小松有时上课会顶撞老师，他觉得老师的想法明明是错误的，可是老师反而说自己是错的，他心里很不服气。小松对很多事情只认自己的理，喜欢钻牛角尖，在行为上一向我行我素，认为自己比别人有更强的能力和智慧，不在乎别人的喜、怒、哀、乐，不愿与人分享，朋友很少，人际关系很差。

点评：该学生自认为自己非常优秀，遇到矛盾和失败一味归咎于他人的失误和责任，不善于从他人角度思考问题，也不能觉察别人对自己的看法和感受。这些行为表现和想法说明他首先自我评价过高，认为自己高出别人一等，盲目夸大自己的优点。其次他不信任别人，刚愎自用，在做错事时，即使事实情况非常明显，也要强词夺理或推诿于客观原因等。最后他遇事斤斤计较，心胸狭窄，不能容忍别人，多疑而固执，人格带有偏执特点。

第一节　人格的一般概念

生活中总会有人告诉我们，"知人知面不知心"；还会有人语重心长地告诉我们，"路遥知马力，日久才见人心"；当然往往还会有人在最后补上一句："江山易改本性难移！"那么生活中的一切都告诉我们人心是难以琢磨的，要花很长的时间才能慢慢显现出来，同时也告诉我们人是很难改变的，这些都紧紧围绕着心理学当中一个非常重要的概念——人格，今天我们就来谈谈生活中和人格心理有关的一些事，看看你能不能从中找到答案。

一、什么是人格

人格（personality）这个词是一个外来语，它最初来源于拉丁文的"面具"（persona），即扮演戏剧中人物角色所戴的特殊道具。随着人物角色的不同，面具也是不同的，目的就是通过这些不同的面具来表达人物的不同性格和特征。你肯定立刻就想到了——脸谱，没错，在我们中国传统戏剧当中，白脸曹操的奸诈，红脸关公的忠义，以及黑脸张飞的鲁莽……这些都是通过一张张脸谱来表现的，因此戏剧是利用了面具来表达人们的不同特征与表现（图4-1）。

图4-1 面具

在日常生活中，人格通常指人的道德，也就是人品、品格。伟大的人格是指道德品格非常伟大。在我们日常生活中，常用"人格"一词来表述很多人的内在特质。例如，我们常常指责一个人出卖了自己的人格，当然我们也会夸奖一个人拥有高尚的人格，人格确实反映了人的一些心理特征，但是它更多集中在道德层面，与我们今天所说的心理学上的人格还是存在一定差距的。

那么在心理学看来，人格究竟是什么呢？

人格是指个体在对人、对事、对己等方面的社会适应中行为上的内部倾向性和心理特征。其表现为能力、气质、性格、需要、动机、兴趣、理想、价值观和体质等方面的整合，是具有动力一致性和连续性的自我，是个体在社会化过程中形成的独特的心身组织。整体性、稳定性、独特性、社会性和功能性是人格的基本特征。

这么说起来比较复杂，不如我们先从人格的几个特征开始说起吧。

二、人格的特征

第一是整体性。人格是由多种成分构成的整体，具有内在一致性，是思想、情感、行为的一致的整体。就像一张拼图，我们不会把它说成这是一千个小方块一样，我们在认识一个人的时候，是把一个人当作整体来认识的，而不会细致地去谈其一个一个不同的方面，而健全的人格，这些不同的方面应该是整体一致的，这样才可以保持我们人格协调发展，不断地进步。人格的完整性是心理健康的一个重要标准，一旦失去完整性，这张拼图就会整个崩溃，所以这个时候你就什么也看不到了，人格也就进入了一种分裂的状态。所以人格的各种心理成分和特质在真实的人身上并不是孤立存在而是密切联系的，它们是依据一定的内容、秩序与规则组合成一个有机的、完整的动力系统。

第二是稳定性。稳定性是指一个人在其心理和行为活动中表现出来的一贯的比较稳定的特点。人格的稳定性主要表现为两个方面：一是跨时间的持续性；二是跨情境的一致性。就像我们刚刚说的江山易改，本性难移，通常一个人的人格是相对稳定的，因此也只有是那些在不同的时间、不同的情境中稳定的内在特征，我们才可以把它定义成人格。就好像我们说一个人很酷，他一定是今天很酷，昨天很酷，在学校也酷，在家里也很酷，这就是人格的稳定性。

当然人格的稳定并不意味着人格是固定不变的，如果把时间拉长的话，就会发现人格其实也是可变的发展的，而不是刻板的。一般而言，儿童的人格正在形成中，还不稳定，容易受环境影响而发生变化；成年人的人格比较稳定，但是还可以自我调控。例如，电影《国王的演讲》中的主人公经过自己的练习和努力最终克服了口吃，发表了激动人心的演讲。例如，曾经自称羞涩的李开复先生，今天站在台上气定神闲跟观众去解释如何克服羞涩。

第三是独特性。我们说"千人千面"就是指人格的独特性。由于遗传、教育和环境的不同，使每个人形成了各自独特的人格。个人的人格可能表现出与某些人相似，但如果想在这世界上找到两个完全相同的人，这也是不可能完成的任务，因为人格结构的组合不同，人格特征的不同构成了人与人之间的个体差异，就像有的人喜欢热闹，有的人喜欢安静，有的人喜欢看狂热足球赛，有的人喜欢看浪漫的偶像剧，这些都源于人与人之间的个体差异，而就是这些不同，往往会成为彼此之间沟通的差异。

第四是社会性。人格是社会的人所特有的。社会化是个人在与他人的交往中掌握社会经验和行为规范获得自我的过程。有这样一个问题，如果这个世界上只剩下你一个人还会需要讲人格吗？"慷慨"？——这个世界都是你的，你和谁去慷慨呢？"好客"？——这个世界就只有你一个人了，你去欢迎谁呢？所以人格是必须立足于社会的，我们在与他人的交往中不断地学习行为准则和社会规范，而最终慢慢形成一个独立的人格，通过社会化，一个人获得了价值观、自我观念等人格特征。

人格既是社会化的对象，也是社会化的结果。所以对于一个完全脱离社会的人而言，要想建立正常的人格是一个遥不可及的梦。如果婴儿的社会接触被剥夺，就不可能成为真正的人。

第五是功能性。人们常说人格或性格决定了一个人的生活方式，进而决定一个人的命运，这就是强调了人格的功能性。一个人的人格功能发挥正常的时候，那么这个人就表现为健康而有力；人格功能受损会影响一个人的社会功能和生活，这个人就表现出怯懦、无力、失控或病态。其中的主要原因是人的行为是受情境控制的。当一个人的人格结构在各方面彼此和谐统一时，他的人格就是健康的。否则，可能会出现适应困难，甚至出现人格分裂的情况。

三、人格的影响因素

心理学家们认为人格是在遗传与环境的交互作用下逐渐形成并发展的，人格的决定因素，具体来说主要有以下三个。

（1）遗传因素。遗传，指的是那些受胚胎决定的因素。比如说身材相貌，性别秉性等方面，在很大程度上都是受了父母的影响。遗传决定人格，但并不是人格的唯一决定性因素。

（2）环境因素。每个人的成长环境、家教与背景、家庭环境、人际交往都是不一样的，这些因素对于人格的塑造也起着十分重要的作用。

（3）情境因素。一般来说，个体的人格是稳定的和持久的，但在不同的情境下会有所改变。不同的情境要求一个人的人格表现出不同的侧面，因此，我们不应该孤立地去看待人格，人格是一个十分复杂的心理现象，是一个多样的结果。

四、人格的组成结构

第一，人格的理智特征，是指人们在感知、记忆想象和思维的认识过程中所表现出来的差异。比如说，在感知方面，个体可以分为主动观察性和被动观察性，在思维方面个体可以分为独立思考型和搬用现存的答案型；在想象方面，个体又可以分为主动想象型和被动想象型等。

第二，人格的情绪特征，是指人们在情绪的强度、稳定性、持续性以及稳定心境等方面所表现出来的差异。比如说，有的人经常有饱满快乐的情绪，有的却经常处于抑郁低沉当中。

第三，人格的意志特征，是指人们为了达到既定的目标，自觉地去调节自己的行为，千方百计地克服前进道路上的困难的时候所表现出来的意志特征的差异。

第四，对现实态度的人格特征，是指人在处理各种社会关系方面所表现出来的差异。比如对社会集体和他人学习工作劳动的态度，有的人善于交际、正直、诚实、富于同情心；有的人性格孤僻、冷酷无情、缺乏自信、对待工作懒惰马虎。

【拓展阅读】

荣格认为，人的心理活动有思维、感情、感觉和直觉这四种基本功能。结合两种心理倾向可以构成以下八种人格类型。

（1）外向思维型。这种人尊重客观规律和伦理法则，不感情用事。

（2）外向感情型。这种人对事物的评价往往感情用事，容易凭借主观判断来衡量外界事物的价值。

（3）外向感觉型。这种人以具体事物为出发点，容易凭借感觉来估量生活的价值，遇事不假思索，随波逐流，但善于应付现实。

（4）外向直觉型。这种人以主观态度探求各种现象，不接受过去的经验，只憧憬未来，容易悲观失望。

（5）内向思维型。这种人不关心外部价值，以主观观念决定自己的思想，感情冷淡，好独断，偏执，易被人误解。

（6）内向感情型。这种人情绪稳定，不露声色。

（7）内向感觉型。这种人不能深入事物的内部，在自己与事物之间常常插入自己的感觉。

（8）内向直觉型。这种人不关心外界事物，脱离实际，容易幻想。

第二节　人格的类型

一、体液说

20世纪古希腊的一位医生希波拉底提出气质类型这一理论。他认为人的体液与性格密切相关，大致可以分为：胆汁质、多血质、黏液质、抑郁质。

1. 胆汁质

这种人情绪体验强烈、易冲动、思维灵活，但是比较粗心、勇敢果断、言行急躁；缺点是思考不全面，容易冒失，喜欢感情用事。

2. 多血质

这种人情感丰富，喜形于色且不稳定，善于交际，适应能力强，思维敏捷，活泼好动；缺点是做事缺乏毅力，稳定性差，容易见异思迁。

3. 黏液质

这种人情绪平稳，安静稳重，注意力集中，善于思考，喜欢沉思，交往适度，为人平和；缺点是主动性差，言行迟缓。

4. 抑郁质

这种人情绪体验深刻，想象丰富，心思细腻，观察力很强但不善社交，比较敏感，喜欢安静不喜欢吵闹；缺点是优柔寡断，软弱胆小，容易患得患失。

二、对立说

福利曼和罗斯曼（Friedman&Rosenman，1974）认为，人格类型包含了某一人格维度的两个相反的方向。

1. A-B型人格

A型人格（A-type Personality）的主要特点是性情急躁，缺乏耐性。他们的成就微高，上进心强，有苦干精神，工作投入，做事认真负责，时间紧迫感强，富有竞争意识，外向，动作敏捷，说话快，生活常处于紧张状态。但办事匆忙，社会适应性差，属不安定型人格。

B 型人格（B-type Personality）的主要特点是性情不温不火，举止稳当，对工作和生活的满足感强，喜欢慢步调的生活节奏，在需要审慎思考和耐心的工作中，B 型人往往比 A 型好，他们属于较平凡之人。

2. 内—外向人格

瑞士著名人格心理学家荣格（C.G.Jung，1875—1961）依据"心理倾向"来划分人格类型，提出了内—外向人格类型学说。荣格认为，当一个人的兴趣和关注点指向外部客体时，就是外向型（Extroversion）；而当一个人的兴趣和关注点指向主体时，就是内向型（Introversion）。在荣格看来，任何人的人格都具有外向和内向这两种特征，但其中任何一种都有可能占优势，因而根据占优势的人格特征可以确定一个人是内向，还是外向。

外向人格的特点是：注重外部世界、情感表露在外、热情奔放、当机立断、独立自主、善于交往、行动快捷；内向人格的特点是：自我剖析、做事谨慎、深思熟虑、疑虑困惑、交往面窄。

【拓展阅读】艾森克的人格维度

人格特质理论与人格类型理论从不同角度描绘了人格的复杂结构，艾森克（Eysenck，1967）提出了人格结构的四层次理论，将上述两种理论有机地结合起来。艾森克还用两个维度来描述人格，一个是内向和外向，一个是神经质倾向。后者表现为情绪稳定和不稳定。各种人格特质都可以用这两个维度组成的人格维度图来表示。艾森克的人格结构理论将类型模式与特质模式有机地结合起来，使两种模式的特点互为补充，因而能更全面、更系统、更富有层次性地描述一个人的人格。

第三节 人格异常及表现

一、人格障碍

人格障碍（Personality Disorder）是指明显偏离正常且根深蒂固的行为方式，导致对于周围的环境、人际关系等表现出明显的不适应，患者自己和周边的人往往都会较为痛苦，也可能给社会带来不良影响。

《国际疾病分类标准》（第十版）认为，人格障碍是个体性格学体质与行为倾向上的严重紊乱，通常涉及人格的几个侧面，几乎总是伴有个人与社会间显著的割裂。《精神障碍诊断与统计手册》（第五版）则强调人格障碍是自我和人际功能的损害，这种损害不

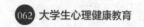

符合个人发展阶段和社会文化环境的一般表现。

二、人格障碍的类型

　　根据临床表现，人格障碍分为偏执型、分裂型、反社会型、冲动型、边缘型、表演型、强迫型及其他不常见的类型等。人格障碍是精神病吗？不是，但其是精神疾病的易感素质因素之一。人格障碍的病因及其发病机制非常复杂，目前尚未完全清楚，一般认为与遗传因素、精神生物学因素、心理社会环境因素及文化因素有关。

三、常见的人格障碍

　　根据 ICD-10 分类，常见人格障碍的分型及主要临床表现有如下几种。

　　1. 偏执型人格障碍

　　此类型人格障碍的患者通常十分固执多疑并易记仇，喜欢与别人争论，对于拒绝和挫折很敏感，无缘无故会怀疑身边人的忠诚，对于身边发生的事情都认为是针对自己的阴谋。

　　2. 分裂型人格障碍

　　此类型人格障碍的患者常单独行动，行为怪异，与常人格格不入，很少感到开心，对事极少燃起兴趣，不在意别人的任何看法，没有亲密和可以信任的朋友，难以对别人表达关心，对性没有兴趣。

　　3. 社交紊乱型人格障碍

　　此类型人格障碍的患者以其行为与公认的社会规范明显不同为特点，男性多于女性。此类型人格障碍包括反社会型人格障碍、非社交型人格障碍，精神病态与社会病态型人格障碍。

　　此类型患者常没有道德心，极端的自私及以自我为中心，缺乏社会责任感，冷酷无情，没有羞耻心，极少悔悟，其所作所为常常损人不利己或者只利己，甚至会违法乱纪，事后不知悔改，常会为自己所做的事情找理由。

　　4. 情绪不稳 / 冲动型人格障碍

　　此类型人格障碍又称爆发型（Explosive）或者攻击型（Aggressive）人格障碍。其特点为有发作性的情绪爆发或暴怒且伴有明显的冲动性攻击行为。该类型患者常常因为较小的刺激而感到愤怒并且有攻击行为。情绪通常不稳定，容易被激怒，且突然爆发的时候与平常表现不一样，常常难以自控，事后通常会感到后悔。

　　5. 边缘型人格障碍

　　此类型人格障碍的患者通常没有持久稳定的人际关系，没有安全感，害怕被抛弃，可能有自残或自杀行为。

6. 表演型人格障碍

此类型人格障碍又称癔症型人格障碍，患者常表现为以过分的情感用事。夸张的行为举止，想要吸引旁人的注意力，注重自己的外貌及打扮，为满足自己的需求不择手段，女性多于男性。

7. 强迫型人格障碍

此类型人格障碍的患者多过分谨慎，固执，追求完美，道德感强，较迂腐，不通情达理，人际关系差，常把自己的想法强加给别人。

由于其他类型障碍比较少见，在此不一一列举。

【拓展阅读】临床上的 12 种人格障碍及表现

（1）偏执型人格障碍：症状为无端猜疑，性格执拗，爱钻牛角尖，治疗方式有限，治疗效果都欠佳，常用心理疏导方式进行治疗。

（2）分裂型人格障碍：男性发病率高于女性，类似于精神分裂症，可用药物治疗，需要在专业医生指导下用药。

（3）反社会型人格障碍：行为常常不规范，对法律、规则均表示漠视，甚至无视，做任何事情从来不考虑负责任后果，如常见的诈骗犯均有反社会人格障碍，需要在心理科实施心理调节。

（4）表演型人格障碍：总是在寻找过多的他人关注以及情绪过度表演化，会操纵一个案例，为自己赢取更多的关注，多是自我认知不够，可在心理科就诊。

（5）冲动型人格障碍：做事极易冲动，不考虑后果，事后又会后悔，此类患者在做决定之前最好有人可以给予更多建议。

（6）边缘型人格障碍：情绪极易边缘化，上一秒非常开心，下一秒突然愤怒，强烈的愤怒爆发导致暴力或行为爆炸，人际关系不稳定，需要系统地进行心理治疗，。

（7）强迫型人格障碍：完美主义者，做事必须要遵从所有的规则以及细节，很难变通，性格过于死板，需心理治疗。

（8）依赖型人格障碍：过度依赖于别人，缺乏自信，缺乏自我认知，此类人格易发生在虐待与被虐待中，必须认可自我价值，予以心理治疗。

（9）回避型人格障碍：常伴随社交能力差，害羞胆小，回避所有的社交场合，多是由于心情不足所引起的，家人可多给予关心，多给予认可，主动和患者互动。

（10）自恋型人格障碍：过于自信，认为自己各方面都优于他人，但是极度自信的背后却是脆弱的心灵以及自尊。通过过度夸奖自己来满足内心虚荣，需要正视自己在社会以及工作中的地位，正视自己的价值。

（11）循环型人格障碍：常表现为热情、急躁、情绪乐观、喜欢重复一件事情或者某一句话，可在心理科就诊。

（12）抑郁型人格障碍：长期悲伤、消极、焦虑等，可自我疏导，自我开导，改变生活环境，严重时需要在精神科就诊。

第四节　培养健全的人格

一、健全的人格结构

健全人格是一个结构性概念。健全人格的结构应当是一个多层次、多水平、多侧面、富有内在逻辑关系的、完整的心理成分构成物。从最一般的意义上说，认知、情感、意志三种心理成分是人格的最基本的构件。把人格看成一个相对稳定而又不断变化的结构，是认知人格理论的共识。

人格特质在时间上具有稳定性，在空间上具有普遍性；各种人格特质是每个人都有的，不过在表现上因人而异，从而造成人与人之间的差异。健全人格就是要根据不同的任务要求和不同的人的实际，力争通过努力，让个体在人格特质的表现上有所变化。没有表现出来的要激发和挖掘；表现程度低下的要有所上升和加强；表现极端的要给予疏导和调节以免造成人格障碍。

二、大学生如何培养健全的人格

当代大学生可通过以下途径来培养健全的人格。

（1）懂得控制自己的心理和情绪，不要过度放纵自己、满足欲望。人的欲望是永无止境的，总是无法满足自己。过度放纵自己、满足欲望有时候会带来严重的后果。年轻人不要一味地追求和自我满足，有时候，困顿也是一种很好的人生精力。

（2）懂得放松自己，不要给自己施加过高的道德准则。同样是为达到某种目的，与那些过于放纵自己的年轻人相比，还有一部分的年轻人总是给自己制定严格的行事标准，一旦自己没有达到自己的期望值，就形成了强大的压力，产生沮丧心理，从而影响工作和生活。

（3）提高自己的情商，保持一颗平常心。提高自己的情商是形成健康人格的一部分。高情商不是先天生成的，而是经过后天不断实践所得。这就要求我们保持一种平和的心态，喜怒哀乐，从容处之。

【拓展阅读】《黄帝内经》的人格类型说

《黄帝内经》对人的划分是从两个方面进行的。一是从秉持阴阳之气的多少，把人分为太阴之人、少阴之人、阴阳和平之人、少阳之人和太阳之人五类；二是从五行的角度，将人分为金形之人、木形之人、水形之人、火形之人和土形之人五类。前者侧重于心理，后者侧重于生理。两类人相互搭配，又形成二十五种复合型人格。就阴阳五种人格的本性、德行而言，《黄帝内经·灵枢》写道："太阴之人，贪而不仁，下齐湛湛，好内而恶出，心和而不发，不务于时，动而后之，此太阴之人也。少阴之人，小贪而贼心，见人有亡，常若有得，好伤好害，见人有容，乃反愠怒，心疾而无恩，此少阴之人也。太阳之人，居处于于（得意自足的样子），好言大事，无能而虚说，志发于四野，举措不顾是非，为事如常自用，事虽败，而常无悔，此太阳之人也。少阳之人，提谛（做事精细审慎）好自责，有小小官，则高自宜，好为外交，而不内附，此少阳之人也。阴阳和平之人，居处安静，无为惧惧，无为欣欣，或与不争，与时变化，尊则谦谦，谭而不治，是谓至治。"此外，《黄帝内经》还从情态、年龄、体型、勇怯等方面揭示人格的特征，均有一定的参考价值。

老子的理想人格内涵

老子对理想人格的阐述归纳为七善，概括来说就是"上善若水"。

（1）居善地。为人立身要学习水的特性，谦下自处，时刻保持谦虚卑下的态度，选择低姿态。在身处艰难的时候，自己不仅受到了磨炼，而且造就了自己的品德和才能，成就大业。有史料为证：周文王拘而演《周易》；仲尼厄而作《春秋》；屈原放逐，乃赋《离骚》；左丘失明，厥有《国语》；孙子膑脚，《兵法》修列；不韦迁蜀，世传《吕览》；韩非囚秦，《说难》《孤愤》；《诗》三百篇，大抵圣贤发愤之所为作也。

（2）心善渊。就是像水那样的大度能容胸怀；像水那样深沉宁静，抛弃众多物欲的约束，保持心胸宽广，眼光深远。古今成大事者均有赖于这种大度能容的胸怀；唐太宗心善渊、重用犯颜进谏的魏徵，才有"贞观之治"的盛世。项羽虽勇猛但心胸狭窄，刚愎自用，不能容人，其谋臣勇将纷纷叛离；刘邦虽然只有十万之兵，却能容纳韩信及一帮文臣武将，遂得天下。

（3）与善仁。就是学水的仁慈、柔和的美德，以慈爱来待人接物，而不奢求任何回报。

（4）言善信。就是学水的诚信无伪的准则。水自高而下流清，潮涨潮落却如期而至，这就是信。人际交往讲信用，要取信于人就不能轻易许诺不能兑现的事情，"信言不美，美言不信"。

（5）政善治。就是学习水的约束自己的品质。水散落于四方的时候，它被地球上所有的生命利用而毫不吝惜，当它汇集起来后虽有排山倒海之势，却仍然沿着固定之道而行，对生灵不构成威胁。人要效法水的品质，约束和调整自己来适应自然。

（6）事善能。就是学习水"方圆有致"的修为。水具有柔弱的形体，能方能圆，所以才无所不及。老子借水的本性告诫人们，凡事要讲究方法，有进有退，方圆有致才是智慧与通达的成功之道。

（7）动善时。就是学习水及时而动的艺术。为人处世要顺其自然，不失时机。条件不成熟不勉强去做，条件成熟了顺其自然而做，正确把握周围环境与条件，努力寻找天时、地利和人和的交汇点。事情在稳定的时候容易维持；事情还没有出现变化的迹象时容易对付；事情在脆弱的时候容易分解；事情在微小的时候容易消除。

心理自测一：明尼苏达多相人格测验

指导语：本测验由许多与你有关的问题组成。当你阅读每一道题目时，请考虑是否符合你自己的实际情况和看法。如果情况符合，请在该题目号码上画"√"。如果情况不符合，请在该题目号码上画"×"。应尽可能对每个问题给予回答，空下来的题目（即不回答的题目）越少越好，逐条作答。请尽快填写你看完题目后的第一印象，不要在每一道题目上费太多时间思索，并请看清题号以免发生错误。答案无所谓对与不对、好与不好，完全不必有任何顾虑。

1. 我喜欢看机械方面的杂志。

2. 我的胃口很好。

3. 我早上起来的时候，多半觉得睡眠充足，头脑清醒。

4. 我想我会喜欢图书管理员的工作。

5. 我很容易被吵醒。

6. 我喜欢看报纸上的犯罪新闻。

7. 我的手脚经常是很暖和的。

8. 我的日常生活中，充满了使我感兴趣的事情。

9. 我现在工作（学习）的能力，和从前差不多。

10. 我的喉咙里总好像有一块东西堵着似的。

11. 一个人应该去了解自己的梦，并从中得到指导和警告。

12. 我喜欢侦探小说或神秘小说。

13. 我总是在很紧张的情况下工作。

14. 我每个月至少有一两次拉肚子。

15. 偶尔我会想到一些坏得说不出口的事。

16. 我深信生活对我是残酷的。

17. 我的父亲是一个好人。

18. 我很少有大便不通的毛病。

19. 当我干一件新的工作时，总喜欢别人告诉我，我应该接近谁。

20. 我对自己各方面是满意的。

21. 有时我非常想离开家。

22. 有时我会哭一阵笑一阵，连自己也不能控制。

23. 恶心和呕吐的毛病使我苦恼。

24. 似乎没有一个人了解我。

25. 我想当一个歌唱家。

26. 当我处境困难的时候，我觉得最好是不开口。

27. 有时我觉得有鬼神附在我身上。

28. 当别人惹了我时，我觉得只要有机会就应报复，这是理所当然的。

29. 我有胃酸过多的毛病，一星期要犯好几次，使我苦恼。

30. 有时我真想骂人。

31. 每隔几个晚上我就会做一次噩梦。

32. 我发现我很难把注意力集中到一件工作上。

33. 我曾经有过很特别、很奇怪的体验。

34. 我时常咳嗽。

35. 假如不是有人和我作对，我一定会有更大的成就。

36. 我很少担心自己的健康。

37. 我从来没有在性方面出过事。

38. 在我小时候，有一段时间我干过调皮捣蛋的事。

39. 有时我真想摔东西。

40. 有很多时候我宁愿坐着空想，也不愿做任何事情。

41. 我曾一连几天、几个星期、几个月什么也不想干，因为我总是提不起精神。

42. 我家里人对我已选择的工作（或将要选择的职业）不满意。

43. 我睡得不安，容易被惊醒。

44. 我觉得我的头到处都疼。

45. 有时我也讲假话。

46. 我的判断力比以往任何时候都好。

47. 每星期至少有一两次，我突然觉得无缘无故地全身发热。

48. 当我与人相处的时候，听到别人谈论稀奇古怪的事，我就心烦。

49. 最好是把所有的法律全都不要。

50. 有时我觉得我的灵魂离开了我的身体。

51. 我的身体和我的大多数朋友一样地健康。

52. 遇到同学或不常见的朋友，除非他们先向我打招呼，不然我就装作没看见。

53. 一位牧师（或和尚、道士、神父等）能用祈祷和把手放在病人的头上来治病。

54. 认识我的人差不多都喜欢我。

55. 我从来没有因为胸部痛或心痛而感到苦恼。

56. 我小时候，曾经因为胡闹而受过学校的处分。

57. 我和别人一见面就熟了（自来熟）。

58. 一切事情都由老天爷安排好了。

59. 我时常听从某些人的指挥，其实他们还不如我高明。

60. 我不是每天都看报纸上的每一篇社论。

61. 我从未有过正常的生活。

62. 我的身体某些部分常有像火烧、刺痛、虫爬、麻木的感觉。

63. 我的大便正常，不难控制。

64. 有时我会不停地做某一件事，直到别人不耐烦为止。

65. 我爱我的父亲。

66. 我能在我周围看到其他人所看不到的东西、动物和人。

67. 我希望我能像别人那样快乐。

68. 我从未感到脖子（颈）后面疼痛。

69. 和我性别相同的人对我有强烈的吸引力。

70. 我过去经常喜欢玩"丢手帕"的游戏。

71. 我觉得许多人喜欢夸大自己的不幸，以便得到别人的同情和帮助。

72. 我为每隔几天或经常感到心口（胃）不舒服而烦恼。

73. 我是个重要人物。

74. 男性：我总希望我是个女的。女性：我从不因为我是女的而遗憾。

75. 我有时发怒。

76. 我时常感到悲观失望。

77. 我喜欢看爱情小说。

78. 我喜欢诗。

79. 我的感情不容易受伤害。

80. 我有时捉弄动物。

81. 我想我会喜欢干森林管理员那一类的工作。

82. 和人争论的时候，我常争论不过别人。

83. 任何人只要他有能力，而且愿意努力工作就能成功。

84. 最近，我觉得很容易放弃对某些事物的希望。

85. 有时我会被别人的东西，如鞋、手套等强烈吸引，虽然这些东西对我毫无用处，但我总是想摸摸它或把它偷来。

86. 我确实缺少自信心。

87. 我愿意做一名花匠。

88. 我总觉得人生是有价值的。

89. 要使大多数人相信事实的真相，是要经过一番辩论的。

90. 有时我将今天应该做的事，拖到明天去做。

91. 我不在乎别人拿我开玩笑。

92. 我想当个护士。

93. 我觉得大多数人是为了向上爬而不惜说谎的。

94. 许多事情，我做过以后就后悔了。

95. 我几乎每星期都去教堂（或常去寺庙）。

96. 我几乎没有和家里人吵过嘴。

97. 有时我有一种强烈的冲动，去做一些惊人或有害的事。

98. 我相信善有善报，恶有恶报。

99. 我喜欢参加热闹的聚会。

100. 我碰到一些千头万绪的问题，使我感到犹豫不决。

101. 我认为女的在性生活方面，应该和男的有同等的自由。

102. 我认为最难的是控制我自己。

103. 我很少有肌肉抽筋或颤抖的毛病。

104. 我似乎对什么事情都不在乎。

105. 我身体不舒服的时候，有时会发脾气。

106. 我总觉得我自己好像做错了什么事或犯了什么罪。

107. 我经常是快乐的。

108. 我时常觉得头涨鼻塞似的。

109. 有些人太霸道，即使我明知他们是对的，也要和他们对着干。

110. 有人想害我。

111. 我从来没有为寻求刺激而去做危险的事。

112. 我时常认为必须坚持做那些我认为正确的事。

113. 我相信法制。

114. 我常觉得头上好像有一根绷得紧紧的带子。

115. 我相信人死后还会有"来世"。

116. 我更喜欢我下了赌注的比赛和游戏。

117. 大部分人之所以是诚实的，主要是因为怕被人识破。

118. 我在上学的时候，有时因胡闹而被领导叫去。

119. 我说话总是那样不快也不慢，不含糊也不嘶哑。

120. 我在外边和朋友们一起吃饭的时候，比在家规矩得多。

121. 我相信有人暗算我。

122. 我似乎和我周围的人一样精明能干。

123. 我相信有人在跟踪我。

124. 大多数人不惜用不正当的手段谋取利益，而不愿失掉机会。

125. 我的胃有很多毛病。

126. 我喜欢戏剧。

127. 我知道我的烦恼是谁造成的。

128. 看到血的时候，我既不怕，也不难受。

129. 我自己时常弄不清为什么会这样爱生气和发牢骚。

130. 我从来没有吐过血，或咳过血。

131. 我不为得病而担心。

132. 我喜欢栽花或采集花草。

133. 我从来没有放纵自己发生过任何不正常的性行为。

134. 有时我的思想跑得太快都来不及表达出来。

135. 假如我能不买票就白看电影，而且不会被人发觉，我可能会去做的。

136. 如果别人待我好，我常常怀疑他们别有用心。

137. 我相信我的家庭生活，和我所认识的许多人一样幸福快乐。

138. 批评和责骂都使我非常伤心。

139. 有时我仿佛觉得我必须伤害自己或别人。

140. 我喜欢做饭烧菜。

141. 我的行为多半受我周围人的习惯所支配。

142. 有时我觉得我真是毫无用处。

143. 小时候我曾加入过一个团伙，有福共享，有难同当。

144. 我喜欢当兵。

145. 有时我想借故和别人打架。

146. 我喜欢到处乱逛，如果不行，我就不高兴。

147. 由于我经常不能当机立断，因而失去许多良机。

148. 当我正在做一件重要事情的时候，如果有人向我请教或打扰我，我会感到不耐烦。

149. 我以前写过日记。

150. 做游戏的时候，我只愿赢而不愿输。

151. 有人一直想毒死我。

152. 我在大多数晚上睡觉时，不受什么思想干扰。

153. 近几年来大部分时间，我的身体都很好。

154. 我从来没有过抽搐的毛病。

155. 现在我的休重既没有增加也没有减轻。

156. 有一段时间，我自己做过的事情全不记得了。

157. 我觉得我时常无缘无故地受到惩罚。

158. 我容易哭。

159. 我不能像从前那样理解我所读的东西了。

160. 在我一生中，我从来没有感觉到像现在这么好。

161. 有时候我觉得我的头顶一碰就疼。

162. 我痛恨别人以不正当的手段捉弄我，使我不得不认输。

163. 我不容易疲倦。

164. 我喜欢研究和阅读与我目前工作有关的东西。

165. 我喜欢结识一些重要人物，这样会使我感到自己也很重要。

166. 我很害怕从高处往下看。

167. 即使我家里有人犯法，我也不会紧张。

168. 我的脑子有点毛病。

169. 我不怕管钱。

170. 我不在乎别人对我有什么看法。

171. 在聚会当中，有人出风头，如果让我也这样做，我会感到很不舒服。

172. 我时常需要努力使自己显出不怕羞的样子。

173. 我过去喜欢上学。

174. 我从来没有昏倒过。

175. 我很少头昏眼花。

176. 我不太怕蛇。

177. 我母亲是个好人。

178. 我的记忆力似乎还不错。

179. 有关性方面的问题使我烦恼。

180. 我觉得我遇到陌生人的时候就不知道说什么好了。

181. 无聊的时候，我就会惹事寻求开心。

182. 我怕自己会发疯。

183. 我反对把钱给乞丐。

184. 我时常听到说话的声音，而又不知道是从哪里来的。

185. 我的听觉显然和大多数人一样好。

186. 当我要做一件事的时候，我常发觉我的手在发抖。

187. 我的双手并没有变得笨拙不灵。

188. 我能阅读很长的时间，而眼睛不觉得累。

189. 许多时候，我觉得浑身无力。

190. 我很少头痛。

191. 有时，当我难为情的时候，会出很多汗，这使我非常苦恼。

192. 我走路时保持平稳，并不困难。

193. 我没哮喘这一类毛病。

194. 我曾经有过几次突然不能控制自己的行动或语言，但当时我的头脑还很清醒。

195. 在我所认识的人里面，并不是个个我都喜欢。

196. 我喜欢去从来没有到过的地方游览。

197. 有人一直想抢我的东西。

198. 我很少空想。

199. 我们应该把有关性方面的主要知识告诉孩子。

200. 有人想窃取我的思想和计划。

201. 但愿我不像现在这样害羞。

202. 我相信我是一个被谴责的人。

203. 假若我是一个新闻记者，我将喜欢报导戏剧界的新闻。

204. 我喜欢做一个新闻记者。

205. 有时我控制不住想要偷点东西。

206. 我有信仰，程度超过多数人。

207. 我喜欢许多不同种类的游戏和娱乐。

208. 我喜欢和异性说笑。

209. 我相信我的罪恶是不可饶恕的。

210. 每一种东西吃起来味道都是一样的。

211. 我白天能睡觉，晚上却睡不着。

212. 我家里的人把我当作小孩子，而不把我当作大人看待。

213. 走路时，我很小心地跨过人行道上的接缝。

214. 我从来没有为皮肤上长点东西而烦恼。

215. 我曾经饮酒过度。

216. 和别人的家庭比较，我的家庭缺乏爱和温暖。

217. 我时常感到自己在为某些事而担忧。

218. 当看到动物受折磨的时候，我并不觉得特别难受。

219. 我想我会喜欢建筑承包的工作。

220. 我爱我的母亲。

221. 我喜欢科学。

222. 即使我以后不能报答恩惠，我也愿向朋友求助。

223. 我很喜欢打猎。

224. 我父母经常反对我和那些人交往。

225. 有时我也会说说人家的闲话。

226. 我家里有些人的习惯，使我感到非常讨厌。

227. 人家告诉我，我在睡觉中会起来走路（梦游）。

228. 有时我觉得我非常容易作出决定。

229. 我喜欢同时参加几个团体。

230. 我从来没有感到心慌气短。

231. 我喜欢谈论两性方面的事。

232. 我曾经立志要过一种以责任为重的生活，我一直照此谨慎从事。

233. 我有时阻止别人做某些事，并不是因为那种事有多大影响，而是在"道义"上我应该干预他。

234. 我很容易生气，但很快就平静下来。

235. 我已独立自主，不受家庭的约束。

236. 我有很多心事。

237. 我的亲属几乎全都同情我。

238. 有时我十分烦躁，坐立不安。

239. 我曾经失恋过。

240. 我从来不为我的外貌而发愁。

241. 我常梦到一些不可告人的事。

242. 我相信我并不比别人更为神经过敏。

243. 我几乎没有什么地方疼痛。

244. 我的做事方式容易被人误解。

245. 我的父母和家里人对我过于挑剔。

246. 我脖子（颈）上时常出现红斑。

247. 我有理由妒忌我家里的某些人。

248. 我有时无缘无故地、甚至在不顺利的时候也会觉得非常快乐。

249. 我相信有魔鬼。

250. 有人想把世界上所能得到的东西都夺到手，我绝不责怪他。

251. 我曾经因发呆（发愣）而停止活动，不知道周围发生了什么事情。

252. 谁也不关心谁的遭遇。

253. 有些人所做的事，虽然我认为是错的，但我仍然能够友好地对待他们。

254. 我喜欢和一些能互相开玩笑的人在一起。

255. 在选举的时候，有时我会选出我不熟悉的人。

256. 报纸上只有"漫画"最有趣。

257. 凡是我做的事，我都希望能够成功。

258. 我相信善恶均有报。

259. 做什么事情，我都感到难以开头。

260. 在学校里，我是个笨学生。

261. 如果我是个画家，我喜欢画花。

262. 我虽然相貌不好看，但也不因此而苦恼。

263. 即使在冷天我也容易出汗。

264. 我十分自信。

265. 对任何人都不信任，是比较安全的。

266. 每星期至少有一两次我十分兴奋。

267. 在人多的时候，我不知道说些什么话好。

268. 在我心情不好的时候，总会有一些事情使我高兴起来。

269. 我很容易能让人怕我，有时我故意这样做来寻开心。

270. 我离家外出的时候，从来不担心家里门窗是否关好锁好了。

271. 我不责怪一个自讨没趣的人。

272. 我有时精力充沛。

273. 我感觉皮肤上有一两处麻木了。

274. 我的视力和往年一样好。

275. 有人控制着我的思想。

276. 我喜欢小孩子。

277. 有时我非常欣赏骗子的智慧，我甚至希望他能侥幸混过去。

278. 我时常觉得有些陌生人喜欢用挑剔的眼光盯着我。

279. 我每天喝特别多的水。

280. 大多数人交朋友，是因为朋友对他们有用。

281. 我很少注意我的耳鸣。

282. 通常我爱家里的人，偶尔也恨他们。

283. 假使我是一个新闻记者，我将很愿意报道体育新闻。

284. 我相信别人正在议论我。

285. 偶尔我听了下流的笑话也会发笑。

286. 我独自一个人的时候，感到更快乐。

287. 令我害怕的事比我的朋友们少得多。

288. 恶心呕吐的毛病使我苦恼。

289. 当一个罪犯可以通过能言善辩的律师开脱罪责时，我对法律感到失望。

290. 我总是在很紧张的情况下工作。

291. 在我这一生中，至少有一两次我觉得有人用暗示的方式使我做了一些事。

292. 我不愿意和人讲话，除非对方先开口。

293. 有人一直想要影响我的思想。

294. 我从来没有犯过法。

295. 我喜欢看《红楼梦》这一类型的小说。

296. 有些时候，我会无缘无故地觉得非常愉快。

297. 我希望我不再被那种和性方面有关的念头所困扰。

298. 假若有几个人闯了祸，他们最好先编一套假话，而且不改口。

299. 我认为我比大多数人更重感情。

300. 在我的一生当中，从来没有喜欢过洋娃娃。

301. 许多时候，生活对我来说是一件吃力的事。

302. 我从来没有在性方面出过事。

303. 对于某些事情我很敏感，以至于我不能提起。

304. 在学校里，要我在班上发言，是非常困难的。

305. 即使和人们在一起，我还是经常感到孤单。

306. 应得的同情，我全都得到了。

307. 我拒绝玩那些我玩得不好的游戏。

308. 有时我非常想离开家。

309. 我交朋友差不多和别人一样容易。

310. 我对生活是满意的。

311. 我小的时候，有一段时间我干过小偷小摸的事。

312. 我不喜欢有人在我身旁。

313. 有人不将自己的贵重物品保管好因而引起别人偷窃，这种人和小偷一样应受责备。

314. 偶尔我会想到一些坏得说不出口的事。

315. 我深信生活对我是残酷的。

316. 我想差不多每个人都会为了避免麻烦而说点假话。

317. 我比大多数人更敏感。

318. 我的日常生活充满着使我感兴趣的事情。

319. 大多数人的内心都是不愿意挺身而出去帮助别人的。

320. 我的梦有好些是关于性方面的事。

321. 我很容易感到不知所措。

322. 我为金钱和事业忧虑。

323. 我曾经有过很特别、很奇怪的体验。

324. 我从来没有爱上过任何人。

325. 我家里有些人所做的事，使我吃惊。

326. 有时我会哭一阵、笑一阵，连自己也不能控制。

327. 我的母亲或父亲时常要我服从他，哪怕我认为是不合理的。

328. 我发现我很难把注意力集中在一件工作事项上。

329. 我几乎从不做梦。

330. 我从来没有瘫痪过，或是感到肌肉非常软弱无力。

331. 假如不是有人和我作对，我一定会有更大的成就。

332. 即使我没有感冒，我有时也会发不出声音或声音发生改变。

333. 似乎没有人能了解我。

334. 有时我会闻到奇怪的气味。

335. 我不能专注于一件事情。

336. 我很容易对人不耐烦。

337. 我几乎整天都在为某件事或某个人而焦虑。

338. 我所操心的事远远超过了我所应该操心的。

339. 大部分时间，我觉得我还是死了好。

340. 有时我会兴奋得难以入睡。

341. 有时我的听觉太灵敏了，反而使我感到烦恼。

342. 别人对我所说的话，我立刻就忘记了。

343. 哪怕是琐碎小事，我也要再三考虑后才去做。

344. 有时为了避免和某些人相遇，我会绕道而行。

345. 我常常觉得好像一切都不是真的。

346. 我有一个习惯，喜欢点数一些不重要的东西，如路上的电线杆等。

347. 我没有真正想伤害我的仇人。

348. 我提防那些对我过分亲近的人。

349. 我有一些特别奇怪的念头。

350. 在我独处的时候，我听到奇怪的声音。

351. 当我必须短期离家出门的时候，我会感到心神不定。

352. 我怕一些东西或人，虽然我明知他们是不会伤害我的。

353. 如果屋子里已经有人聚在一起谈话，这时要我一个人进去，我是一点也不怕的。

354. 我害怕使用刀子或任何锋利的东西。

355. 有时我喜欢折磨我所爱的人。

356. 我似乎比别人更难集中注意力。

357. 有好几次我放弃正在做的事，因为我感到自己的能力太差了。

358. 我脑子里常常出现一些坏的甚至是可怕的字眼，却又无法摆脱它们。

359. 有时一些无关紧要的念头缠着我，使我好多天都感到不安。

360. 几乎每天都有使我害怕的事情发生。

361. 我总是将事情想得严重些。

362. 我比大多数人更敏感。

363. 有时我喜欢被我心爱的人折磨。

364. 有人用带侮辱性的话议论我。

365. 我待在屋里总是感到不安。

366. 即使和人们在一起，我也经常感到孤单。

367. 我并不是特别害羞拘谨。

368. 有时我的头脑似乎比平时迟钝。

369. 在社交场合，我多半是一个人坐着，或者只是跟另一个人坐在一起而不到人群里去。

370. 人们常使我失望。

371. 我很喜欢参加舞会。

372. 有时我常感到困难重重，无法克服。

373. 我常想：我要能再成为一个孩子就好了。

374. 如果给我机会，我一定能做些对世界大有益处的事。

375. 我时常遇见一些所谓的专家，他们并不比我高明。

376. 当我听说我所熟悉的人成功了，我就会觉得自己失败了。

377. 如果有机会，我一定能成为一个人民的好领袖。

378. 内容不健康的故事使我感到不好意思。

379. 一般来说，人们要求别人尊重自己比较多，而自己却很少尊重别人。

380. 我总想把好的故事记住，讲给别人听。

381. 我喜欢做游戏，但无关输赢。

382. 为了可以和人们在一起，我喜欢社交活动。

383. 我喜欢人多热闹的场合。

384. 当我和一群活泼的朋友在一起的时候，我的烦恼就消失了。

385. 当人们说我的班组人的闲话时，我从来不参与。

386. 只要我开始做一件事，就很难放下，哪怕是暂时的。

387. 我的小便不困难，也不难控制。

388. 我常发现别人妒忌我的好主意，因为他们没能先想到。

389. 只要有可能，我就避开人群。

390. 我不怕见陌生人。

391. 记得我曾经为了不想做某件事而装过病。

392. 在火车和公共汽车上，我常跟陌生人交谈。

393. 当事情不顺利的时候，我就想立即放弃。

394. 我不愿意让人家知道我对于事物的态度。

395. 有些时候，我感到劲头十足，以至于一连好几天都不需要睡觉。

396. 在人群中，如果叫我带头发言，或对我所熟悉的事情发表意见，我并不会感到不好意思。

397. 我喜欢聚会和社交活动。

398. 面对困难或危险的时候，我总是畏缩不前。

399. 我原来想做的事，假若别人认为不值得做，我很容易就放弃。

400. 我不怕火。

401. 我不怕水。

402. 我常常是仔细考虑之后才作出决定。

403. 生活在这个丰富多彩的时代里是多么美好。

404. 当我想纠正别人的错误和帮助他们的时候，我的好意常被误解。

405. 我吞咽没有困难。

406. 我有时不愿意见人，因为我担心会作出一些事后令我懊悔的事。

407. 我通常很镇静，不容易激动。

408. 我不轻易流露自己的感情，以至于人家得罪了我，他自己还不知道。

409. 有时我因为承担的事情太多，以至于精疲力竭。

410. 我当然乐于以其人之道还治其人之身。

411. 信仰不会让我烦恼。

412. 我生病或受伤的时候，不怕找医生。

413. 我有罪，应受重罚。

414. 我把失望的事看得太重，以至于总忘不了。

415. 我很不喜欢匆匆忙忙地干工作。

416. 虽然我明知自己能把事做好，但是我也怕别人看着我做。

417. 在排队的时候如果有人插到我的前面去，我会感到恼火并指责他。

418. 有时我觉得自己一无是处。

419. 小时候我时常逃学。

420. 我曾经有过很不寻常的体验。

421. 我家里有人很神经过敏。

422. 我因为家里有的人所从事的职业而感到不好意思。

423. 我很喜欢（或者喜欢过）钓鱼。

424. 我几乎总感到肚子饿。

425. 我经常做梦。

426. 我有时只好用不客气的态度去对付那些粗鲁或令人厌恶的人。

427. 我倾向于有各种不同爱好，而不愿意长期只有某一种。

428. 我喜欢阅读报纸的社论。

429. 我喜欢听主题严肃的演说。

430. 我易受异性的吸引。

431. 我相当担心那些可能发生的不幸。

432. 我有着坚定的政治见解。

433. 我曾经有过想象的同伴。

434. 我希望能成为一个摩托车运动员。

435. 我通常喜欢和妇女一起工作。

436. 我觉得只有一种信仰是真的。

437. 只要你不是真正地犯法，钻法律的空子是可以的。

438. 有些人讨厌极了，我会因为他们自食其果而暗中高兴。

439. 要我等待我就紧张。

440. 当我兴高采烈的时候，见到别人忧郁消沉会使我大为扫兴。

441. 我喜欢身材高挑的女人。

442. 有段时期我因忧虑而失眠。

443. 只要别人认为我对某些事的做法不妥，我就很容易放弃。

444. 我不想去纠正那些愚昧无知的人的见解。

445. 我年轻的时候，喜欢热闹。

446. 警察通常是诚实的。

447. 当别人反对我的意见时，我会不惜一切去说服他。

448. 在街上、车上，或在商店里，如果有人注视我，我会觉得不安。

449. 我不喜欢看到妇女吸烟。

450. 我很少有忧郁的毛病。

451. 如果有人对我所熟悉的事情发表愚蠢和无知的意见，我总是设法纠正他。

452. 我喜欢开别人的玩笑。

453. 我小时候对是否参加社团无所谓。

454. 独自住在深山老林的小木屋里，我也会觉得快乐。

455. 许多人都说我是急性子。

456. 如果一个人触犯了一条他认为不合理的法律，他是不应该受到惩罚的。

457. 我认为一个人绝不应该喝酒。

458. 小时候和我关系密切的人（父亲、继父等）对我十分严厉。

459. 我有几种坏习惯，已经根深蒂固，难以改正。

460. 我只适量地喝一点酒（或者一点也不喝）。

461. 我希望我能避免因为出口伤人而引起的麻烦。

462. 我觉得不能把自己的一切都告诉别人。

463. 我从前喜欢玩"跳房子"（或跳皮筋）的游戏。

464. 我从来没有见过幻象。

465. 对于我的终身职业，我已经几次改变过主意。

466. 除了医生的嘱咐，我从来不服用任何药物或安眠药。

467. 我时常默记一些无关重要的号码（如汽车牌照等）。

468. 我时常因为自己爱发脾气和抱怨而感到懊悔。

469. 闪电是我害怕的东西中之一。

470. 有关性方面的事使我厌恶。

471. 在学校中老师对我的品行评定总是很不好。

472. 火对我有一种吸引力。

473. 我喜欢让别人猜测我下一步的行动。

474. 我的小便次数不比别人多。

475. 在万不得已的时候，我只吐露一些无损于自己的那部分真相。

476. 我是上苍派来的特使。

477. 假如我和几个朋友有着同样的过错，我宁可一人承担也不愿连累别人。

478. 我还从来没有因为家里人惹了事而感到特别紧张。

479. 人与人间的相互欺骗是我所知道的唯一现象。

480. 我常常怕黑暗。

481. 我害怕一个人单独待在黑暗中。

482. 我的计划看来总是困难重重，迫使我不得不一一放弃。

483. 上苍创造奇迹。

484. 有些缺点，我只好承认并设法加以控制，但无法消除。

485. 一个男人和一个女人相处的时候，他通常想到的是关于生理需求方面的事。

486. 我从来没有发现我尿中有血。

487. 当我试图使别人不犯错误而做的事被人误解的时候，我往往感到十分难过。

488. 每星期我会祈祷几次。

489. 我同情那些不能摆脱苦恼和忧愁的人。

490. 我每星期念几次经。

491. 对认为世界上只有一种信仰是真的那些人，我感到不耐烦。

492. 我想起地震就害怕。

493. 我喜欢那种需要集中注意力的工作，而不喜欢省心（不费劲）的工作。

494. 我怕自己被关在小房间里或紧闭的小地方。

495. 对那些我想帮助改正或提高的人，我总是坦率地对他们交底。

496. 我从来没有过将一件东西看成两件（复视现象）。

497. 我喜欢探险小说。

498. 坦率永远是一件好事。

499. 我必须承认我有时会不必要地担心一些无关紧要的事情。

500. 我很乐意百分之百地接受一个好意见。

501. 我一向总是靠自己解决问题，而不是找人教我怎样做。

502. 风暴使我惊慌。

503. 我不经常对别人的行动表示强烈的赞成或反对。

504. 我不想隐瞒我对一个人的坏印象或同情，以至于他知道我对他的看法。

505. 我认为"不肯拉车的马应该受到鞭打"。

506. 我是一个神经高度紧张的人。

507. 我经常遇到一些领导人，他们把功劳归于自己，把错误推给下级。

508. 我相信我的嗅觉和别人一样好。

509. 因为我太拘谨，所以有时我难以坚持自己的正确意见。

510. 肮脏使我害怕和恶心。

511. 我不愿告诉别人关于我的梦幻生活。

512. 我不喜欢洗澡。

513. 我认为为别人谋求幸福比自己争取自由更伟大。

514. 我喜欢有男子气的女人。

515. 我们家总是不愁吃不愁穿。

516. 我家里有些人脾气急躁。

517. 我无论什么事情都做不好。

518. 我经常感到惭愧，因为我对某些事情想的和做的不一样。

519. 我的身体有点毛病。

520. 我的原则是坚持自己的意见。

521. 我常常向别人请教。

522. 我不害怕蜘蛛。

523. 我从来不脸红。

524. 我不怕从门把手上传染疾病。

525. 有些动物使我神经紧张。

526. 我的前途似乎没有希望。

527. 我家里人和亲戚们相处得很好。

528. 我并不容易比别人脸红。

529. 我喜欢穿高档的衣服。

530. 我常常担心自己会脸红。

531. 即使我以为自己对某件事已经打定了主意，别人也很容易使我变卦。

532. 我和别人一样能够经受同样的痛苦。

533. 我并不因为常常打嗝（呃逆）而觉得很烦恼。

534. 有好几次都是我一个人坚持到底，最后才放弃了所做的事。

535. 我几乎整天都感到口干。

536. 只要有人催我，我就生气。

537. 我想去深山野林中打老虎。

538. 我想我会喜欢裁缝的工作。

539. 我不怕老鼠。

540. 我的面部从来没有麻痹过。

541. 我的皮肤似乎对触觉特别敏感。

542. 我从来没有过像柏油一样的黑粪便。

543. 每星期我总有几次觉得好像有可怕的事情要发生。

544. 我大部分时间都感到疲倦。

545. 有时我一再做同样的梦。

546. 我喜欢阅读有关历史的书籍。

547. 未来是变化无常的，一个人很难作出认真的安排。

548. 如果可以避免的话，我绝不去看色情的表演。

549. 许多时候，即使一切顺利，我对任何事情都觉得无所谓。

550. 我喜欢修理门锁。

551. 有时我可以肯定别人知道我在想什么。

552. 我喜欢阅读有关科学的书籍。

553. 我害怕单独待在空旷的地方。

554. 假如我是个画家，我喜欢画小孩子。

555. 有时我觉得我就要垮了。

556. 我很注意我的衣着样式。

557. 我喜欢当一个私人秘书。

558. 许多人都因为曾有过不良的性行为而感到惭愧。

559. 我经常在半夜里受到惊吓。

560. 我经常因为记不清把东西放在哪里而感到苦恼。

561. 我很喜欢骑马。

562. 小时候，我最依恋和钦佩的是一个女人（母亲、姐姐、姑、婶、姨，等等）。

563. 我喜欢探险小说胜过爱情小说。

564. 我不轻易生气。

565. 当我站在高处的时候，我就很想往下跳。

566.我喜欢电影里的爱情镜头。

心理自测二：雷区取水

团队任何成员不得触碰到取水界限本身及界限以内；团队内每位成员都要取一瓶水，不得借助除身体外的任何其他物品；凡出现瓶子倒拿、学员触碰界限内地面或界限，那么已取得的水就要放回原处，并将最前排水依次摆放于最后一排之后。每人每违规一次，则将第一瓶水挪到最后一瓶水的位置；游戏开始前，各队的练习时间为5分钟；水瓶摆放，最前排水瓶需距离取水界限为1米，并呈三角形摆放。水瓶数量与各小队人数相同。

思 考 题

1.什么是人格？人格有哪些特征？

2.大学生健康人格的标准是什么？

3.结合自己的气质特点，说说自己在生活中应如何扬长避短、发挥特长。

即测即练

第五章
压 力

【本章学习目标】

1. 了解压力的种类及来源。
2. 掌握一般心理压力的调适方法。

名人名言

外在压力增加时，就应增强内在的动力。　　　　　　　　　　——罗斯福

不幸，是一块石头，对于强者，它是垫脚石，对于弱者，它是绊脚石。　——斯大林

困难就像一只砂轮，它能砥砺勇敢者奋斗的利刃，也能磨去怯懦者不多的棱角。

——苏格拉底

案 例 分 析

案例一

王同学是某高校一名大二学生，原本成绩优异，是爸妈的骄傲。可是由于受不了失恋的打击，不愿上学。后经家人苦劝返回学校上课。可是，回校后感觉学习困难重重。在两周的苦苦坚持之后，王同学退学回家，声称自己在家补习。当王同学的父母找到心理老师求助时，孩子已在家一个月了。当询问孩子在家状况，父母回应，偶尔看看书，喜欢看足球比赛。父母为孩子目前的状态感到担忧，非常希望孩子能早日返回学校而不是在家里混日子，无奈亲朋好友劝说无功。

点评： 当事人最开始由于情感挫败，内心接受不了而出现退学在家的行为表现。当其愿意重新返回学校读书时，又因为跟不上课程进度，感到束手无策、焦虑恐慌等，再一次选择回家自学，然而自学效果非常不理想，在家得过且过。由此可知，当事人目前主要面临着学业压力。因此，我们主要从他的学业压力进行探讨。其影响因素可能如下：①社会支持系统。当事人最初由于恋情失败感到挫败，间接性地对学业造成了压力，出现退学在家的情况。我们不妨思考，孩子与其他人的关系如何，如父母、老师等。社会支持不仅有男女朋友的支持，还有来自父母、老师、朋友等的支持。②环境因素。当事人处于学习节奏紧张的阶段，周围的学习氛围也会对当事人造成压力。然而，这个外部影响因素无法改变。③心理因素。当事人心理素质相对来说不够强大，他不能勇敢面对学业压力，亦不能合理规划时间，克服重重困难。

案例二

2010 年 3 月，江苏省某高校一女生黄某在宿舍自杀。据了解，黄某平时成绩很好，考试成绩经常在班级排名第一，最大的理想就是考上研究生。2010 年她读大三了，考研也日益接近，看到很多学姐为考研刻苦学习，如愿以偿的却不多，她心理压力越来越大。她也曾努力排解这种心理压力，但没有结果，最终无法自拔，选择了轻生。

点评：自杀是一种极端行为，原因有很多。现在大学生压力要比以前大得多，如果没有一个好的方法去进行化解，可能就会产生"人生比较失败"的消极想法，导致长期压抑愤怒，最后发泄出来。那么，在这个时候，发泄出来的力量作用于自身，自杀成了自身的需要。还有的就是没有正确认识自己，摆正心态，导致负面心态一直积聚，直至完全否定了自己，最后，选择了自杀这种解脱方式。现在许多学生从小没受过挫折，面临压力时就会选择逃避，这也是一种危险的心态。

第一节　压力概述

压力一词，源于物理学的一个概念，20 世纪中叶加拿大生理学家汉斯·塞利（Hans Selye）将压力的概念引入医学和心理学。在他的研究中"压力"是指令个体紧张的威胁性事件、突如其来的危险刺激情境。可见，这里的压力概念其实是对压力源的描述，主要指重大的突发应激事件。压力与生活事件相联系，通称为"生活事件压力"。这里的压力也代表压力源，但非汉斯·塞利的压力范围。

压力理论从 20 世纪到今天在不断发展着，但是压力的概念本身并没有一个确定的答案。

压力一般定义为人们无法应付环境要求时产生的负性感受和消极信念。

一、心理压力

心理压力又称心理紧张或心理应激，它是一种主观的内部心理状态，它是人体对需要和威胁的一种生理反应，是指个体在生活中对威胁性事件或情境反映而形成的伴有躯体机能以及心理活动变化的一种身心持续紧张状态。

个体的心理压力反应不仅受压力的强度大小和数目多少的影响，还取决于个体的内在品质，如个体的个性特征、对于压力的认知评价、压力的承受力、处理压力的方式等。在日常生活中，每个人都会在不同程度上感受到心理压力的存在，而心理压力过大、过多会损害身体健康。心理压力是个体在生活适应过程中的一种身心紧张状态，源于环境要求与自身应对能力不平衡；这种紧张状态倾向于通过非特异的心理和生理反应表现出来。

二、人对压力的反应

人对压力的反应大致有三个典型阶段。

1. 第一阶段：警戒阶段

当机体一旦接触刺激（压力源）时，就会调动能量来面对压力源的需要，并在躯体上表现出诸如心跳加快、呼吸急促、一身冷汗等一系列特定变化。

这表明你的身体已经为立刻行动（自卫或者夺路而逃）做好了准备。

2. 第二阶段：抵抗阶段

如果刺激（压力源）长时间没有被消除或者有效应对而继续存在，机体就要在面对长期的压力源时试图保持体内平衡，必须通过转换一种低水平但更为复杂的压力反应来适应刺激。

这种反应使机体的各种器官和腺体产生各种激素、盐、糖来给予抵抗刺激所需要的能量，并保持身体的内部平衡。

3. 第三阶段：疲劳阶段

经过长时间的同样刺激（压力源）之后，机体逐渐适应，而适应所需要的能量也随之消耗殆尽。警戒反应的特有指标再次出现。

当机体不再能够抵抗施加在他们身上的刺激时，就会崩溃，衰竭，并且最终会导致机体死亡。

心理学家格拉斯通提出了会为我们带来明显的压力感受的九种类型的生活变化。

（1）就任新职、就读新的学校、搬迁新居等。

（2）恋爱或失恋，结婚或离婚等。

（3）生病或身体不适等。

（4）怀孕生子，初为人父、母。

（5）更换工作或失业。

（6）进入青春期。

（7）进入更年期。

（8）亲友死亡。

（9）步入老年。

此外，家庭、工作与环境状况之间的关系、所从事工作的性质等，也是能造成心理压力的情境。

心理学研究表明，一个人对成功与失败的体验，包括对挫折的体验，不仅依赖于某种客观的标准，而且更多地依赖于个体内在的欲求水准。任何远离这一欲求水准的活动，都可能产生成功或者失败的体验。在现实生活中，这一事实体现为：取得相同的成绩，不同的人会有不同的反应。比如，考试得了80分，对于"60分万岁"的人来说，已经是很大的成功了。

我们可以这样认为，一个人的欲求水平和主观态度，是决定是否产生挫折的最重要原因。中国有句俗话，知足者常乐，就是鼓励人们降低欲求水平以减少挫折，减轻压力。

三、压力的种类

按压力的强度，可把压力分为三大类。

1. 一般单一性生活压力

如果我们在生活的某一时间阶段内，经历着某一种事件并努力去适应它，而且其强度不足以使我们崩溃，那么我们称这时候体验到的压力为一般单一性生活压力。

在日常生活中，不可避免地会遭遇到各类生活事件，这些事件是人们在生存和发展过程中无法回避的，如入学考试、完成困难的任务、遭遇从未经历的事情、恋爱、婚姻、就业、失业、亲人亡故、迁居等。

经历一般单一性生活压力，对于承受人来说，其后果不完全是负面的。在适应这类压力的过程中，虽然付出了许多生理和心理的代价，但是只要在衰竭阶段没有崩溃，并且没有再发生任何事件，那么，承受人在经历过一次压力之后，会提高和改善自身的适应能力。以往有许多研究证实，经历过各种压力而未被击垮的人，可以积累许多适应压力的经验，从而使他有利于应对未来的压力，这正像通常所说的"吃一堑，长一智"。

2. 叠加性压力

叠加性压力有以下两类。

（1）同时性叠加压力。在同一时间里，有若干构成压力的事件发生，这时，当事者所体验到的压力就称为同时性叠加压力。所谓"四面楚歌"，就是同时性叠加压力的代表。

（2）继时性叠加压力。两个以上能构成压力的事件相继发生，后继的压力恰恰发生在第一个压力的第二阶段或第三阶段，这时，当事者体验到的压力称为继时性叠加压力。例如，我们常说的"祸不单行"，就可以说是继时性叠加压力的代表。

叠加压力是极为严重和难以应对的压力，它给人造成的危害很大。有的人可在"四面楚歌"中倒下，有的人在衰竭阶段能被第二组压力冲垮。

3. 破坏性压力

破坏性压力又称极端压力，包括战争、大地震、空难、遭受攻击、被绑架等。人类在实际生活中，此类压力并不罕见。

经历极端压力之后，心理症状是多方面的。情绪方面以沮丧为主，易激惹，同时伴有攻击行为，与亲人变得疏远，对当时的记忆丧失，长期注意力难以集中，回避社会活动、失去安全感，等等。对破坏性压力造成的后果，心理学干预是必需的。

四、压力的来源

压力源又称应激源或紧张源，是指任何能够被个体知觉并产生正性或负性压力反应的事件或内外环境的刺激。作为刺激被人感知到，或作为信息被人接收到，一定会引起主观的评价，同时产生一系列相应的心理和生理变化，如果刺激需要付出较大努力才能进行适应性反应或这种反应超过了人所能够承受的适应能力，就会引起人的心理、生理平衡的失调，即紧张状态反应的出现，这个使人感到紧张的内外刺激就是压力源。压力源主要包括以下三种类型。

（一）生物性压力源

生物性压力源是借助于人的肉体直接发生作用的，引起身心的应激状态，包括各种物理、化学刺激，如强烈的噪声、不适宜的温度、辐射、电击、机械性的创伤、病毒感染、病菌侵害等。躯体创伤或疾病、饥饿、睡眠剥夺、噪声、气温变化都属于生物性压力源。

（二）心理性压力源

心理性压力源是指来自人头脑中的紧张信息。心理的失衡也可以造成应激状态，如现实社会中经常发生的挫折、冲突、人际关系失调等。

（三）社会环境性压力源

社会文化环境的任何变动都会造成应激状态，如重大的社会政治、经济的变动，家庭、恋爱中的矛盾，亲人的亡故，学业与事业上的成功与失败，职位的升降等都属于社会环境性压力源。

五、大学生常见的心理压力

大学生心理压力，是指有明显的压力感并严重影响大学生正常学习和生活的一种心理状态。长期处于心理压力下的大学生，他们的心理、行为和生理都会遭到破坏，主要表现为心理上的焦虑、不安、压抑、担忧、无助感和缺少安全感，行为上的易激动、冲动、暴饮暴食或食欲不振、丧失学习热情、对生活没有信心、消极行为增多。心理压力已成为困扰高校大学生身心健康成长的最不利因素。

（1）学习压力。学习是大学生的首要任务，大学生生活当中绝大部分的时间是在与学习打交道，所以由学习所形成的压力虽然强度不是很大，但是持续时间较长，对于大学生的影响是不可低估的。据调查，有30%的被试者感到目前最大的压力是学习的压力。

（2）生活压力。大学生所缴纳的费用和上学花销在逐年增大，形成一部分学生尤其是一些贫困的学生和特困生的压力源。一方面是生活上的窘迫感，还有对家人的内疚感，他们不想让家人替自己背包袱，可自己又无能为力。另一方面是与同学之间进行家境比较而导致内心的不公平、委屈、厌学等不良情绪。

（3）交往压力。部分大学生在交往过程中会出现自卑感，同学之间不经意的一句玩笑或者某种行为都会深深地刺伤他们的心灵，强烈的自尊渴望与脆弱的情绪、情感交织在一起。

（4）情感压力。情感生活是大学生活的主旋律之一，始终是问题的敏感点和出发点，在出现心理危机的学生群体中，情感危机引发的心理问题占相当高的比例，情感问题处理不当，造成的后果极其严重。

（5）就业压力。就业是大学生最为关注的一个话题，其产生的压力更大，涉及面更广，人才需求市场萎缩（或饱和）和大学生择业种类与择业地的过于集中，是造成这种压力的根本原因。

【拓展阅读】阿希从众实验

阿希从众实验以大学生为被试对象，每组7人，坐成一排，其中6人为事先安排好的实验合作者，只有1人为真正的被试者。实验者每次向大家出示两张卡片，其中一张画有标准线X，另一张画有三条直线A、B、C。X的长度明显地与A、B、C三条直线中的一条等长。实验者要求被试者判断X线与A、B、C三条线中哪一条线等长。实验者指明的顺序总是把真实的被试者安排在最后。第一、二次测试大家没有区别，第三至第十二次前六名被试者按事先要求故意说错，借此观察被试者的反应是否发生从众行为。这就形成一种与事实不符的群体压力，可借此观察被试者的反应是否发生从众行为。

阿希多次实验，所得结果非常相似。

（1）大约四分之一到三分之一的被试者保持了独立性，没有发生过从众行为。

（2）所有被试者平均从众行为百分比为35%。

（3）大约有15%的被试者，从众行为的次数占实验判断次数的75%。

实验后，阿希对从众的被试者进行访谈，归纳从众的情况有以下三种。

第一，被试者确实把他人的反应作为参考框架，观察上就错了，发生了知觉歪曲。

第二，被试者意识到自己看到的与他人不同，但认为多数人总比自己正确些，发生了判断歪曲。

第三，被试者明知其他人都错了，却跟着作出了错误反应，发生了行为歪曲。

一般认为，发生从众行为是因为个体在群体中受到信息上和规范上的压力。

信息压力：经验使人们认为，多数人的正确概率比较高，在模棱两可的情况下，由于缺少参照构架，就越发相信多数人，越从众。

规范压力：群体中的个人往往不愿意违背群体标准而被其他成员视为越轨者，害怕与众不同而成为一匹"离群之马"，遭受孤立，因此采用多数人的意见。

第二节　关于心理压力的调适方法

一、一般心理压力的调适方法

每个人都会有心理压力，尤其是现代社会，工作、房子、婚姻、感情等问题让我们的心理压力越来越大。对于心理压力，我们不但要学会调整它，也要学会运用它，下面我们就来说一下，如何让心理压力远离你！

1. 补偿

实现目标的愿望受挫后，可以利用别的途径达到目标，或者确立新的目标。在实施过程中，发现目标不切实际或前进受阻，应及时调整目标，以便继续前进，获得新的胜利，即"失之东隅，收之桑榆"，这是一种心理防御机制。

2. 升华

人在落难受挫之后，奋发向上，将自己的感情和精力转移至其他的活动中去。例如，大学生在感情上受挫之后，将感情和精力转移到学习中去。这也是大学生在受挫之后一种很好的调节方法。

3. 学会运用压力

出现压力并不可怕，适当的压力可以让我们更加积极与进步，所以我们要学会运用压力。

4. 保持良好心境

我们要学会管理自己的情绪，当我们愤怒时，可以离开当时的环境和现场，转移注意力。当苦恼不堪或烦恼不安时，可以欣赏音乐，用优美的乐曲帮你排解烦恼和苦闷；当我们悲伤时，就干脆痛哭一场，让泪水尽情地流出来；当受了委屈，一时想不通时，千万不要一个人生闷气，最好找亲人或朋友倾诉苦衷；当妒火中烧时，要变换自己的角度，进行有意识的控制，增强个人修养；当思虑过度时，应立即去户外散步、消遣，呼吸大自然新鲜的空气，或者做自己喜欢的事情。

5. 转移注意力

当我们遭受挫折时，我们也会出现心理压力，一般人都会感觉度日如年，这时，要适当安排一些健康的娱乐活动。丰富多彩的闲暇活动可以使挫折感转移方向，扩大思路，使内心产生一种向上的激情，从而增强自信心。

不要把痛苦闷在心里，应当主动向朋友、同学或亲友倾诉，争取别人的原谅、同情与帮助。这样可以减轻挫折感，改变内心的压抑状态，以求身心轻松，从而让目光面向未来，增强克服挫折的信心。

二、大学生排解心理压力的途径

心理压力是影响我们心理健康最大的因素，心理压力越大，会让我们的心理健康状态越不稳定，随时都会陷入心理困扰之中，这里介绍大学生排解心理压力的 8 种途径，希望能帮助到同学们。

1. 注重过程淡化功利法

建立合理的、客观的自我期望值，奋斗目标要合理，有时做事可往最坏处着想，但向最好处努力。

2. 换位思考认同法

正确认知压力，灵活调整自己的心态。例如，当你遇到不公平的事情、不协调的人际关系、不愉快的情感体验时，试试换位思考。

3. 音乐与生理保健法

各种声音通过耳朵被人感受，如他人的赞扬声、指责声、议论声等都会影响你的心态，因此，你可以多听些优美的音乐，缓解不愉快的心情。养成良好的生活与自我保健行为习惯极为重要，同时，创造和谐的家庭氛围更不容忽视。

4. 推移时间遗忘法

时间是解决问题的最好办法，积极忘记过去的、眼前的不愉快，随时修正自己的认知观念，不要让痛苦的过去牵制你的未来。

5. 自信自主激励法

相信自己是最好的、最可以依赖的，每桩伟业都由自信开始。

6. 顺其自然自我解脱法

学会自我放松，在适当的情况下，找信得过的人说话；想休息便休息，想娱乐便娱乐，实在不想做事时可暂时放下；可以追求卓越，但无须追求十全十美。

7. 更新环境自我调节法

在压力太大、心情不佳时变换一下环境，如室外观景、室内养花、对美好事物的想象等。

8. 丰富个人业余生活法

发展个人爱好生活情趣往往让人心情舒畅，绘画、书法、下棋、运动、娱乐等能给人增添许多生活乐趣，调节生活节奏，从单调紧张的氛围中摆脱出来，走向欢快和轻松。

如果以上方法还无法帮助你调节心理压力，那么建议你向心理咨询师求助，进行系统的心理解压。

三、其他有效的调适方法

（一）学说三句话

1. "算了"

对于一个无法改变的事实，最好办法就是接受这个事实。

2. "不要紧"

不管发生什么事情，哪怕是天大的事情，也要对自己说："不要紧！"记住，积极乐观的态度是解决任何问题和战胜任何困难的第一步。

3."会过去的"

不管雨下得多么大，连续下了多少天，人们都相信天总是会放晴的，自然界是这样，生活也是如此。

（二）书写减压

实验证明，通过书写可以很有效地进行心理减压。将困扰自己的事写在纸上，可以很快地得到情绪上的疏解。已经有相关的书籍写到这种方法，如《一小时减压之旅：如何快速有效地减压》，作者通过形象的比喻"人体就像内存"来阐述这种方法，非常简单有趣。通过书写不仅可以减压，还可以进一步了解自己。

【拓展阅读】特殊顾客

肯德基国际公司的子公司遍布全球 60 多个国家，达 9900 多个。然而，肯德基国际公司在万里之外，又怎么能相信它的下属能循规蹈矩呢？

一次，上海肯德基有限公司收到了三份总公司寄来的鉴定书，对外滩快餐厅的工作质量分三次鉴定评分，分别为 83 分、85 分、88 分。公司中外方经理都为之瞠目结舌，这三个分数是怎么评定的？原来，肯德基国际公司雇佣、培训一批人，让他们佯装顾客潜入店内进行检查评分。

这些"特殊顾客"来无影、去无踪，这就使快餐厅经理、雇员时时感到某种压力，丝毫不敢疏忽。

在很多企业，员工与老板经常打"游击战"。当老板在的时候就装模作样，表现卖力，似乎是位再称职不过的员工了；而等老板前脚刚走，底下的人就在办公室里"大闹天宫"了。很多老板会在这个时候杀个回马枪，刚好逮个正着。不过，这样也不是个长期办法，老板也没有这么多精力去跟员工打"游击战"，主要还是制度的确立。如果建立了一套完善的制度，让员工意识到任何时候都要认真工作，那么，员工就不会钻空子偷懒了。

人做一次自我检查容易，难就难在时时进行自我反省，时时给自己一点压力，一点提醒。公司管理者就需要充当这个提醒者，时时给他们一点压力，一点动力，以保持员工不懈的进取心。

经理的最大考验不在于经理的工作成效，而在于经理不在时员工的工作时效。

心理自测一：心理压力自测量表

下面有 20 道测试题，每题有"是""否"两种答案。选"是"，加 1 分，选"否"不加分。测试完毕后，将所有分数相加得到总分。对照后面的测试结果分析，即可知道自己处于什么状态了。

1.站立时有头晕感觉。

2.有口腔溃疡的现象，并且舌苔出现异常现象，如颜色加重、舌苔增厚等。

3.有耳鸣现象出现。

4. 经常感到喉咙或咽喉疼痛，嗓子不适。

5. 食欲下降，即使很饿，面对喜欢吃的东西也提不起胃口，并且进食后有难以消化的感觉。

6. 经常便秘或腹泻，并感觉腹胀、腹痛。

7. 肩膀、脊椎僵硬，并伴有酸痛感觉。

8. 常患伤风感冒等小毛病，并不易痊愈。

9. 感觉眼睛肿胀、干涩、容易疲劳。

10. 经常出现手脚冰凉现象。

11. 有心慌、心悸等感觉出现。

12. 常感觉胸闷气短、胸痛、呼吸困难，甚至有窒息感。

13. 常有头晕眼花症状出现，并感觉头部沉重或大脑不清晰。

14. 体重下降。

15. 清晨起床困难，常有不愿起床的倦怠感。

16. 经常感觉疲劳，注意力下降，精神不集中。

17. 情绪烦躁、暴躁、易怒。

18. 不愿与人交际。

19. 出现鼻塞症状。

20. 睡眠质量不好，容易做梦，甚至做噩梦，醒来之后不易入睡。

将所得的分数相加。低于 5 分，说明你承受的压力很小。6~10 分，属于正常情况，说明压力在你的承受范围之内，没什么大碍。11~15 分，说明你的压力较大，已经给你的身体造成不适感，要及时进行防范和调整。16~20 分，说明你的压力太大了，已经处于严重的紧张状态之中，并对身体造成严重的危害，威胁到健康，建议及时就医。

心理自测二：压力脑震荡

（一）训练目标

（1）学会重新评价环境，并且从中发现积极的方面，形成对环境的理智反应，变压力为动力，化烦恼为奋进，以积极的心态挑战压力，战胜压力。

（2）掌握管理压力的技巧。

（3）提升幸福指数。

通过训练，能够明白，即使压力缠身，也要有良好的心态。只有这样，才能真正缓解压力，最终释放压力。

（二）训练要求

（1）各训练任务以训练小组为单位进行。

（2）组长控制每人发言的时间，应鼓励小组成员都参与讨论。

（3）形成小组分析意见，全体分享。

（4）自我练习时每位训练者认真独立思考，按照提示要求慎重作答。

（5）完成自我练习后，应努力发挥所设定的目标对自身的指引作用。

（6）由于周围的环境及自身也会不断发生改变，因此达到保持平常心将是漫长、持久的过程，需要持之以恒地进行调整和训练。

（三）训练步骤

（1）先请各小组围成一圈坐好并给每人发一张纸，让每人写下名字，再写下最近最让自己感到压力的想法及事情。

（2）写完后请往右手边传递，现在每位成员手上都是别人的纸，请针对你手上的压力内容，写下一个比较正向的想法或比较可行的解决方法。

（3）写完后继续往右手边传递。每位成员都想个解决的方法。以此类推直到拿到自己的纸。

（4）每位成员先看看别人帮你想的方法，请每组推荐两人来分享看后的感受。

（四）训练分享

（1）同伴给予的压力处理方式对自己有参考意义吗？面对压力，可以寻找到最适合自己的压力调控模式吗？

（2）遇到对自己不利的事情时，如何将其转化为对自己有利？

（3）如何发现更多的快乐元素？

（4）压力可能会造成哪些生理反应？

（5）如何运用生理放松技术消除压力？

思　考　题

1. 大学生活中常见的压力有哪些？

2. 大学生活中产生压力的原因有哪些？

3. 大学生应对压力的自我调适有哪些方式？

4. 大学生提高压力承受能力的途径有哪些？

即测即练

第六章

情绪管理

【本章学习目标】

1. 了解情绪内涵，包括情绪的定义、功能、分类及表现。
2. 学会调控情绪，理解情绪的影响因素及情绪管理的意义。
3. 学会合理应对压力，认识并学会解压。

名人名言

能控制好自己情绪的人，比能拿下一座城池的将军更伟大。　　　　——拿破仑

案例分析

案例一：费斯汀格法则

美国社会心理学家费斯汀格（Festinger）有一个很著名的判断，被人们称为"费斯汀格法则"：生活中的事情由发生在你身上的和你对其他事情如何作出反应两部分组成，发生在自己身上的事情仅占10%。

费斯汀格举了一个例子来具体诠释这一法则。卡斯丁早上洗漱时，将自己的高档手表放在洗漱台边，妻子怕被水淋湿了，就顺手拿过去放在餐桌上。儿子起床后到餐桌上拿面包时，一不小心将手表碰到地上摔坏了。卡斯丁心疼手表，就把儿子揍了一顿，然后冷着脸骂了妻子一通。妻子不服气便与他激烈争吵。

一气之下，卡斯丁直接开车去了公司，快到公司时想起忘了拿公文包，又马上转回家。可是家中没人，卡斯丁只好给妻子打电话要钥匙。妻子慌慌张张地往家赶时，撞翻了路边一个水果摊，她不得不赔了一笔钱才离开。待打开门拿到公文包后，卡斯丁已经迟到了15分钟，挨了上司一顿严厉的批评。下班前又因一件小事，让他跟同事吵了一架。妻子也因迟到被扣了当月的全勤奖。儿子这天参加棒球比赛，因心情不好发挥不佳被淘汰了。

点评：在这个事例中，手表摔坏是其中的10%，后面发生一系列事情就是那另外的90%。这都是由于当事人没有很好地掌控那90%，才导致了这一天成为"闹心的一天"。人与人之间常常因为自己的一些情绪给彼此造成伤害。如果我们都能从自己做起，管理好自己的情绪，相信一定能收到许多意想不到的结果。

案例二：消极的应激反应

张某，某高校大二女生，因妇科病到医院治疗，被医托骗至一私人诊所，治疗后发现上当，遂怀疑该私人诊所对自己进行了不适当治疗，并怀疑药物质量有问题，担心身体受到永久伤害，于是便陷入了严重的恐惧和焦虑之中。不吃不喝，严重失眠，整日哭泣，不爱说话，整个人变得十分呆滞，与平时判若两人。

点评：案例中的张某属于消极的应激状态，并直接影响了自己的学习和生活。大学生一般阅历不够丰富，面对突如其来的问题，应激的消极作用往往比积极作用更加明显。因此，对于大学生群体来说，除了在遇到问题时寻求必要的外部帮助外，还应提高自身的认识能力，加强在心理承受能力方面的训练。

第一节　情　绪

情绪是对一系列主观认知经验的通称，是多种感觉、思想和行为综合产生的心理和生理状态。各种各样的情绪是人们情感表达的不同符号。我们微笑、哭泣，沮丧、兴奋，这些都是我们所发出的情绪信号。积极的情绪是人成功和进步的动力，而一些消极情绪则会使人心情不畅，甚至导致心理问题和健康问题。

对于大学生这一特殊人群来说，他们正处在一个半校园半社会的环境当中，由于互联网的出现，已经不能把校园与社会彻底分开，大学生在面对学习压力的同时，还应该学会应对人际交往的压力以及就业等压力，这就要求大学生学会合理地应对这些压力所引起的负面情绪。本节将具体阐述情绪的相关内容，使大学生对于情绪有明确的认识，从而为自我情绪的调控提供理论支持与帮助。

一、情绪的内涵

不同领域对情绪有不同的解读。生物学观点认为情绪是神经过程的特殊组合，引导特定的表达和相应特定的感觉。机能主义观点将情绪定义为根据对个人的意义，建立、维持和破坏有机体与环境之间的关系的过程。认知观点提出了一个情绪的工作定义：对重要事件的主观反应，以生理、体验和外部行为变化为特征。社会文化观点认为情绪是社会或文化建构的综合特性。

经过不断的争论与修正，人们普遍认可的情绪是指人对客观事物的态度体验及相应的行为反应。它由主观体验、外部表现和生理唤醒三种成分构成。其中，主观体验是个体对不同情绪状态的自我感受；外部表现包括面部表情和身体姿态等；而生理唤醒是指情绪产生的生理反应。

二、情绪的功能

（一）适应功能

情绪是有机体适应生存和发展的一种重要方式。例如，动物遇到危险时产生害怕的感受，从而发出呼救信号，就是动物求生的一种手段。人类继承和发展了动物情绪这一高级的适应手段。当婴儿出生时，脑部发育尚未成熟，还不具备独立的维持生存的能力，这时主要依靠情绪来传递信息，与成人进行交流，得到成人的哺育。成人也正是通过婴儿的情绪反应，及时观察他们的需要，为他们提供各种生活条件。

在成人的生活中，情绪直接反映人们生存的状况，是人们心理活动的晴雨表。无论是儿童或是成人，都通过愉快表示处境良好，通过痛苦表示处境困难。此外，人们还通过情绪进行社会适应。例如，人们用微笑表示友好，用移情和同情维护人际关系，通过察言观色了解对方的情绪状况，以便采取相应的措施等。总之，人们通过各种情绪了解自身或他人的处境与状况，适应社会的需要，求得更好的生存和发展。

在日常的交往中，大学生应该学会"察言观色"，了解他人不同的性格特点及情绪表达方式，帮助自我更好地进行交流和沟通，从而减少矛盾及不良情绪的产生，创造和谐温馨的学习、生活及工作环境。

（二）动机功能

情绪是动机的源泉之一，是动机系统的基本成分。它能够激励人的活动，提高人的活动效率。适度的情绪兴奋可以使身心处于活动的最佳状态，进而推动人们有效地完成工作任务。适度的紧张和焦虑能促使人积极地思考和解决问题。同时，情绪具有放大有机体生理内驱力信号的作用，从而能够更有力地激发行动。

例如，人在缺氧的情况下会产生补充氧气的生理需要，但这种生理驱动力本身可能没有足够的力量去驱策行动，而此时所产生的恐慌感和急迫感起放大和增强内驱力信号的作用，产生强烈的驱动力以激发行为。

情绪是动机的一个触发点。适当的情绪表达能产生积极的推动作用，而不良情绪的无限放大，则会影响人的行为表达。大学生应该了解情绪与动机、行为之间的关系，当自我行为较为消极或不佳时，及时进行自我情绪的反省，发现不良情绪的时候，要学会自我调节，避免伤害自己和他人。

（三）组织功能

情绪是一个独立的心理过程，有自己的发生机制和操作规律，并对其他心理活动具有组织的作用。情绪的组织作用包括两个方面，一方面表现为对积极情绪的协调、组织作用，另一方面表现为对消极情绪的破坏、瓦解作用。

情绪能影响认知操作的效果，其影响效果取决于情绪的性质及强度。一般而言，中等强度的愉快情绪有利于提高认知活动的效果。愉快强度与操作效果呈倒"U"形曲线，过低或过度的愉快唤醒都不利于认知操作。而对于消极情绪来说，如恐惧、痛苦等会对操作效果产生负面影响。

（四）信号功能

情绪在人际间具有传递信息、沟通思想的功能。这种功能是通过情绪的外部表现，即表情来实现的。表情是思想的信号，在许多场合，只能通过表情来传递信息，如用微笑表示赞赏、用点头表示默认等。在电影业发展早期，无声电影正是通过演员的各种表情动作来向观众传递信息的。表情也是言语交际的重要补充，如手势、语调等能使言语信息表达得更加明确或确定。

从信息交流的发生上看，表情的交流比言语交流要早得多，如在前言语阶段，婴儿与成人相互交流的唯一手段就是表情。情绪的适应功能也正是通过信号交流的作用来实现的。

三、情绪的分类

（一）按照情绪的复杂性划分

根据情绪的复杂性，可以将情绪分为基本情绪和复合情绪。基本情绪是指人类中最基本、最普遍存在的情绪。这些基本情绪是先天的，它们都有独特的神经生理机制，是人与动物共有的，如快乐、愤怒、恐惧等。复合情绪是人类特有的一种心理活动，顾名思义它是由基本情绪组合而成的，而大多数复合情绪都比较复杂，很难被命名，如爱与依恋等。

人类的六种基本情绪如图 6-1 所示。

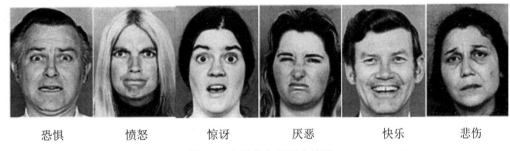

| 恐惧 | 愤怒 | 惊讶 | 厌恶 | 快乐 | 悲伤 |

图 6-1　人类的六种基本情绪

（二）按照情绪的状态划分

按照情绪的状态可以将情绪分为心境、激情和应激。

1. 心境

心境是一种比较微弱而持久的情绪状态。

自然环境的变化、工作的成败、人际关系和谐与否、个人的健康状况等都可能引发某种心境。例如，在生病的时候，会因为病痛的折磨使人产生烦躁的心境；在得知考上自己心仪的大学时候，会因为自己的理想得以实现，使人产生愉悦的心境。心境持续的时间也各不相同，这取决于客观刺激的性质和个体的人格特征，短则几个小时或者几分钟、几秒钟，长则几天、几个月或者更长。

积极乐观的生活态度能够使人保持良好的心境，有利于个人更好地应对各种事件，因此要想在生活、工作、学习中充满效率，就要保持积极、乐观的心境。

2. 激情

激情是一种短暂、强烈、具有爆发性的情绪状态。

像欣喜若狂、悲痛欲绝、恐惧万分等通常都是对个体具有重要意义的事件引发的情绪表现。在激情状态下，人的理解力下降，分析能力受到抑制，自我控制能力减弱，甚至使人失去行为控制力。同时，激情也有积极和消极之分。积极的激情可以使人全身心投入某一事件中并顺利完成；消极的激情则会产生一些危害性的后果。

例如，在奥运会的赛场上，运动员会充分调动激情，激发个人潜能，赛出好成绩；也有人因为控制不好情绪，在愤怒情绪的驱使下一时性起，作出一些不理智的、甚至是破坏性的行为。

3. 应激

应激是一种由出乎意料的环境刺激所引发的高度紧张的情绪状态。

突如其来的紧急事故，如火灾、地震、车祸、亲人意外死亡等都会引起人们的应激状态。应激状态也有积极和消极之分。积极的应激，可以帮助人们从容应对突发事件，从而摆脱困境；消极的应激，表现为应对突发事件时手忙脚乱，不知所措，难以应对。

有实验证明，应激会引起适应性综合征的发生，并出现警觉阶段、阻抗阶段、衰竭阶段等系列症状。警觉阶段，由于刺激的突然出现，产生情绪的强烈震撼，如体温、血压下降，肌肉松弛，个体缺乏适应能力；继而肾上腺素分泌增加，全身生理功能增加，进行适应性防御。

阻抗阶段，全身代谢水平提高，肝脏大量释放血糖，个体生理功能大致恢复正常，但若压力持续下去，机体的适应能力有限，最后进入第三阶段——衰竭阶段，个体适应能力丧失，精疲力竭，陷入崩溃状态。

四、情绪的表现

（一）心理层面

情绪心理层面的表现包括认知、体验、表情、言语、行为等。其中，最直观的表情是情绪在人身上的外显表现，包括面部表情、身段表情和言语表情。我们可以通过一个人的表情、手势、姿势等，读懂他的情绪，其中最重要的情绪标志是面部表情。面部表情是指通过眼部肌肉、颜面肌肉和口部肌肉的变化来表现各种情绪状态。

艾克曼的实验证明，人脸的不同部位具有不同的表情作用。例如，眼睛对表达忧伤最重要，口部对表达快乐与厌恶最重要，而前额能提供惊奇的信号，眼睛、嘴和前额等对表达愤怒情绪很重要。

林传鼎的实验研究证明：口部肌肉对表达喜悦、怨恨等少数情绪比眼部肌肉重要；而眼部肌肉对表达其他的情绪如忧愁、惊骇等，比口部肌肉更重要。

（二）生理层面

情绪的生理表现包括心率、血压、呼吸、内分泌等生理变化。从中医的角度来说，五脏的健康状况与我们的情绪有着密不可分的联系，具体为：肺主悲，经常哭泣、落泪的人免不了与肺病有关系；心主喜，俗话说心花怒放就是这个意思，然而过喜则伤心；肝主怒，过怒则伤肝，在人非常生气时常常会感到左右两侧肋也会隐隐作痛，这就是怒伤肝的表现；脾主思，思虑过多则伤脾胃，经常用脑的人，脾胃功能比较差；肾主惊，人受到过度惊吓会影响肾的生理功能。

【拓展阅读】抑郁自我测试

抑郁自评量表（Self-rating Depression Scale，SDS）由 W.K.Zung 于 1965 年编制，为美国教育卫生福利部推荐的用于精神药理学研究的量表之一。因使用简便，能相当直观地反映病人抑郁的主观感受及其在治疗中的变化，当前已广泛应用于门诊病人的粗筛、情绪状态评定以及调查、科研等。

量表采用 4 级计分制，见表 6-1。填写时，要求受测者根据最近一周的实际感觉，在适当的数字上标记。将各题得分相加，得出分值；再乘以 1.25，换算出标准分（T 值）。

表 6-1　抑郁自评量表

	很少有	有时有	经常有	多数时间有
1. 我觉得闷闷不乐，情绪低沉（忧郁）	1	2	3	4
2. 我觉得一天中早晨最好	4	3	2	1
3. 我想一阵阵哭出来或觉得想哭（易哭）	1	2	3	4
4. 我晚上睡眠不好（睡眠障碍）	1	2	3	4
5. 我吃得跟平常一样多	4	3	2	1
6. 我与异性密切接触时和以往一样感到愉快	4	3	2	1
7. 我发觉我的体重在下降（体重减轻）	1	2	3	4
8. 我有便秘的苦恼（便秘）	1	2	3	4
9. 心跳比平常快（心悸）	1	2	3	4
10. 我无缘无故地感到疲乏（易倦）	1	2	3	4
11. 我的头脑和平常一样清楚	4	3	2	1
12. 我觉得经常做的事情并没有困难	4	3	2	1
13. 我觉得不安平静不下来（不安）	1	2	3	4
14. 我对未来抱有希望	4	3	2	1
15. 我比平常容易生气激动	1	2	3	4
16. 我觉得作出决定是容易的	4	3	2	1
17. 我觉得自己是个有用的人，有人需要我	4	3	2	1

续表

	很少有	有时有	经常有	多数时间有
18. 我的生活过得很有意思	4	3	2	1
19. 我认为如果我死了，别人会生活得更好	1	2	3	4
20. 平常感兴趣的事我仍然感兴趣	4	3	2	1

测试标准：50~59 分为轻度抑郁；60~69 分为中度抑郁；70 分及以上为重度抑郁。

第二节　情绪调控方法

大学生所处的校园环境较之前的学习生活环境都较为复杂，需要独自面对很多新的人和事物，处理不当便会有焦虑、抑郁、愤怒等不良情绪的产生。上一节对情绪的内涵进行了详细的介绍，在此基础上，本节将针对目前大学生常见的情绪问题展开分析讨论，并且给出相应的解决办法。

一、大学生常见情绪问题

有个典型案例：刘珊是某重点大学的一名学生，因家庭贫困，从小生活节俭，学习努力，进入大学前成绩一直名列前茅，是老师夸奖、同学羡慕的对象。进入大学后，刘珊发现身边的同学能歌善舞，多才多艺。同寝室六人中，大多是城市孩子，她们所谈及的话题自己大多无法参与。从一个偏远的小县城到大城市读书，刘珊觉得一切都很陌生，顿时感觉不知所措。本想通过努力学习，用优异的成绩找回自我，但一个学期下来，成绩在班级中仅仅是中上等。

第二学期后，刘珊变得越来越自卑，和舍友之间的交流越来越少，经常独来独往，各种班级评优中的得票只有寥寥几票。刘珊渐渐对大学生活失去了兴趣，开始自暴自弃，大二第一学期甚至出现了从未有过的挂科问题。

长期的自卑感和压力使刘珊觉得自己根本不属于这个班级。她开始变得烦躁、焦虑，逃课的情况也频频出现，学习成绩一落千丈，考试挂科门次逐渐增多，最终在大三下学期选择退学。

刘珊的情况在大学校园里并不少见，面对新环境的无所适从，面对新同学的不知所措，这些都会给大学生造成心理压力，从而影响其学习和生活。

对于大学生来说，从高中整天沉浸在书海的校园生活到自我掌控的大学生活，从学生到社会人的角色转变，他们所要适应的不仅仅是学校这个外部环境，还要学会处理人际关系等一系列问题。有的同学能较好地融入新环境，而有的同学难免会有一些负面情绪产生，甚至导致心理问题。在大学生中，常见的心理问题有以下几类。

（一）焦虑

焦虑是一种内心紧张不安，预感似乎将要发生某种不利情况而又难于应付的不愉快情绪。人们都不同程度地体验过焦虑。过度焦虑会对学习和生活带来不利的影响。

常见的大学生焦虑主要涉及以下几个方面：①考试焦虑，即由于担心考试失败或渴望获得更好的成绩而产生的一种忧虑、紧张的心理状态；②身体焦虑，即由于对身体健康或容貌过分关注而产生的焦虑不安，并伴有失眠、疲倦等症状；③适应焦虑，即由于对大学的环境、学习方式和人际关系等不能很快适应而产生的焦虑。

大学生缺乏一定的社会经验、人际交往能力、处理问题的能力，加之新环境需要适应，都容易导致焦虑情绪的产生。怀抱一颗平常心，遇到事情冷静对待，是大学生克服焦虑需要具备的基本心理素质。

（二）抑郁

抑郁是一种感到无力应付外界压力而产生的消极情绪，常常伴有厌恶、痛苦、羞愧、自卑等情绪体验。大学生产生抑郁的主要原因有：①性格方面，如内向孤僻、不爱交际、敏感等；②学习方面，如压力过大、成绩不理想等；③人际交往方面，如长期不受欢迎、人际关系紧张、得不到理解与尊重等。

此外，对于新生来说，由于对独立生活缺乏必要的心理准备，对大学的生活和环境不适应等，也容易导致抑郁心理的产生。长期的抑郁会使人的身心健康受到严重损害，使大学生无法正常地学习和生活。

大学生毕业时需要承受一定社会压力，大学生在面对这些问题的时候，要充分了解自我，比如是更倾向于深造提升自我还是更喜欢在工作实践中积累经验、完善自己？找到适合自己的目标和方向很重要，目标一旦确立后，未来就会明朗起来，从而就会远离抑郁等不良情绪。

张某，2007 年 8 月以优异的成绩考入大学。她主动关心班集体，积极参加各种活动，学习认真刻苦，期望能当选班长并获得奖学金。可事实让她很失望，班干部竞选没成功，学习成绩也很一般，未能获得奖学金。她的情绪从此一落千丈，变得郁郁寡欢，无心学习，也无法处理好与同学之间的人际关系，还整夜失眠。2008 年 11 月她不得不去医院精神科检查，诊断结果她是患了抑郁症。

大学生抑郁现象的比较常见，究其主要原因是由于自我价值没有得到很好的体现，从而对自己进行了一些否定。一般这样的学生情绪都比较低落、不稳定，不爱搭理人，做事情没有兴趣，时间长了，容易造成负面情绪集聚，对学习、生活造成影响，严重的则会患上抑郁症。如果没有找到正常渠道发泄，可能会沉迷于一些自己觉得是正确的事物上面，如网络。

（三）愤怒

愤怒是当客观事物与人的主观愿望相悖时产生的强烈的情绪反应。适当的愤怒是情绪的一种宣泄。而过激的愤怒对人的身心健康有明显的不良影响。通常，当一个人愤怒时，会出现心悸、失眠、血压升高等身体上的不良反应，同时愤怒会使人丧失理智、思维阻塞，导致损物、伤人甚至犯罪等许多失去理智的行为。

古希腊学者毕达哥拉斯曾说过："愤怒以愚蠢开始，以后悔告终。"大学生中的一些违法违纪的事件大多数是在愤怒的情绪下发生的。

2013年4月16日晚9时许，某大学两名同宿舍学生因琐事发生口角，一名学生被刺伤，经医院抢救无效死亡。警方初步调查，16日晚9点，大学生袁某（24岁）在宿舍玩电脑游戏，遇同宿舍蒋某（22岁）因未带钥匙敲门，袁某未及时开门，双方发生口角，并发生肢体冲突。在冲突过程中，袁某拿起书架上的一把水果刀刺向蒋某胸部，蒋某送医院抢救无效死亡。

案例中袁某的过激行为是不恰当的表达。愤怒是每个人都有的一种情绪，但是，如何适度表达愤怒是大学生需要学会并且掌握的，可以在日常人际交往中减少冲突甚至避免一些惨剧的发生。来自各方面的压力最后集聚起来的破坏力是很大的，导火索可能就是平常人看起来很正常的一件事，而在当事人看起来就是很大的事了。

大学生所处的阶段尚不成熟。"冲动是魔鬼"，当事情与主观想法相悖时，愤怒的情绪容易占据上风，就容易产生过激行为。所以，当发现自身有愤怒的情绪产生的时候，自我安抚很重要，要学会用理智战胜冲动。

（四）嫉妒

嫉妒是由于别人在某些方面胜过自己而引起抵触的情绪体验。大学生如果长期处于嫉妒的心理状态中，则会阻碍其正常的自我发展。大学生中最常见的嫉妒心理是攀比心理，别人有的东西自己没有就会产生心理不平衡和一种相对剥夺感。

有些大学生缺乏正确的自我评价，总是喜欢拿自己的长处和别人的短处相比。这样的学生往往对自己的评价偏高，不肯承认自己在某些方面与别人的差距，看到他人学识、品行，甚至衣着打扮超过自己，就会在主观意识上产生一种失落感和屈辱感，从而产生嫉妒心理。

李彤惠和张艳是某艺术院校大三的学生，住在同一个宿舍。大学入学不久，两个人就成了形影不离的好朋友。李彤惠活泼开朗，张艳的性格有些内向。两个人在一起久了，张艳逐渐发现自己像一只丑小鸭，而李彤惠像一位美丽的公主，心里很不是滋味，并认为李彤惠处处比自己强，把风头占尽，因此对李彤惠的态度也逐渐发生了变化。

大学三年级，李彤惠参加了学院组织的服装设计大赛，并获得了一等奖，张艳得知这一消息后妒火中烧，趁李彤惠不在宿舍的时候把她的参赛作品撕成碎片，两人的关系由此彻底画上了句号。

李彤惠和张艳从形影不离到反目成仇，根源在于"嫉妒"。张艳的嫉妒心理是由于无法接受李彤惠的优秀。不平衡感和剥夺感使其对他人产生了不正确的评价，自我认识偏差，过激的行为也就产生了。当发现自己有嫉妒心理产生的时候，大学生应该做到正确认识自我及他人，理性对待他人的成就，承认自己在某些方面与他人的差距，保证自我心理正常发展。

二、大学生情绪的影响因素

（一）内部因素

影响人的情绪的内部因素，一般要从认知因素谈起。一个人的认知系统对其情绪有着重要的影响。心理学家认为，有三种错误的认知最易导致个体消极的不良情绪的产生，即对自我的消极看法、对世界的消极看法和对未来的消极看法。

1. 对自我的消极看法

进入大学之后，大学生的自我评价不再局限于学习成绩，还有人际等多方面因素。很多同学在中学时成绩优异，一直是老师的关注点、同学的羡慕对象。到了大学之后，人才集聚，原本的"辉煌"不再，优越感的缺失容易造成自我的认知偏差。还有些同学对本专业不感兴趣，或者面对新环境无法适应，与同学之间的关系紧张都可能导致心理上不良情绪的产生。

面对上述情况，大学生在正确认识自我的同时，还要对他人有正确的认识。人的情绪是多变的，有情绪高涨的时候，也有情绪低落的时候。看待事物要学会换位思考，多站在对方的立场上考虑问题，不要主观臆断，这样才能使自己不断认识自我、完善自我，从而更加成熟。

2. 对社会的消极看法

择业是大学生必须面对的问题，需要完成从校园到社会的角色与心理转变。在择业过程中，女大学生很多时候不受重视，有些用人单位也存在不正当的性别歧视的情况，加之若在本科毕业后就在一线城市找工作的话，自我生存问题的解决又是一大困难。大学生在高消费面前，一毕业就能够保证自己有较好的生活状态比较困难。

如果出现了对社会的消极看法，大学生就要注意自我调节。在选择工作的时候，可以适当降低自己的标准。只有脚踏实地做事，才能适应和接受新工作。此外，对于自身经济状况不是很好的大学生来说，将自己的就业目标转向二三线城市，也可以减少自己的经济压力，让自己活得更轻松，生活质量也可以有所提高。

3. 对未来的消极看法

有些大学生对未来抱有消极的态度，表现在考研和就业两个方面。不少大学生为了躲避就业压力而选择考研，但是考研又不是自己真正所希望的，于是在两者之间陷入不断的纠结之中。

大学生在选择的时候最重要的就是了解自己的真实想法。对于想要不断深造、提高科研能力的同学来说，考研可以帮助他们更好地实现人生理想。而对于那些工作能力较强，更加倾向于社交等工作的大学生来说，选择就业可以更好地发挥自己的才能，也更有利于自我能力的提高。

（二）外部因素

影响人的情绪的外部因素有早期教育与家庭环境、校园环境和社会环境3种。

1. 早期教育与家庭环境

"孩子是家长的影子。"反过来，由于大学生的父母的工作性质、文化水平各有不同，这就决定了他们教养子女的方式也会不同。父母采取不良的教养方式，或者家庭环境不和睦等，都会影响大学生正确看待问题的态度，更易产生不良情绪。同时，家庭的生活压力以及经济问题也是导致大学生产生不良情绪的原因。

2. 校园环境

校园是大学生学习生活的重要场所。生活空间的拥挤、噪声的干扰以及校园文化建设的内容等都会对大学生的情绪产生影响。调查显示，在同样大的房间内，三人居住比两人居住有更多的不满，女生比男生的不满倾向更明显。在噪声条件下，人们更易出现烦躁不安、疲劳、迟钝，甚至严重的焦虑状态。此外，丰富多彩的校园文化生活能够为大学生的成长成才提供机会和条件，能够陶冶情操，锻炼能力。

大学生活对于小天来说是第一次加入的集体生活。一直以来小天都保持着"早睡早起"的作息习惯，然而小天上了大学之后每天晚上宿舍的人都玩游戏到很晚且声音很大很吵。有一次，小天实在忍不住了，就对下铺说："哥们儿，玩游戏声音小点，我要睡觉。"下铺的同学说："你直接睡觉，为什么要限制我呢？"于是就不理睬小天了。两人发生口角后，小天一气之下便拿着水果刀，把下铺室友捅了两刀，还好送去医院及时，室友没有生命危险。

集体生活难免会有磕磕绊绊，小天的情况主要是由于舍友之间的沟通不当引起的。假如小天能耐心地和室友商量，室友或许也能控制自己玩游戏的声音，那么这次争吵就可以避免了。而且，适当的忍让也有利于拥有和谐的宿舍环境。

3. 社会环境

社会环境的影响来自社会需求的变化与大众媒体导向的影响。

1）社会需求

"不是我不明白，是这世界变化快。"随着中国与世界各国的联系越来越密切，社会需求也随之变得广泛起来，大学生所面临的就业、择业压力也与日俱增。

为了能在毕业的时候顺利把自己"推销"出去，大学生不仅仅要具有一定的专业素养，还要在英语水平、计算机水平、人际交往等方面提高自己。而且为了能够早日适应社会，大学生往往会利用课余时间做兼职。因此，不少大学生一下子很难适应如此高强度的要求，难免会出现情绪方面的问题。

2）大众传媒

媒体对公众的认知起着很重要的导向作用，一些不健康的、负面的内容，对大学生产生了直接或间接的消极影响，如过多的色情、凶杀内容的宣传，对某些所谓"时尚"的推波助澜，对某些黑色、颓废思想的不正确宣传等，都会使那些"社会免疫力"差的大学生盲从。而当他们在某些方面不能获得满足时，就会出现焦虑不安的情绪。

三、情绪管理对大学生的意义

情绪管理就是善于掌握自我，善于调节情绪，对生活中的矛盾引起的反应能适可而止地排解，能以乐观的态度及时地缓解紧张的心理状态。作为大学生，学会管理好自己的情绪对将来的人生有很大的益处。

（一）适应环境

这里的环境不仅仅指外在的校园环境，还包括与人交往的人际环境。新环境难免给人造成压力和紧张感，学会自我情绪调节，进行情绪的疏导，暗示自己要融入新环境，并且以积极的心态投入与他人的交往当中，更有利于今后的学习与生活。

（二）自我成长

大学生活是大学生了解社会的一个窗口和途径，要接触的人和事较之前的学习生活也更为复杂。面对更多的压力和挑战，学会合理地解压既是一门学问，也是一种难得的经验积累，更是一种成长的历练。

（三）成功阶梯

情绪本身是不分对错的，但是能够将自己的坏情绪克制住，那就比无法控制情绪的人成功了一半。成功需要的是面对挫折的勇气，面对抉择的判断力，面对失败的承受力，这些心理素质都需要对情绪进行有效的管理。所以，一个人情绪管理能力的大小与其成功与否有很大的关系。

（四）有利健康

著名科学家法拉第在年轻时，由于工作十分紧张，导致精神失调、身体非常虚弱，虽然长期进行药物治疗却毫无起色。后来一位名医对他进行了仔细的检查，但未开药方，临走时只说了一句话："一个小丑进城胜过一打医生！"法拉第仔细琢磨这句话，终于明白了其中的奥秘。

从此以后，他经常抽空去看马戏、滑稽戏与喜剧，经常高兴得开怀大笑，愉快的心情使他恢复了健康。这个故事很好地告诉了我们积极乐观的心态不仅是人心理健康的保障，而且是人身体健康的守护神。所以，让自己的生活充满笑声和正能量，管理好自己的情绪，让自己健康度过每一天。

【拓展阅读】名医张子和曾采用使人发笑的方法治愈了一个人的怪病

有个官吏的妻子，精神失常，不吃不喝，只是胡叫乱骂，不少医生使用各种药物治疗了半年也无效。张子和则叫来两个老妇人，在病人面前涂脂抹粉，故意作出各种滑稽的样子，这个病人看了不禁大笑起来。第二天，张子和又让那两个老妇人做摔跤表演，病人看了又大笑不止。

后来张子和又让两个食欲旺盛的妇人在她身边进餐，一边吃一边对食物的鲜美味道赞不绝口，这个病人看见她俩吃得津津有味便要求尝一尝。从此她开始正常进食，怒气平息，病全好了。

第三节　应对压力

压力是指人的内心冲突和与其相伴随的强烈情绪体验。大学生所面对的压力来自各个方面，如恋爱、学习、就业、同学关系等。学会排解压力、适当放松自己对大学生来说很重要。应对压力时，大学生可选择自我解压，或者求助于心理咨询师。

一、自我解压

自我解压的方式大致有以下几种。

（一）学会放下包袱

生活中繁杂的事务会将我们宝贵的时间和精力分散，使我们没有充足的时间和精力去从事最重要的事情。这时，你会感觉到很大的压力。有效的办法是先分析一下哪些事情对你是最重要的，哪些事情是次要的。重要的事情先做，次要的少做或不做，这样就可以为自己赢得宝贵的时间。

（二）善待自己，放低标准

不要对自己太苛刻了，至善至美只是一个理想的梦，摆脱完美主义的束缚吧！不要妄想把所有的事情都做得完美无缺。适当放低一下标准，放松一下自己的心情，或许在客观上也能减轻别人的压力。

（三）远离虚荣

在生活中，许多压力是完全由于虚荣心导致的。为了穿名牌时装、用高档化妆品，住漂亮豪华的房子……不得不拼命地赚钱，无端地增加了自己的压力。金钱、名誉、地位这些并不一定生活的全部，却常常被人视为是最重要的东西，并为之所累。学会真正地享受生活，摆脱虚荣。

（四）学会取舍，远离烦恼

学会放弃是一种智慧和境界，但是生活中很少有人能做到。很多人原本也曾从容、平和地生活着，可一旦被太多的诱惑和欲望牵扯，便烦恼丛生。不少大学生会把目标定得太高或者太多，让自己喘不过气来，仔细想想，那个让自己不堪重负的不是别人，恰巧是我们自己。所以做个会取舍的人，你的人生就会轻松很多。

（五）适度宣泄，摆脱压力

宣泄是一种自我心理救护，它可以消除因挫折带来的精神压力。宣泄应当适度，"乞丐型""进攻型""碰触型"等宣泄方式是不值得采纳的。与一个人承受的压力相比，向自己的好友或者亲人倾诉是个不错的选择。就像人们经常说的：把你的快乐分享给别人，那么快乐就会加倍一样，将自己的苦闷与他人分享，苦闷就会减少一半。

二、心理咨询

求助于心理咨询师的好处在于，可以得到专业有效的诊断和治疗，减少压力等不良情绪的折磨，避免不良情绪的加重甚至造成身体伤害。常见的治疗方法有以下几种。

（一）合理情绪疗法

1. 实验基础与原理

合理情绪疗法的核心是情绪 ABC 理论，该理论的创始人是人本主义心理学家埃利斯。情绪 ABC 理论中，A 代表外界事件（诱发事件），B 表示人们的认知（看法、解释和评价即信念），C 代表自己产生的情绪和行为（结果）。该理论认为：情绪或不良行为并非由外部诱发事件本身所引起，而是由于个体对这些事件的评价和解释造成的。ABC 理论强调 B 的重要作用，认为 A 只是造成 C 的间接原因，B 才是情绪和行为反应的直接原因。相同的事件（A），由于诠释和看法（B）的不同，导致结果（C）的不同。

2. 基本步骤

（1）心理诊断阶段：找出 ABC，制定目标（情绪与行为）。

（2）领悟阶段：深入分析不合理信念，领悟问题与不合理信念间的关系。

（3）修通阶段：运用技术，放弃原有非理性信念。（与不合理信念辩论技术；合理情绪想象技术；家庭作业；此外还有完全的接受和容忍、自我管理程序、"停留于此"）。

（4）再教育阶段：在认知、情绪和行为方面重建新的反应模式。

3. 注意事项

对于严重情绪和行为障碍的求助者，不要永远去除其不合理信念；对过分偏执、领悟有困难、拒绝改变、自闭症、急性精神分裂症的人作用有限；是否有效果与咨询师有关。

（二）认知行为疗法

1. 实验基础与原理

通过改变思维和行为的方法来改变不良认知，达到消除不良情绪和行为的短程心理治疗方法。

2. 基本步骤

（1）建立关系：咨询师具有诊断者和教育者的双重角色。

（2）确定目标：发现并纠正错误观念及其赖以形成的认知过程。

（3）确定问题：提问和自我审查的技术。

第一，提问：咨询师提出某些具体问题，把求助者的注意力引向他的消极情绪与不良行为方面。

第二，自我审查：鼓励求助者说出对自己的看法，并对自己的这些看法进行体验和反省。

（4）检验表层错误观念：建议、演示和模仿。

建议：建议求助者进行某项活动。

演示：鼓励求助者进入一种现实的或想象的情境。

模仿：让求助者观察模特完成活动，然后模仿。

（5）纠正核心错误观念：语义分析技术。

针对求助者错误的自我概念，使主—谓—表句子的主语变为"我的具体事件或行为"，表语变为"能根据一定的标准进行评价"。

（6）进一步改变认知：行为矫正技术。

一方面，通过设计特殊情景，使求助者产生他所忽视的情绪体验；另一方面，学会获得这些体验的方法。

（7）巩固新观念：认知复习。

以布置家庭作业或阅读认知疗法材料的方式给求助者提出某些相应的任务。

【拓展阅读】

一个小故事说："一头猪的腰部脱臼，在那里费力地趴着。孙子要去帮猪按摩，爷爷喊住了他，爷爷拿起一个土块向那头猪扔去，那猪吓得挣扎着跑起来，爷爷在后面追赶它，只见那猪跑了一会腰部便上去了，恢复了正常。"

人遭受挫折就好像小猪脱臼，真正能帮助你的不是别人而是你自己。有时，我们在挫折的伤痛中忽视了自己的潜能和改正错误的勇气，一味地等待外力的帮助，这就等于放弃了自己应该承担的责任和义务，这是一种懒惰和没有希望的做法。

心理测试一：

下面是几组测试心理承受力的图片，图片本身是静止的。不过由于视觉误差等因素的影响，你会看到它们在移动。如果它移动得很慢，说明你有一点压力；如果它不停地移动，说明你感到的压力过大，如图 6-2 所示。

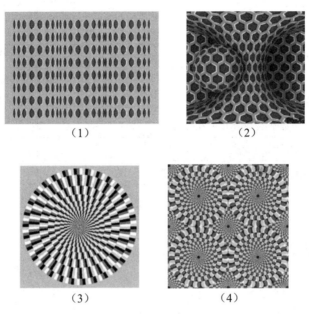

（1） （2）

（3） （4）

图 6-2 测试心理承受力图片

心理测试二：

表 6-2 为情绪智力测试表，请认真填写。

表 6-2 情绪智力测试

评估项目	5	4	3	2	1
（1）将不同的心理暗示与不同的情感结合起来					
（2）当有压力时，让自己放松					
（3）强化工作的意愿					
（4）了解自己的行为对别人的影响					
（5）成功地解决自己与别人之间的冲突					
（6）当生气时让自己迅速冷静					
（7）了解自己会在什么时候生气					
（8）遭遇挫折之后很快重新开始					
（9）了解别人何时悲伤					
（10）与他人取得一致					
（11）了解自己现在使用什么样的判断方法					
（12）用内心"独白"来改变自己的情感状态					
（13）在从事不感兴趣的事情时创造激情					
（14）帮助他人控制他们的情绪					

续表

评估项目	5	4	3	2	1
（15）让别人感觉良好					
（16）了解自己何时情绪变化					
（17）当自己成为别人的出气筒时会保持冷静					
（18）终止或改变工作效率低的毛病					
（19）表现出与别人的心意相通					
（20）如果别人需要，向他们提供建议并在情感上支持他们					
（21）了解什么时候自己会变得固执					
（22）意识到什么时候自己会产生消极思想并制止它的产生					
（23）言出必行					
（24）与他人亲切交谈					
（25）准确地对人们的看法作出反应					

说明：5= 能力很强；4= 能力较强；3= 能力一般；2= 能力较差；1= 能力很差

得分说明：

自我意识的分数——第 1、6、11、16、21 题的分数之和。

控制情绪的分数——第 2、7、12、17、22 题的分数之和。

自我激励的分数——第 3、8、13、18、23 题的分数之和。

与他人心意相通的分数——第 4、9、14、19、24 题的分数之和。

社交技能的分数——第 5、10、15、20、25 题的分数之和。

得分解释：

这份问卷测试了你的情绪智力。如果你得了 100 分或更高的分数，说明你具备了很高的情绪智力。得分在 50~100 分说明你具备一般水平的情绪智力。得分在 50 分以下说明应意识到你也许低于正常的情绪智力，需要再重点提升。对于情绪智力五个因素——自我意识、控制情绪、自我激励、与他人心意相通以及社交技能中的每一个因素，如果你的得分高于 20 分就说明你具备很高的情绪智力，低于 10 分则反之。

思 考 题

1. 什么是情绪？情绪由哪些成分构成？

2. 情绪的功能有哪些？请举例说明。

3. 利用艾里斯的情绪 ABC 理论解释生活中遇到的情绪困扰。请举例说明。

4. 你知道的经典心理治疗方法有哪些？如果其他同学来找你寻求帮助，解决情绪问题，你会怎么做？

即测即练

第七章
人 际 关 系

【本章学习目标】

1. 了解人际关系的概念及特点，了解影响人际关系的因素。
2. 掌握人际交往的方法和原则，学会处理日常的人际关系。

名人名言

与有肝胆人共事，从无字句处读书。 ——周恩来

宁肯与好人一起咽糟糠，不愿与坏人一起吃筵席。 ——托马斯·富勒

人好刚，吾以柔胜之；人用术，吾以诚感之；人使气，吾以理屈之。

——《格言联璧·接物类》

案 例 分 析

案例一

蓝风是一名大三的学生，学生干部，学习成绩优秀，但人际关系比较紧张，不仅与寝室同学相处不好，而且与班上的许多同学也无法正常交往。在同学们心目中，他是一个清高、傲慢的人，实在不好接近，虽然学习成绩优秀，但其他方面不敢恭维。蓝风也为此很头疼，只要是他主持的活动项目，同学们似乎都有意不参加，而他本人长期坚持的做人准则就是：我行我素，万事不求人。他几乎不接受别人的帮助，也认为自己没有帮助别人的义务。他成绩好，可每当班上同学向他求教时，他要么说不知道，要么就在给别人讲完之后，将别人奚落一顿，有时还要加上一句"拜托你上课时认真听讲，下次不要再来问我这么简单的问题"。时间一长，同学们都不愿意与他交往，人际关系越来越差。蓝风也感到孤独、没有归属感，焦虑甚至恐惧，但不知如何入手改善现状。因为他自己也纳闷：我究竟有什么问题？

点评：蓝风的人际关系不佳的重要原因就在于他是一个不懂得接受，更不知道给予的人，在他的观念里，每个人只要做好自己的事情就足够了，没有给予与接受的意识，最终将失去支持，生活在自己孤独的世界里，痛苦不堪。不懂接受与给予，不仅影响良好人际关系的建立，而且影响了心理健康。

案例二

小林，女，20岁，是某大学通信工程专业二年级学生，父母均是农民，母亲积劳成疾，家庭比较贫困。她性格内向，很少与人交往，从小很节俭，成绩优异。然而自从上大学之后，她发现以前的生活方式完全不适合大学生活。她尝试着融入班集体中，却一直找不到合适的交往方式，不能很好地处理宿舍同学之间、班级同学之间的人际关系，这使她很无奈。

入学以来，她很少与同学交流，更不能积极参加集体活动，与本班同学没有太多感情。因此，她常常感到特别孤独，从而导致自卑。长期的苦恼和焦虑使她患上了神经衰弱症。较长时间的失眠和精神压力，使她精神疲惫，体质下降。她本想通过专心学习，忘却烦恼，然而，事与愿违，由于她休息不好、精力不足，导致学习效果不理想，后来竟出现考试不及格的现象，她感到恐慌，失去了坚持学习的信心。这种较大的心理落差，使她逐渐对大学生活失去了兴趣，一度出现自暴自弃的现象。

点评：通过深入了解情况，从心理学专业知识判定，该同学属于人际关系障碍。这种心理问题产生的原因很多，主要有以下几个方面。

（1）自我认知偏差大。从心理学角度来说，自我认知是人们对自己的认识或评价。每一个人在心理成长的过程中，认知是基础。个体认知的情况直接影响和决定着自身的情感和意志，主导着行为取向。正确的、积极的认知会使个体产生健康向上的情感和意志；反之，错误的、消极的认知则导致情感、意志的消沉，从而产生不良的行为。该同学在大学期间，对自我没有一个积极、正确的认识，不能正确认识自己的人际关系以及处理人际关系的能力、技巧，自我认知偏差大，从而导致了包括身体健康等方面的一系列问题。

（2）性格形成不完善。心理学中明确指出性格是一个人在现实生活中的稳定态度和习惯化了的行为方式中所表现出来的个性心理特征，是个性结构的重要组成部分。性格与能力有着密切的关系，对能力的发展有很大的作用。良好的性格能很好地促进能力的形成和发展，也可以改变和弥补气质和能力的某些消极因素，对人生具有积极意义；反之，不良的性格也会阻碍个人的成长和发展，如自大、自卑等，不仅严重影响个体的人际关系，对其身心健康也产生不良影响，容易导致心理疾病。

（3）人际交往能力缺陷。人与人的沟通、交往是需要一定能力的，该同学因为本人性格和家庭生活原因，不善于与人交流，缺乏人际交往的能力。平时她不爱说话，经常独来独往，不善于为人处世，缺乏人际交往的锻炼，造成了与宿舍同学和班级同学关系不融洽的局面。当遇到人际交往问题时，她束手无策，不具备较好地解决问题和化解矛盾的能力。因此，其人际交往能力的缺陷导致了她人际关系出现困境，这是一个内在因素。

总之，这三方面存在的问题形成了人际关系心理障碍，使这位本来成绩不错的学生在一年多的大学生活中陷入了困境。

第一节　人际交往概述

一、人际关系概念

人际关系是指人与人之间，在一段过程中彼此借由思想、感情、行为所表现的吸引、排拒、合作、竞争、领导、服从等互动的关系，广义地说也包含文化制度模式与社会关系。主要表现为人们心理上的距离远近、个人对他人的心理倾向及相应行为等。

人际关系指人们在人际交往过程中形成的心理关系、心理上的距离。交往双方在个性、态度、情感等方面的融洽或不融洽、相互吸引或相互排斥，必然会导致双方人际关系的亲密或疏远。人际关系包括三种成分：认识成分（指相互认识、相互了解）、动作成分（指交往动作）和情感成分（指积极情绪或消极情绪、爱或恨、满意或不满意）。其中，情感成分是核心成分。人际关系反映了交往双方需要的满足程度。若交往双方能互相满足对方的需要时，就容易结成亲密的人际关系；反之，则容易造成人际排斥。

二、人际交往的特点

人际关系归根结底受客观社会关系的制约，反过来又深刻地影响社会关系各方相互作用的形式。人际关系的好坏反映人们在相互交往中的心理满足状态，以及人与人之间心理上的距离。人们所形成的大部分社会关系，可以分成使人的物质、精神需要得到满足的酬赏性关系和破坏这种满足的处罚性关系。因满足与不满足程度的差异、人们愉快或不愉快的情绪体验可以形成一个连续分布的区间，制约着人际关系的亲疏情感。

良好的人际关系表现为热情、诚恳、理解、同情、大度、互助、信用和原则性与灵活性的结合。促进人际关系密切友好的因素是缩短空间的距离，提高交往的频率，增加相似的东西，实现需要的互补。阻碍人际关系的个性特征是不尊重、不关心他人，对人不诚恳、不同情，缺乏自尊心、自信心，妒忌、猜疑、偏激、固执、报复、苛求、依赖他人等。

人际关系的变化、发展取决于双方之间需要的满足程度，如果相互间的需要得到了满足就容易发生密切关系；如果需要得不到满足，人与人之间发生的矛盾又得不到妥善的解决，人际关系就会恶化。

三、人际关系的形成

人际关系的形成包含着认知、情感和行为三种心理因素的作用。认知成分包括对他人和自我的认知，是人际知觉的结果。情感成分是指交往双方相互间在情绪上的好恶程度及对交往现状的满意程度；还包括情绪的敏感性及对他人、对自我成功感的评价态度等。行为成分主要包括活动的结果、活动和举止的风度、表情、手势以及言语，即所能测定与记载的一切量值。在这三个因素中，情感因素起主导作用，制约着人际关系的亲密程度、深浅程度和稳定程度。可见，情感的相互依存关系是人际关系的特征。一般来说，在正式组织关系中，行为成分是调节人际关系的主导成分；在非正式组织关系中，情感成分承担着主要的调节功能。

四、影响人际关系的因素

和谐的人际关系，有利于满足人们心理和交往的需要，有利于发挥人们的积极性和创造性。影响人际关系密切程度的因素有以下几个方面。

（1）距离远近。人与人之间在地理位置上越接近，越容易发生人际交互关系，相互建立紧密的联系。

（2）交往频率。相互交往、接触次数越多，越容易形成密切关系。

（3）观念的相似性。人与人之间有着共同理想、信念、价值观和人生观，对某些问题的看法、观点相同或相似，则比较容易形成密切关系。

（4）兴趣爱好的一致性。兴趣爱好相同的人在一起不仅有共同语言，而且谈话投机，彼此可以从对方那里得到教益和启发，因而容易形成密切的人际关系。

五、人际交往发展过程

人际关系的建立与发展过程，实际上是一个情感卷入和交往由浅入深的过程。在这个过程中，交往双方通过采用自我暴露的方式来增加相互间的接纳性和信任感。自我暴露的程度越深，表明人际关系交往程度越深。

根据交往双方的情感卷入程度、自我暴露程度的不同，奥尔特曼（1973）认为良好的人际关系的建立和发展需要经历四个阶段，分别为定向阶段、情感探索阶段、感情交流阶段和稳定交往阶段。

（一）定向阶段

定向阶段包含着对交往对象的注意、抉择和初步沟通等多方面的心理活动。在熙熙攘攘的世界里，我们并不是同任何一个人都能建立良好的人际关系，而是对人际关系的对象有着高度的选择性。在通常情况下，只有那些具有某种会激起我们兴趣特征的人，才会引起我们的特别注意。在一个团体中，我们在人际关系方面会将这些人放在注意的中心。

注意也是选择，它本身反映着某种需要倾向。比如在我们选择恋人时，某些与我们观念中理想的情人形象相接近的那些异性，尤其会吸引我们的注意。

与注意不同，抉择是理性的决策。而注意的选择是自发的，非理性的。我们究竟决定选择谁作为交往对象，并与之保持良好的人际关系，往往要经过自觉的选择过程。只有那些在我们的价值观念上具有重要意义的人，我们才会选作交往和建立人际关系的对象。

人际关系的定向阶段的时间跨度随不同的情况而不同。邂逅相见恨晚的人，定向阶段会在第一次见面时就完成。对于可能有经常的接触机会但彼此又都有较强的自我防卫倾向的人，这一阶段要经过长时间沟通才能完成。

（二）情感探索阶段

这一阶段的目的是探索双方在哪些方面可以建立真实的情感联系，而不是仅仅停留在一般的正式交往模式。在这一阶段，随着双方共同情感领域的拓展，双方的沟通也会越来越广泛，自我暴露的深度与广度也逐渐增加。但在这一阶段，人们的话题仍避免触及别人私密性的领域，自我暴露也根本不涉及自己的方面。尽管在这一阶段人们在双方关系上已开始有一定程度的情感卷入，但双方的交往模式仍与定向阶段相类似，具有很大的正式交往特征，彼此仍然注意自己表现的规范性。

（三）感情交流阶段

人际关系发展到感情交流阶段，双方关系的性质开始出现实质性变化。此时双方在人际关系安全感已经得到确立，因而谈话也开始广泛涉及自我的许多方面，并有较深的情感卷入。如果关系在这一阶段破裂，将会给人带来相当大的心理压力。在这一阶段，双方的表现已经超出正式交往的范围，正式交往模式的压力已经趋于消失。此时，人们会相互提供真实的、评价性的反馈信息，提供建议，彼此进行真诚的赞赏和批评。

（四）稳定交往阶段

在这一阶段，人们心理上的相容性会进一步增加，自我暴露也更广泛深刻。此时，人们已经可以允许对方进入自己高度私密性的个人领域，分享自己的生活空间和财产。但在实际生活中，很少有人达到这一情感层次的友谊关系。许多人同别人的关系并没有在第三阶段的基础上进一步发展，而是仅仅在第三阶段的同一水平上简单重复。

六、人际交往的原则

在人际交往中，大致有以下几个原则。

（一）真诚原则

在人际交往中真诚的品质尤为重要。1968 年，心理学家安德森曾经对不同个性品质受人们喜爱的程度进行了研究，结果发现，受喜爱程度最高的六种个性品质依次是真诚、诚实、理解、忠诚、真实和可信，受喜爱水平最低或被拒绝水平最高的几个品质包括说谎、虚伪、不诚实、不真实等。很显然，受人们喜爱的个性品质与真诚的品质有关；而不受人们喜爱的则与不真诚有关。由此可以说，真诚是最受人欢迎的个性品质，而与其对立的不真诚，则是最令人厌恶的个性特征。因此，一个人要想吸引别人，与别人保持良好的交往，真诚是必须有的品质和交往方式。真诚使人们对于与自己交往的人有明确的行为预见性，因而更容易建立安全感和信任感，而不真诚或欺骗使人感到焦虑与不安。

（二）交互原则

人际关系的基础是人与人之间的相互重视和相互支持。人际交往当中喜欢与厌恶、接近与疏远是相互的。在一般情况下，喜欢我们的人，我们也会去喜欢他们；愿意接近我们的人，我们也愿意接近他们。而对于疏远我们、厌恶我们的人，我们的反应也是相对应的，对他们也会疏远或厌恶，避免与其有进一步的交往。

（三）交换原则

人际交往是一种社会交换过程。交换的基本原则是：个体期待人际交往对自己是有价值的，在交往过程中是得大于失或得等于失，至少是得别太少于失，故又称为"功利原则"。人际关系的发展取决于双方根据自己的价值观进行的选择。

（四）自我价值保护原则

自我价值是个体对自身价值的意识与评价。自我价值保护是一种自我支持倾向的心理活动，其目的是防止自我价值受到贬低和否定。由于自我价值是通过他人的评价而确立的，个体对他人评价极其敏感。在每个人的潜意识里或内心深处，都渴望得到别人真诚的赞美和肯定。对肯定自我价值的他人，个体对其认同和接纳，并反过来给予肯定与支持；而对否定自我价值的他人则给予疏离，与这种人交往时可能激活个体的自我价值保护动机。

（五）平等原则

交往双方的社会角色和地位、影响力、对信息的掌握等方面往往是不对等的，这会影响双方形成实质性的情感联系。但如果平等待人，让对方感到安全、放松与尊重，我们也能和那些与自己在社会地位等方面相差较大的人建立良好的人际关系。

（六）情境控制原则

人对于新情境，总有一个适应的过程。适应本身就是一个逐渐对情境实现自我控制的过程。情境包括交往的内容、方式、心理控制等方面。情境不明确或达不到对情境的把握，会引起机体的强烈焦虑，并处于高度紧张的自我防卫状态，使人们倾向于逃避。比如，大学新生由于对周围环境缺乏了解，会在相当长的时间内处于高度紧张的自我防卫状态。在人际交往中，人们对情境的控制程度将决定交往在什么气氛中进行。所以，在人际交往中，双方对交往情境必须都能控制。在人际交往中无视他人的意愿、需要和心理感受，会使交往产生障碍。

【拓展阅读】心理故事——真情测试

日本社会关系学专家谷子博士讲过这样一个故事。

有一富翁为了测试别人对他是否真诚，就假装生了重病住进医院。

结果，那富翁说："很多人都来看我，但我看出其中许多人都是为了分配我的遗产而来的，特别是我的亲人。"

谷子博士问他："你的朋友来看你了吗？"

"经常和我有往来的朋友都来了，但是我知道他们不过是把这当作一种例行的应酬罢了。"

"还有几个平素和我不睦的人也来了，我想他们肯定是听到我病重的消息，幸灾乐祸来看热闹的。"

照他的说法，他测验的结果就是：根本没有一个人对他有真正的感情。

谷子博士就告诉他："为什么我们苦于测验别人对自己是否真诚，而从来不测验一下自己对别人是否真诚呢？"

人与人之间的感情都是相互的，其中自然包括真诚。真心换真心，虚情换假意。人心都是肉长的，你若是对别人不那么真诚，又怎么能寄希望于人家对你一片真诚呢？

第二节　大学生人际关系特点及问题对策

大学生是一群充满朝气的群体，他们精力充沛、思维敏捷、情感丰富，对自我认识进一步深入，自我意识趋于成熟与完善。大学生人际交往增多，社会适应能力增强。一些大学生还建立了较稳定的恋爱关系。

一、大学生人际关系的特点

大学生心理发展的特点，使他们在人际交往上体现出如下特征。

（1）交往以人格平等为基础。人与人交往的基础是建立在人人平等的基础上的，平等的观念早已深入人心。大学生人生观、世界观、价值观已基本成熟。因此，在大学生的人际交往过程中把平等的交往作为继续交往的基础。

（2）交往对象、范围、内容、方式的开放性。大学生思想活跃、情感丰富，他们为了更好地认识社会、适应社会，在人际交往中大多采取积极的心态，积极主动地与他人进行交往，能以主动开放的姿态面对现实社会。

大学生交往对象从过去的同学、教师扩大到社会的各个层面。交往的范围也从寝室、班级、学校扩大到社会各领域。交往的内容也是丰富多彩，理智上的良朋、情感上的挚友、甜蜜的爱情是大学生追求的目标。交往方式也发生了天翻地覆的变化，体现出交往方式的多样性。随着大众传播媒介的迅猛发展，为大学生在传统的交往方式基础上，又增加了许多新兴的内容，无线通信工具——手机、网络中的聊天室、电子信箱、微博、QQ等被当代大学生广泛应用。新交流方式的使用，打破了传统人际交流的时间、空间限制，使大学生的人际交往具有更大的开放性。

（3）较单纯的精神性。大学生的人际交往与中学阶段相比较，有了一定的实用性和功利性，但是主体上还是以情感性、精神性为主。人们常说同学友谊最珍贵就体现了这一点。在人际交往中他们多数以合得来作为交往的准则，对自己朋友的期望值较理想化，易用理想化的标准来衡量朋友。

二、大学生人际交往障碍

大学生在人际交往过程中，出现一些不适应是可以理解的，但是，如果是个人的行为时常表现异常，就有可能是交往障碍，常见的表现可以分为以下两种。

（1）认知障碍。其可能的表现是对人际关系的过分理想化，容易想当然，所有的交往都希望是出自自己的立场和角度，并不是站在对方的角度出发。有的时候，可能对方或者当时的情况并不是他想象的那样，面对现实在心里产生极大的落差。产生这种情况的原因，大多是因为大学生年纪尚轻，待人处事还没有那么成熟，容易一厢情愿，喜欢把许多事物和人往自己理想的角度去想象，而没有看到事物本质的情况和事实。

（2）情感障碍。在人际交往过程中，情感色彩过浓也是大学生人际交往过程中普遍存在的问题。这种情感色彩过浓表现在以下两个极端的方面。

① 过于自卑、害羞和嫉妒。在很多时候，由于无法认识到自身的优点或被许多表象蒙蔽，使大学生在人际交往中，往往显得过于小心，不敢表现自己。因为怕自己说错或做错而缺乏自信，使大学生在人际交往中反而不自然，害羞的表现往往是说话声音太小，在人际交往中腼腆，动作不自然，严重一些的会怯于与人交往。

② 过度自负与孤僻。大学生因为年轻，以为自己知道的很多，不把别人放在眼里，在人际交往过程中，处处表现出心高气傲，看不起别人，忽视了别人的感受，让与之交往的人感觉很不舒服，从而导致交往障碍。有的大学生过于自负就会比较孤僻，自命清高，别人觉得跟他交往不舒服，而他自己也不把别人放在眼里，不愿意跟人沟通，行为和心理就会越来越孤僻。

三、大学生人际关系的问题对策

（一）把握成功的交往原则

（1）平等交往。作为一个个体的人，我们从人格到做人上都是相互平等的，人与人的关系也应该是平等的，所以，在与人交往的过程中，应该遵循平等的交往原则，才是正确和可行的。不要过高地估计自己，也不要太自卑，用一颗平常心对待自己，对待他人。

（2）尊重他人。尊重他人就是尊重自己。尊重他人的最基本表现就是对他人有礼貌，尊重他人的劳动，尊重他人的人格，尊重他人生活方式和习惯。只有相互尊重才能相互信任，坦诚相待，缩短交往的心理距离。

（3）真诚待人。真心实意、坦诚相待、从心底感动他人而最终获得他人的信任，它是人们之间沟通的桥梁，是建立相互信任的基础。只有以诚相待才能建立深厚的友谊。真诚待人，在热心帮助他人的同时，还能指出朋友的不足。

（4）互助互利。人际关系以能否满足交往双方的需要为基础。只有交往双方的心理需要都能获得满足，其关系才会继续发展。坚持互助互利原则，就要与人为善，乐于帮助别人。还要善于求助别人，别人帮助你克服了困难，也会感到愉快，这样也可以促进双方的情感交流。

（5）讲究信用。信用是能够履行诺言而取得的信任，它是长时间积累的信任和诚信度。讲信用就要做到言必行，行必果。要营造良好的社会信用氛围，可从我们大学生自身做起。

（6）宽容大度。古语讲"有容乃大，无欲则刚""待人宽、克己薄、为善最乐"。让一步宽宏大度，容忍谦让，是为人之美德，人之雅量。以退让的精神待人处事，是高明之举。宽容能化解人际交往中产生的误解和矛盾，这样既维护了团结和睦，又避免了相互伤害。

（二）掌握人际交往的艺术

（1）语言艺术。语言艺术是运用语言的手段创造审美的形象的一种艺术形式。"良言一句三冬暖，恶语伤人六月寒。"这句话告诉我们交往时要注意运用语言的艺术。语言艺术运用恰当可以起鼓励和赞美的作用，它可以调剂人际交往中出现的矛盾。

① 称呼得体。恰当得体的称呼，使人能获得一种心理满足，使对方感到亲切，交往便有了良好的心理气氛。

② 说话注意礼貌。语言艺术运用得好，就能吸引和抓住对方，从内容到形式适应对方的心理需要、知识经验、双方关系及交往场合，使交往关系密切起来。

（2）非语言艺术。非语言艺术一般包括眼神、手势、面部表情、姿态、位置、距离等。掌握和运用好这种交往艺术，对大学生搞好人际交往是不可少的。大学生在人际交往中要根据谈话的内容和场合，正确运用非语言艺术，巧妙地表达自己的思想感情，有时能起到"此时无声胜有声"的作用。大学生还要学会有效地聆听。

（3）人际交往的技巧。经营良好的人际关系的方法大概有以下几种。

①保留意见。过分争执无益于自己且有失涵养。通常应不急于表明自己的态度或发表意见，谨慎的沉默就是精明的回避。

②认识自己。了解自己的优势并好好把握住，则会有所成就。

③决不夸张。夸张有损真实，容易使人对你的看法产生怀疑。精明者克制自己，表现出小心谨慎的态度，说话简明扼要，绝不夸张抬高自己。过高地估计自己是说谎的一种形式。它能损坏你的声誉，对你的人际关系产生十分不好的影响。

④适应环境。适者生存，不要花太多精力在杂事上，要维护好同学间的关系。不要每天炫耀自己，否则别人将会对你感到厌烦。必须使人们总是感到某些新奇，每天展示一点的人会使人保持期望，不会埋没你的天资。

⑤取长补短。学习别人的长处，弥补自己的不足。在与朋友的交流中，要用谦虚、友好的态度对待每一个人。把朋友当作老师，将有用的学识和幽默的言语融合在一起，你所说的话定会受到赞扬，你听到的定是学问。

良好的人际关系不是凭空而降的，既需要我们细心观察，也需要我们努力经营。良好的人际关系有利于我们保持心理健康，因此建议大家多学习人际交往技巧，让自己拥有良好的人际关系。

【拓展阅读】人际交往障碍症

人际交往障碍症是属于一种人体精神类的疾病，一般容易表现出畏惧与人群交流、感到没有价值、不愿意与人沟通等情况。而导致这种疾病的原因有很多种，一般是由于自己的自卑心理所导致的，严重影响正常生活，需要做适当的心理治疗来缓解。

人际交往障碍的原因大概有以下几点。

（1）自卑心理。因为容貌、身材、修养等方面的因素，在与他人的交往中有自卑心理，不敢阐述自己的观点，做事犹豫，缺乏胆量，习惯随声附和，没有自己的主见。在交流中无法向别人提供值得借鉴的有价值的意见和建议，让人感到与之相处是浪费时间，自然会避而远之。

（2）嫉妒心理。嫉妒是人的天性，尤其在与人的交往过程中，往往会出现以下情况：针对别人的优点、成就等不是赞扬而是心怀嫉妒；企望着别人不如自己甚至遭遇不幸。试想，一个心怀嫉妒之心的人，绝对不会在人际交往中付出真诚的行为，给予别人温暖，自然不会讨人喜欢。

（3）多疑心理。朋友之间最忌讳猜疑，无端怀疑别人。有些人总是怀疑别人在说自己的坏话，没有理由地猜疑别人做了对自己不利的事情，捕风捉影，对人缺乏起码的信任。这样的人喜欢搬弄是非，会让朋友们对他避而远之。

（4）自私心理。有些人与人相处总想捞点好处，要么冲着别人的位子，要么想从别人那里得到点实惠，要么为了一事之求，如果对方对自己没有实质性的帮助就不愿意和对方交往。这种自私自利的心理，容易伤害别人，一旦别人认清其真实面目后，就会坚决中断与其交往。

（5）游戏心理。在与别人的交往中，缺乏真诚，把别人的友情当儿戏，抱着游戏人生的态度，不管与谁来往都没有心理的深层次交流，喜欢做表面文章。当别人需要帮助时，往往闻风而逃，这样的人无法结交真正的朋友。

（6）冷漠心理。孤芳自赏，以为自己是人中凤、天上仙，是人世间最棒的，把与人交往看成是对别人的施舍或恩宠。自我感觉特别良好，总是高高在上，一副骄傲冷漠的样子，让别人不敢也不愿意接近，自然不会拥有朋友的。

心理测试一：敞开心扉交朋友

活动目标：

（1）增进团体成员间的了解。

（2）协助成员树立积极主动的人际交往态度。

（3）检视团体的凝聚力，以及成员在团体中的参与、互动程度。

（4）让成员学会敞开心扉，主动去接纳、喜欢和肯定他人。

（5）在朋友之间，要学会信任和尊重他人，这样才能获得真正的财富。

活动准备：

各种颜色的新型纸卡片若干张，将用硬纸绘制的标有十个等级的心情温度计分给每人一个，记号笔每人一支。

活动程序：

（1）将成员随机分成两组，确保两组的人数以及男女生的比例差不多。

（2）每组先派出两名成员，背靠背、臀部贴地、双臂相互交叉地坐在地上。当领导者发出"开始"的指令时，两人合力，一同站起。要求在站起的过程中，手不能松开，也不能触碰地面。如果成功站起，则该小组继续增加一人，三人一起手挽手地坐地起身。如果失败则重新再来一次，直到成功方可再增加一人。以此类推，小组成员全部成功地一起坐地起身者为胜方。

（3）在游戏过程中，领导者负责发出"开始"的指令，并监督各小组不要犯规。

心理测试二："爱在指间"（30分钟）

1. 活动过程

将团体成员分成相等的两组，一组成员围成一个内圈，再让另一组成员站内圈同学的身后，围成一个外圈。内圈成员背向圆心，外圈同学面向圆心，即内外圈的成员两两相视而立。成员在领导者口令的指挥下作出相应的动作。

当领导者发出"手势"的口令时，每个成员向对方伸出1~4个手指。

（1）伸出1根手指表示"我现在还不想认识你"。

（2）伸出2根手指表示"我愿意初步认识你，并和你做个点头之交的朋友"。

（3）伸出3根手指表示"我很高兴认识你，并想对你有进一步的了解，和你做个普通朋友"。

（4）伸出4根手指表示"我很喜欢你，很想和你做好朋友，与你一起分享快乐和痛苦"。

当领导者发出"动作"的口令，成员就按下列规则作出相应的动作。

（1）如果两人伸出的手指不一样，则站着不动，什么动作都不需要做。

（2）如果两个人都是伸出1根手指，那么各自把脸转向自己的右边，并重重地跺一下脚。

（3）如果两个人都是伸出2根手指。那么微笑着向对方点点头。

（4）如果两个人都是伸出3根手指，那么主动热情地握住对方的双手。

（5）如果两个人都是伸出4根手指，则热情地拥抱对方。

每做完一组"动作—手势"，外圈的成员就分别向右跨一步，和下一个成员相视而立，跟随领导者的口令作出相应的动作和手势。以此类推，直到外圈的同学和内圈的每位同学都完成了一组"动作—手势"为止。

2. 领导者引导成员进行经验分享

（1）刚才自己做了几个动作？握手和拥抱的亲密动作各完成了几个？为什么能完成这么多（或为什么只完成了这么少）的亲密动作？

（2）当你看到别人伸出的手指比你多时，你心中的感觉是怎样的？当你伸出的手指比别人多时，心里的感觉又是怎样的？

（3）从这个游戏中你得到什么启示？

3. 领导者点评

在人际交往中，我们有一个共同的倾向——希望别人能承认自己的价值，支持自己、接纳自己、喜欢自己，但是人际交往中喜欢与讨厌、接近与疏远是相互的。一般而言，喜欢我们的人，我们才会去喜欢他，愿意接近我们的人，我们才会去接近他；而对于疏远、厌恶我们的人，我们也会疏远或厌恶他。因此在人际交往中，应遵循交互原则。我们应保持在人际关系的主动地位，这样别人才会接纳、肯定、支持、喜欢我们。

成员分小组进行讨论：人际交往中可以通过哪些方式来主动表达对他人的接纳、喜欢和肯定？

领导者小结：与人主动交往的方式有很多，如主动与人打招呼、主动帮助别人、主动关心别人、主动约别人一起出去玩，等等。

心理测试三：人际关系测试

对下列题目作出"是"或者"否"的选择。

（1）我碰到熟人时会主动打招呼。

（2）我常主动写信给友人表示思念。

（3）我旅行时常与不相识的人闲谈。

（4）有朋友来访时我从内心里感到高兴。

（5）没有人引见，我很少主动与陌生人谈话。

（6）我喜欢在群体中发表自己的见解。

（7）我同情弱者。

（8）我喜欢给别人出主意。

（9）我做事总喜欢有人陪伴。

（10）我很容易被朋友说服。

（11）我总是很注意自己的仪表。

（12）约会迟到我会长时间感到不安。

（13）我很少与异性交往。

（14）我到朋友家做客从不感到不自在。

（15）与朋友一起乘公共汽车时我不在乎谁买票。

（16）我给朋友写信时常诉说自己最近的烦恼。

（17）我常能交上新的知心朋友。

（18）我喜欢与有独到之处的人交往。

（19）我觉得随便暴露自己的内心世界是件很危险的事情。

（20）我对发表意见很慎重。

正确答案：第 1~4 题选"是"、第 5 题选"否"、第 6~13 题选"是"、第 14~15 题选"否"、第 16~18 题选"是"、第 19~20 题选"否"。各题答对计 1 分，答错不计分。

评分规则：

将第1~5题得分相加，其分数说明交往主动性水平。得分高说明交往偏于主动型，得分低则交往偏于被动型。

将第6~10题得分相加，其分数说明交往支配性水平。得分高表明交往倾向于领袖型，得分低则偏于依从型。

将第11~15题得分相加，其分数说明交往规范性程度。得分高意味着交往讲究严谨，得分低则交往较为随便。

将第16~20题得分相加，其分数说明交往开放性程度。得分高表明交往偏于开放型，得分低则意味着交往倾向于闭锁型。

如果得分不是偏向最高分和最低分两个极端，而是处于中等水平，则表明交往倾向不明显，属于中间综合型的交往者。

主动型—被动型：主动型的人在社交上总是采取积极主动的方式。他们不会等待别人来首先接纳自己，而是主动结交，能做交往的始动者。在现实生活中，主动型的人对自己在人际关系方面比较有自信心，即使在交往中遇到一些误解和挫折，也能坦然对待。因此，主动型的人适应能力很强，容易与人相处，为人坦率，不斤斤计较，适合于需要顺利处理人与人之间复杂的情绪或行为问题的职业，如教师和推销员等。

被动型的人在社交上总是采取消极的、被动的退缩方式，总是等待别人来首先接纳他们。虽然他们处在一个人来人往的人群中，却不能摆脱心灵的孤寂。他们只能做交往的响应者，而不能做始动者。被动型的人特别害怕别人不会像自己期望的那样理解自己，从而会使自己处于窘迫的局面，伤害自己的自尊。他们对人较冷漠，喜欢独自工作。适合不太与人打交道的职业，如机械、电工等有明确要求并需要一定技能技巧的工作。

领袖型—依从型（控制型）：领袖型的人比较好强且固执，独立积极，非常自信，武断而有力量，攻击性强。有时表现出反传统倾向，不愿循规蹈矩，在集体活动中有时不遵守纪律，社会接触较广泛，有时饮酒过量，睡眠较少，有强烈的支配和命令别人的欲望。所有的生活价值领域都服务于他的权利欲望，知识成为他的支配手段，艺术服务于他的权力冲动，凡是他的所作所为，都由自己决定。在职业上，倾向于管理人员、工程师、飞行员、竞技体育运动员、作家、心理学家等。

依从型的人比较谦卑、温顺，惯于服从、随和。能自我抑制，想象力较差，喜欢稳定、有秩序的环境。他们独立性较差，不喜欢支配和控制别人。在职业上，他们愿意从事那些需要按照既定要求工作的、比较简单而又比较刻板的职业，如办公室事务员、仓库管理员、非技术操作工等。

思　考　题

即测即练

1. 大学生人际交往有哪些特点？

2. 大学生常见的人际关系心理问题有哪些？如何进行自我调适？

3. 结合实际，谈谈大学生如何提升自己的人际交往能力。

第八章
爱　情

【本章学习目标】

1. 了解爱情的概念及健康的恋爱观。
2. 了解大学生恋爱的特点及常见问题，掌握提升爱的能力。

名人名言

　　当两人之间有真爱情的时候，是不会考虑经济的条件、相貌的美丑、个子的高矮等外在的无关紧要的因素的。假如你们之间存在着这种问题，那你要先问问自己，是否真正在爱才好。

　　　　　　　　　　　　　　　　　　　　　　　　　　　　　　　——罗兰

　　关关雎鸠，在河之洲，窈窕淑女，君子好逑。　　　　　　　　——《诗经》

　　爱情的意义在于协助对方提高，同时也提高自己。　　——车尔尼雪夫斯基

案 例 分 析

　　男生小 A 和女生小 B 是同班同学，大一大二时也只是作为普通同学相处。大三的时候两个人因为工作原因加入同一个学生组织，接触频繁，小 A 对小 B 表达了爱慕之情，并展开了疯狂的追求，他频繁地给小 B 发短信、聊天、送礼物和请客吃饭，但是小 B 对小 A 并无好感，也很明确地表示拒绝，尽管如此，小 A 还是不断联系小 B，"打扰"她，发一些不恰当的语言和信息，并联系小 B 的身边的室友、同学打听小 B 的行踪、去向，上课也经常和小 B 坐在一起。这让小 B 同学很困扰和烦恼，身心受到了极大的影响，一度产生了退学的念头，甚至还想到了报警。

　　点评：通过本案例我们可以知道小 A 同学不太会和异性打交道，不会正常处理两性关系，且存在轻微程度的心理问题。情感教育是大学生成长的一门很重要的功课，如何谈恋爱以及如何和异性处理好关系是需要好好学习的。同时，法治素养和能力的培养也是当代大学生综合素质的重要部分，缺一不可。大学生在处理异性关系时，不应随意干扰别人，需注意言行尺度界限，要学会从内心深处尊重他人，不随意伤害他人，家庭、学校也应该注重情感教育，尤其是注重培养大学生爱的能力与责任感。

第一节　爱情概述

一、爱情的内涵

　　著名的作家雨果曾经说过，人生有两次出生，第一次在开始生活的那天；第二次则是

在萌发爱情的那天。爱情伴随着成长的脚步降临到每个人身边，并将影响人一生中的大半历程。但是对于何为爱情，确实仁者见仁，智者见智。古希腊哲学家苏格拉底（Socrates）认为：爱情是爱一切的善，是一种动人的欲望。而英国哲学家休谟（David Hume）认为：爱情是人的自然本性，是美貌、肉欲、好感三种情感的结合。

德国哲学家黑格尔（Hegel）认为：爱情是男女双方心灵和精神上的统一。别林斯基（V. G. Belinskiy）认为：爱情是生活中的诗歌和太阳，但是在我们这个时代，如果想把幸福大厦仅仅建立在爱情之上，并在内心指望自己的一切意愿都得到充分满足，他将是不幸的。

另外，人本主义心理学家马斯洛认为：爱的需要涉及给予和接受爱，我们必须懂得爱，必须教会爱、创造爱、预测爱。而精神分析理论的代表人物弗洛姆（E. Fromm）认为：爱是我们对所爱者生命与成长的主动关切，没有这种关切就没有爱。

正如俄国文学大师托尔斯泰（Tolstoy）所说：一千人就有一千种爱情。恩格斯系统地考察了人类婚姻、家庭发展的历史，第一次对爱情做了科学的概括，爱情就是"人们彼此之间以相互倾慕为基础的关系"，并指出"现代的性爱，同单纯的性欲，同古代的爱，是根本不同的"。

可以说，爱情是人类的一种最复杂而微妙的情感。从心理学角度来说，爱情是男女双方追求异性的心理需求，是一种强烈的内心情感体验，并包含深刻的社会内容。概括地说，所谓爱情，就是男女之间基于一定的社会关系和共同的理想，在各自内心中形成的对对方最真挚、最纯真的倾慕，并渴望对方成为自己终身伴侣的最强烈的情感，是两颗心灵相互向往、吸引，达到精神升华的产物，是人类特有的一种高尚的精神生活。

二、爱情的特点

爱情一直是哲学、心理学、美学、文学与社会学中容易引起激烈争论的话题。爱是什么？爱的动力源是什么？著名的性学家霭理士认为：爱情的动力和内在本质是男子与女子的性欲。正如马克思与恩格斯所说的："任何一个人类历史的第一个前提无疑是有生命的个体的存在，因此第一个需要确定的具体的事实就是这些个人的肉体组织，以及受肉体组织制约的他们与自然界的关系……生命的生产，无论是自己生命的生产（通过劳动），或他人生命的生产（通过生育），立即表现为双重关系：一方面是自然关系；另一方面是社会关系。"

（一）爱情的生物性

在远古时代，人们对一个人的性要求坦率、单纯而自然，甚至出现过生殖器崇拜，把它看成是永世长存的神赐，古代人在膜拜时并不面红耳赤。人的精神活动取决于他的器官的生理机能，两方面的健康是紧紧相连的。性的欲求本身不再是内在本能的、简单的、初级的生命冲动。

因为人的心理现象是复杂细腻而又自相矛盾的，它具有相对的、内在的自我评价的性质。但是，性欲是一种强大的力量，如果失去控制，它就可能变成灾难；与此同时，不能把爱情的性欲基础绝对化，爱情中性的吸引力和精神的吸引力之间的关系有其内在的辩证法，爱情中的精神成分具有相对独立性。因此，爱情是基于生物学基础，但精神成分在爱情中占有绝对优势。

（二）爱情的社会性

爱情之所以被讴歌，之所以是人类永恒的情结，是因为爱情的社会性。作为万物之灵的人类，爱情的社会性的内涵非常丰富，主要表现在以下几个方面。

1. 爱情包含着理性而有目的的交往

动物身上只有条件反射，而人具有在劳动和社会关系中合乎规律发展起来的意识，人能够根据一定的原则和准则来权衡并且调整自己的行为，这就使复杂的性关系具有高尚的精神。人类的爱情是有意识的，没有意识就不是真正的爱情。这一点表现为预见、认识和按一定目的调整自己的行动，而且表现为富有幻想和殷切地渴望获得个人幸福。爱情既是令人激动的回忆，又是明确的期待。

2. 爱情是同一社会结构中人的道德意识

爱情是与人的善恶观、对道德和不道德的认识联系在一起的。只有人才能把道德带进两性关系，一旦一个人爱上另一个人，就会尊重这种亲密的关系，并且把它看作最大的幸福。当一个人感受到真正的爱情时，就会具有无穷的力量。

3. 爱情的力量包括生理的力量与精神的力量

作为一种社会现象，爱情的力量包括生理的力量与精神的力量。爱情引导一对恋人去建立牢固的港湾，去建立婚姻和家庭。爱情以生理力量为基础，但其精神力量才是爱情中永恒与不竭的动力源，特别是当热恋的激情退却时，在平实生活中的爱情，靠的是双方的精神力量，使之在平凡的生活中依旧光彩照人。

4. 爱情的思想内容受社会发展水平的影响

恋人之间的相互作用不仅是生物作用，还是精神作用；志同道合曾经是革命年代崇高爱情的代名词。进入 21 世纪后，爱情价值观的多元化显然与社会文化的多元化紧密相关。例如，"不在乎天长地久，只在乎曾经拥有"——注重爱情的即时性而忽视其永恒性。

5. 调节两性关系的手段之一是动物所不具备的羞耻感

与美感相对应的是，人类爱情的社会性有其特有的羞耻感，既表现在爱情表达方式与性行为的选择上，也表现在爱情受挫后引起的心理反应上。特别是单相思与失恋，羞耻感经常是爱情的伴生物。

【拓展阅读】"520"的由来

520 本来只是个自然正整数，但是随着网络世界的发展，"520"也被赋予了另外一层的含义，因为它的谐音是"我爱你"，所以，如今也成为不少恋人们表达爱意的方式，而每年的 5 月 20 日这一天，也就成为恋人们追捧的"网络情人节"。

其实，520 最早出现在一首叫作《数字恋爱》的歌曲里。后来，随着互联网快速的发展，终于在 2010 年 5 月 20 日，成千上万的网友自发组织，要在"5·20"这一天大胆说出爱。随着活动的发展，"520"得到了越来越多的年轻人的推崇，成为网络上一个固定的节日，有人在这一天表白脱单，有人在这一天求婚共度余生。慢慢地，"520"就成为现如今的网络情人节。

第二节 大学生的爱情

恋爱是一门艺术，它可以教人高尚，也可以使人卑微；它可以教人幸福，也可使人痛苦。恋爱过程是感情发展的过程，也是恋爱双方彼此了解、相互促进、共同发展的过程。大学生健康的恋爱心理、文明的恋爱行为，不仅是赢得甜蜜爱情的条件，也是健康成长的要求。

一、大学生恋爱的心理特点

大学生由于其独特的生理和心理特点，他们的爱情也有着独特性，主要表现在以下几个方面。

（一）大学生恋爱比例大，自主性强

有关调查表明，当今大学校园中大学生恋爱的现象普遍存在。由于生理和心理的逐步成熟，一些大学生在进入大学之前就已经对大学的恋爱充满向往。进入大学后，恋爱就成为大学生的一项必修课。受高年级学生的影响，大学生中普遍存在着一种观念，即大学里不谈恋爱就不算完整的大学生活。在这种思想影响下，大部分学生都满怀激情地投身于恋爱当中。

（二）大学生恋爱的盲目性

内部的需求和外部浓郁的恋爱氛围，使一些大学生觉得恋爱是大学阶段所要追求的另一个目标，甚至部分学生认为恋爱是"本事"。在这些学生看来，别人一个接一个步入爱情，甚至个别学生接二连三地更换恋爱对象，是"有本事"的表现，如果自己不谈恋爱，就会显得"没本事"。但是，仅仅为了显示自己的才能，在各种条件都不成熟的情况下匆忙确立恋爱关系，其结果或是恋爱对象与自己不适合，或是很快就结束了一段感情。

（三）大学生的恋爱观念逐渐开放

传统的爱情观念在今天的大学校园受到空前的挑战，与 20 年前的大学生相比，当今大学生的恋爱观念日益开放。比如在性观念上，据一份抽样调查显示，有 34% 的学生不反对婚前性行为，其中 17% 的学生赞成婚前性行为，9% 的同学认为无所谓，只要顺其自然。

（四）大学生对恋爱挫折的承受力弱

大学生中"有情人"虽多，但"成眷属"者少，失恋现象也屡见不鲜。某机构在对某大学的学生进行失恋后的心理调查时，主张"不成恋人成朋友"的比例为49%；发奋学习驱散失恋痛苦的比例为36.5%；"找新的对象抚平创伤"的比例为10.6%；"报复对方"的比例为2.4%；"悲观厌世"的比例为1.6%。

感情挫折后出现一个时期的心理低潮是正常的，但大部分大学生都能对自己和对方采取宽容的态度，尊重对方的选择。但仍有一部分学生摆脱不了"感情危机"，有的失去信心，放弃对爱情的追求。因失恋而失志失德，虽属少数，但影响很大。

二、培养大学生爱的能力与责任

爱是一种感情，也是一种能力。人人都需要爱，但不见得人人都会爱。为什么有些人有甜蜜的爱情、幸福的婚姻，而有些人就要经受爱情的折磨和摧残？这是需要大学生思考的。

（一）学会爱自己

想要爱别人，首先必须爱自己，连自己都不爱的人，对别人的爱也不会是真正的爱。爱自己不等同于自私，学会爱自己是为了更好地爱别人。爱自己是学习如何爱的最好的方法，通过训练爱自己你才能学会爱别人。

爱自己首先就是要自尊自信，尊重自己的价值，尊重自己的需要、愿望和要求；对自己有信心，能肯定自己、欣赏自己，同时也不会轻易地否定自己。爱自己就意味着相信自己的基本价值，培育一种健康的自我肯定意识。

爱自己也就意味着积极关心自己的每一个方面。尊重、呵护、满足和珍视自己是你与生俱来的权利，也是你必须学会的一件事情。

只有成功地学会了如何关心自己，才能明白怎样将同样的关爱给予别人。当你尊重自己的思想和感觉时，才能将这份尊重施予他人。当你从心底相信自己有价值时，你才会发现别人的价值。

（二）迎接爱的能力

迎接爱的能力包括表达爱的能力和接受爱的能力。想要具备表达爱的能力，就必须懂得爱是什么，要有健康的恋爱价值观，知道自己喜欢什么、需要什么、适合什么。心中有爱要敢于表达、善于表达，用自己的言行让对方感受你的爱。

当别人向你表达爱时，能及时准确地对爱作出判断，并作出接受、拒绝或再观察的选择，这是接受爱的能力。

（三）拒绝爱的能力

拒绝爱的能力包括以下两个方面。

1. 敢于理智地拒绝不希望得到的爱情

在自己不希望得到的爱情来临时，一定要勇敢地说"不"，优柔寡断或屈于对方的穷追不舍而接受是极其有害的。爱情关系一个人一生的幸福，来不得半点的勉强和将就，所谓"强扭的瓜不甜"。不要因一时的勉强和将就，错爱一生，造成终生遗憾。

2. 要掌握适当的拒绝方式

每个人都有爱和被爱的权利；有接受爱和拒绝爱的权利。要尊重每一份真挚的感情，这是对他人的尊重，也是对自己的尊重，要学会用尊重自己、尊重他人的方式来维护对方的尊严。

（四）提高恋爱挫折承受能力

大学生的恋爱受多种因素的制约，因而在追求爱情的过程中遇到各种波折是在所难免的，如单相思、爱情错觉、失恋等恋爱心理挫折对大学生的心理承受能力就是一种考验。如果承受能力较强，就能较好地应对挫折，否则就有可能造成不良后果。

当爱情受挫后，大学生应该通过自身努力或者借助外力，做到用理智来驾驭感情，理智地分析原因，总结经验教训，寻找解决问题的方法和途径，在新的追求中确认和实现自己的价值，从而提高自己的心理承受能力。人对失恋的应对方法反映一个人的心理成熟水平和恋爱观。一个人能够理智地从失恋中解脱出来，往往会使自己变得成熟起来。

三、大学生的爱情困惑及其应对

大学生常见的爱情困惑有以下几种。

（一）爱情与喜欢

爱情与喜欢表面上有许多共同点，实际上却是性质不同的两种现象。我们喜欢一个人，并不一定就爱他；爱一个人，也不一定就完全喜欢他。爱情与喜欢的区别表现在以下几个方面。

1. 爱情是一种强烈的依恋状态

相爱的人一日不见，如隔三秋，有的人因而坐卧不安、茶饭不思，甚至郁郁得病；而喜欢仅仅是一种平和的吸引状态。

2. 和喜欢相比，人们在爱情关系中有更多的关怀

恋人的一举一动，或笑或愁，事无巨细，都会令自己牵肠挂肚。

3. 爱情往往不求回报

和喜欢不同，恋爱中的人一般不计算得失，有些时候视对方的需要为自己的需求。

4. 爱情有更多的宽容

在恋爱中，即使对方有些小毛病或行为不合适，也会得到宽厚的对待。而如果仅仅是喜欢对方，就可能会产生矛盾。

5. 爱情比喜欢有更多的自我暴露

所谓自我暴露，就是向对方说明自己的真实状况，包括思想、感情、学识、能力等方面。自我暴露是爱情关系深度的指标。随着恋爱的深入，男女双方自我暴露的深度会不断加大。

6. 爱情具有很强的排他性

爱情具有很强的排他性，容不得对方移情别恋。而喜欢能与一人或多人分享，彼此和睦相处。

7. 爱情关系中对对方更信任

在爱情关系中，相爱双方几乎完全不设防，很少考虑后果。

总的说来，爱情与喜欢是有很大差别的。但它们也是相互联系的，男女之间常常是先互有好感，进而是喜欢，最后才发展为爱情，喜欢和爱情在一定条件下可以相互转化。

（二）爱情与友情

一般而言，友情是爱情的基础和前提，爱情是友情的发展和质变。二者既有联系，也有质和量的区别。日本心理学家曾对友情和爱情的异同做过区分，并认为在以下五个方面有不同。

（1）支柱不同：友谊的支柱是理解，爱情的支柱是感情。

（2）地位不同：友谊的地位是平等，爱情的地位是一体化。

（3）体系不同：友谊的系统是开放的，爱情的系统是关闭的。

（4）基础不同：友谊的基础是信赖，爱情则纠缠着不安和期待。

（5）心境不同：友谊充满"充足感"，爱情则充满"欠缺感"。

（三）爱情与同情

在大学生的交往中，由一方对另一方的深切同情而发展成为爱情的现象时有发生，但这并不意味着同情就是爱情。尽管有时同情能够发展成为爱情，那也需要具备一定条件，即彼此产生了真挚的爱情，才是爱情的基石。

如果没有感情，单靠怜悯与同情是无法产生爱情的。即使有的人在同情心驱使下，一时冲动，向对方献上玫瑰花，它也会很快凋谢、枯萎，而留给他们的往往是难咽的苦果。正如戏剧大师莎士比亚说的那样："爱情不是眼泪，更不是死硬的强迫，爱情是建立在共同的基础上。"离开了这个"共同基础"，只靠对方的同情、怜悯，撑不起爱情的大厦。

（四）单恋

单恋又称单相思，是指一方倾心于另一方，却得不到对方肯定的回应的单方面的"爱情"。还有的人可能已向对方表达了自己的爱慕之心，但被婉言拒绝，仍执着地爱慕着对方。单恋也有可能是一场感情误会，是"爱情错觉"的产物。"爱情错觉"是指因受对方言谈举止的迷惑或自身的各种主观体验的影响而错误地主动涉足爱河，或因误认为对方对自己有意而产生的爱意绵绵的主观感受。

1. 单恋者的心理特点

单恋一方面表现为感情真挚、强烈，挥之不去，斩之不断，即使满腔热情得不到一丝一毫的回报，仍不改初衷；另一方面表现为不肯或不敢正视现实，事情已经再明白不过了，根本没有相恋的可能，或者落花有意，流水无情，却仍抱有希望，不肯罢手。

2. 单恋的危害

（1）单恋就像一剂慢性毒药，腐蚀着单恋者的心灵，它使单恋者虚度宝贵的青春。此外，它还腐蚀单恋者的斗志。单恋者一般都把恋爱的对象奉若神明，把追求、获得爱情作为自己最高的目标、最大的追求。他们心之所想、目之所视、耳之所闻，都是心仪者的一颦一笑、一举一动，反复琢磨其中是否有爱的暗示，因而也就无法把心思集中在学习和工作上了。

（2）单恋还会造成心理失调。一个生活在幻想的爱情中的人，必然是封闭型的。其很有可能性格孤僻，情绪低沉，对周围的人和事漠不关心，处不好人际关系；心情压抑，内心苦闷，而又无人可排解，无处宣泄，心理出现失衡的状态。不少单恋者出现精神障碍，不同程度地患了癔症、忧郁症或妄想症。

3. 单恋的对策

（1）冷静对待自己炽热的爱情。有的单恋者所爱的只是青春偶像，或者有的单恋者越没有得到对方的爱，越是把爱深埋于心，就越发觉得这份感情的珍贵，独自在单恋中受煎熬和折磨。其实在这种情况下，爱情是不存在的，只是自己制造的一种假象。

（2）避免"恋爱错觉"。学会准确地观察和分析对方的行为，用心明辨；要视其反复性，某种信息经常出现可能意义很深，但只是一两次的话就不足为凭了；不要强化内心形成的一见钟情式的浪漫爱情。

（3）大胆表白爱情。一旦单恋已经发生，要鼓足勇气，克服羞怯的心理，大胆地表达自己的感情。如果被接纳，爱的快乐就取代了等待的痛苦；如果是"落花有意，流水无情"，则应该面对现实，勇敢地抛弃幻想，用理智战胜感情。

（4）及时转移情感。爱情不是一厢情愿的事情，当向对方表达爱意遭到拒绝时，要理智地克制自己的情感，迅速转移注意力，把精力投入到自己感兴趣的事情中，通过思想感情的转换和升华来获取心理平衡。"天涯何处无芳草，人间到处有知音"，只要大学生能及时播下爱的种子，就一定能获得丰硕的果实。

（五）多角恋

多角恋爱是一个人同时与两个或两个以上的人建立恋爱关系，是一种反常的恋爱现象。现实中产生多角恋爱的形式主要有三种。

第一种是双方已确定了恋爱关系后，出现了"第三者"。原来双方中的一方在没有和对方断绝恋爱关系的情况下，又主动同第三者建立恋爱关系，两者谁最合适"取"谁。

第二种是双方确定恋爱关系后，出现了"第三者"插足，这"第三者"知进不知退，而原来双方中的一方又对"第三者"采取不明朗的态度，从而产生三角关系。

第三种是把个人的追求看得高于一切，认为自己愿意跟谁谈恋爱就跟谁谈恋爱，把这当作"权利"，普遍撒网。

多角恋违背恋爱道德，应该及时地从中退出。

1. 正确认识多角恋的危害

恋爱过程就是培养和加深爱情的过程，如果三角恋发生，三人之间将无法把精力投入对对方的了解和加深感情上，而是过多地纠缠于感情冲突中。此时的恋爱，很大程度上失去了正常的恋爱特征，更多是矛盾、痛苦、纠葛等，令当事人烦恼不堪，也会为以后的恋爱生活留下阴影。

恋爱失败的一方，由于嫉妒，可能丧失精神上的自我支持，心灰意冷，悲观厌倦或焦躁不安，失去对生活和爱情的信心。多角恋爱，最后的结局必然是有人退出，因而多角恋爱只会导致不愉快和悲剧的发生，对恋爱的各方有害无益。

2. 树立正确的恋爱观

恋爱是一件非常严肃的事，但有些人对此不以为然，特别是受西方性文化的影响，对恋爱持一种轻率、随便的态度，认为爱情应该是多方位的。但生活之中爱情不是游戏，多角恋必将给当事者带来痛苦和伤害。

3. 迅速作出选择

被追求者出于对人对己负责，应迅速作出选择。这样尽管可能会伤及一方，甚至会招致对方的责备和怨恨，但长痛不如短痛，决断越快越好，切不可犹犹豫豫。这个舍不得，那个不能放，拖得太久，对任何一方都没有好处。被拒绝的一方，应在爱情失落时尽量使自己冷静下来，理智地分析自己在这场恋爱中的经验教训。

如果一个人爱着你又爱着别人，就说明他对你的爱并不专一，既然如此，你对他又有何留恋？你在多角恋中处于劣势而"急流勇退"，并不是无能，而是理智，因为这样就可以从痛苦中及早解脱出来而重新追求幸福。

（六）失恋

失恋就是恋爱的一方失去另一方的爱情。在交往中，一旦双方或者某一方出于这样或那样的原因，不愿再保持彼此的恋爱关系，就将意味着双方恋爱的终止。对于大多数人来说，失恋都是一种痛苦的情感体验，会在人的灵魂深处烙上深深的印痕，有时这种不可言说的心理隐痛一直伴随着一生。

1. 失恋心态的一般表现

（1）心境恶劣。由于失恋者无法接受失恋事实和打击，因此会出现悲伤、哭泣、愤怒、悔恨、痛苦等持续性的心境恶劣状态，性格开朗的人会变得沉默寡言，性格内向的人会变得更加孤僻离群。

（2）行为反常。大多数失恋者出现一系列反常的行为，如不思饮食、一反平常的生活规律，无法完成学习、工作计划等。

（3）报复。有些失恋者被对方抛弃或与对方断绝恋爱关系后，感到自己的感情被玩弄，或认为对方是个卑鄙、无耻的骗子，抑或不愿名花易主，自私心理极度膨胀，威胁不成，遂产生报复心理，如贬损对方的声誉、扰乱对方的工作、生活等。

（4）轻生。当双方的爱情发展到相当的程度时，一方突然被恋人抛弃，精神上会受到极大的打击。如果此时失恋者缺乏及时、有效的支持，或感情脆弱、心理承受能力差，易导致精神崩裂，极易在情感冲动下采取轻生的方式。

（5）精神错乱。在各种精神病的发病原因中，失恋是一种极其重要的因素。由于失恋可引起各种严重和持续的情绪反应，如果这些不良情绪长期得不到调适，就可能成为精神障碍、精神分裂症、情感性精神障碍等精神病的诱因。

2.正确对待失恋的方法

（1）坦然相对法。要克服失恋引起的羞耻感、自卑感等情绪障碍，采取正确的态度，顺其自然，坦然相对。古人云："正受不受。"意思是说，直接接受就会成为没有接受的状态。要重新认识恋爱，恋爱不可能百分之百的成功，失恋并非什么羞耻的事情。一次恋爱失败并不代表一生爱情的结束，既然对方绝情而去，作为失恋者就不要再用廉价的泪水去换取对方的同情。要知道，同情不是爱情。

（2）积极遗忘法。有的失恋者心中明知对方已经不爱自己了，却仍然禁不住怀念对方、眷恋对方，以致苦闷和烦恼。对于这类失恋者来说，应该采取积极遗忘法，即尽快遗忘过去，抹掉对方在自己心中的形象。

（3）合理宣泄法。即通过正常的发泄方式，以不侵害他人为原则，运用发泄、疏导的方法，减轻心中的压力。例如，向亲朋好友尽情诉说自己的委屈和不平，通过记日记的方法让多余的感情通过笔端发泄，关起门来痛哭一场等。

（4）忙碌忘忧法。人生的主要内容并不只是爱情，也有比爱情更重要的追求，那就是学习和事业。正如鲁迅所说的"不能只为了爱，盲目地爱，而将别的人生要义全盘疏忽了"。

如果把自己的时间和精力忘我地、专注地投入到更有意义的事情上去，那么你也就无暇自寻烦恼和忧愁了，这便是忙碌忘忧法。

（5）情感转移法。心理学家认为，寻求一个新的恋人是失去旧恋人之后解除烦恼、摆脱折磨最根本的办法，即情感转移法。失恋以后要客观冷静地分析原因，吸取教训，重整旗鼓寻求新的目标，用爱的阳光驱散心头的阴云，尽快从失恋中解脱出来，让欢乐、幸福重新回到自己的身边。这是因为纯洁的爱情是一剂神奇的药，它能使失恋者心灵上的创伤得以迅速愈合，唤起失恋者对生活的美好憧憬，对幸福的热切向往，对爱情的勇敢追求。

然而也要注意不宜在失恋之后立刻寻求新恋情，以防情绪波动，旧情未断而谈吐、举止失态，造成误解和新的失败。另外，我们还可以利用环境进行情感转移，就是去名胜古迹游览参观，大自然的美好风光使人心旷神怡，会冲淡失恋的痛苦。

【拓展阅读】

大学生的自主意识较为强烈，在选择恋爱对象及处理恋爱关系的过程中，他们往往会以自己的意志和情感作为出发点，很少受传统习俗的局限，也很少告知父母或征求他们的意见，显示出较强的自主性。

心理自测：斯腾伯格爱情量表

本测评依据美国心理学家斯腾伯格（Robert. J. Sternberg）提出的爱情三角形理论编制，他指出爱情包含三部分：亲密、激情、决定 / 忠守，由此组成爱情三角形的三个顶点。不同的爱情可以用不同形状不同大小的三角形来描述。

记分用 1~9 表示：1 表示完全没有，5 表示中等，9 表示非常、完全，以此类推，从 1 到 9 程度逐渐加深。最后分别算出 1~15、16~30、31~45 题的平均分，填在表格中。

题号	重要性得分	实际感觉得分	描　　述
1			我积极促进他 / 她的健康和幸福
2			我跟他 / 她在一起时感到幸福
3			我在有困难时能信赖他 / 她
4			他 / 她在有困难时能信赖我
5			我愿意跟他 / 她分享我自己的思想及我的财物
6			我从他 / 她那里得到了很大的感情支持
7			我对他 / 她给予了很大的感情支持
8			我跟他 / 她能很好沟通
9			在我的生活中我高度评价他 / 她
10			我对他 / 她感到亲密无间
11			我跟他 / 她有着轻松愉快的关系
12			我感到自己真正了解他 / 她
13			我感到他 / 她真正了解我
14			我感到自己能真正信任他 / 她
15			我跟他 / 她能分享我内心深处关于我自己的个人信息
平均分	0.00	0.00	**重要性：1~15 的平均分 ≥ 8.2 实际感觉：1~15 的平均分 ≥ 7.4**
16			仅仅见到他 / 她就使我激动
17			我发现自己在一天里时常想着他 / 她
18			我跟他 / 她关系很浪漫
19			我感到他 / 她本人很有吸引力
20			我觉得他 / 她是我的理想型
21			我喜欢有时出现的跟他 / 她身体上的接触
22			我非常喜爱他 / 她

续表

题号	重要性得分	实际感觉得分	描　　述
23			我不能想象一种没有他 / 她的生活
24			我跟他 / 她的关系是热烈的
25			他 / 她常在我幻想中出现
26			我不能想象会另有一个人像他 / 她那样使我感到幸福
27			对我来说世界上没有任何别的东西比我跟他 / 她的关系更为重要
28			跟别的人相比，我宁愿跟他 / 她在一起
29			我跟他 / 她的关系中有着某种简直不可思议的东西
30			当我看浪漫电影或阅读浪漫小说时，我就想起他 / 她
平均分	0.00	0.00	**重要性：16~30 题的平均分≥6.8 实际感觉：16~30 题的平均分≥6.5**
31			我知道我关心他 / 她
32			我对自己跟他 / 她的关系充满信心
33			我对他 / 她会永远负有强烈的责任
34			我对自己与他 / 她的爱坚信不疑
35			我认为我跟他 / 她的关系是永恒的
36			我认为我跟他 / 她的关系是一个最佳抉择
37			我对他 / 她有一种责任感
38			我计划继续我跟他 / 她的关系
39			我保证为了维护我跟他 / 她的关系我会承担任何义务
40			因为我对他 / 她承担了义务，所以我不会让任何其他人介入我们之间
41			我不会让任何事情妨碍我对他 / 她所承担的责任和义务
42			我期望我对他 / 她的爱会持续我整个有生之年
43			我认为自己对他 / 她的责任感是牢固可靠的
44			我不能想象自己跟他 / 她中断关系的可能性
45			即使他 / 她难以沟通和对付，我仍然会承担义务
平均分	0.00	0.00	**重要性：31~45 题的平均分≥7.6 实际感觉：31~45 题的平均分≥7.2**

思　考　题

（1）如何看待大学生恋爱问题？

（2）如何处理恋爱中的心理问题？

（3）请结合你的理解谈谈什么是爱情？

（4）爱是什么？如何理解爱情？

（5）读毕淑敏的《爱怕什么》，探讨大学生恋爱怕什么？

即测即练

第九章
生命教育与心理危机应对

【本章学习目标】

1. 探索生命的意义；
2. 了解大学生心理危机的表现；
3. 了解大学生心理危机的预防与干预。

名人名言

生，亦我所欲也；义，亦我所欲也，二者不可得兼，舍生而取义者也。——孟子

莫等闲，白了少年头，空悲切。 ——岳飞

你热爱生命吗？那么别浪费时间，因为时间是组成生命的材料。

——本杰明·富兰克林

案 例 分 析

案例

年仅17岁的少女徐莉莉（化名）是江苏盐城市某中学的学生，由于她的爷爷是劳改释放人员，父亲是残疾人，母亲是卖熏烧制品的小商贩，同学经常以她家人的身份嘲笑她。2004年5月19日晚，又遭同学嘲笑的莉莉向父母诉苦，却遭到母亲的指责，想不开的她竟然写下遗书，喝农药自杀。

点评： 据世界卫生组织统计，1950—1960年，全球每年有30万人自杀身亡，自杀率为万分之一。到1990年，自杀率明显上升，比率最高的是匈牙利，约为万分之四点五，其次是丹麦、德国、日本为7.55/10万，美国为11.5/10万，平均为14.42/10万。而青少年是自杀率较高的社会群体。自杀已成为15~40岁人群的首位死因。研究发现，在我国每年约有150万人因家人或亲友自杀出现长期严重的心理创伤，成为一种严重的社会负担。

我是谁？从哪里来？我要到哪里去？我为什么而活着？在这个世界上我活着的意义是什么？

生命的真谛是人格尊严；生命教育的真谛是唤起同情、培育仁性。一个懂得保护生命、尊重他人生或死的孩子，将来走上社会，才有可能人性向善，社会才有可能多添一份和谐。所以，生命教育，就先从尊重生命开始。在生死之间，很多大学生不仅对外在的事物好奇，也对自己的生命充满好奇。每个人都有权利、有自由、有义务活出一个自己认为有意义的生命。人是这个世界上最奇特的，也是最复杂的生命体。大学生在生命历程中，除了会对自己的生命意义进行探索之外，还可能会遭遇一些对心理造成严重打击的事情，如失恋、丧亲、重大疾病、辍学等，这些事情都会让人重新思考生命的意义何在。

第一节 生命的意义

一、生命教育的概念

生命是一个意义丰富的概念，它不仅包括生活、生存等基本含义，而且包含了对于生命的意义是什么、什么样的生命才是有价值的、什么样的生命才是值得追求的，以及我们应该如何对待生命、应如何提高生命质量等更深层次问题的思考。生命的存在是人生的基础，对生命深入而积极的理解是提高人生质量的重要前提。

对于大学生来说，他们正处于积累和增长知识、锻炼生活技能、不断提高对于生命的认识和领悟的重要时期，加强对他们的生命教育显得尤为重要。特别是在近年来高校学生自杀事件不断增多的背景下，加强对大学生的生命教育更是意义重大。

我国学者林东根据大学生生命教育的内容与目的对其进行了界定，认为所谓"大学生生命教育，就是对大学生进行生命与健康、生命与安全、生命与成长、生命与价值和生命与关怀的教育，帮助和引导学生正确处理个人、集体、社会和自然之间的关系，使学生学习并掌握的生存技能，认识、感悟生命的意义和价值，引导大学生激活与生成对自身、对他人和对其他生命的尊重、敬畏与热爱之情，增强社会责任感，树立自尊、自信、自立、自强的精神，引导与提升大学生生命价值与人生态度，实现个人与社会和谐发展"。

二、大学生生命教育的内容

（一）生命意识教育

生命意识教育是关于生命是什么，以及应当如何对待生命的教育，它不仅包括对基本生命知识的教育，也包括对大学生关于自己及他人生命认识的教育。生命意识教育的目的在于帮助大学生正确理解生命的含义，深刻认识生命的本质，形成对生命的积极正确的认识。

生命意识是指人对自己生命的体会、把握，是人类以死亡为参照而形成的一种存在感。生命是整个人类共有的、最重要的、不可回避的客观存在：没有人能超越死亡。生命的失去意味着所有的失去。正因如此，生命问题是人类最重大的问题，也是文学作品最核心的主题，呈现出惊心动魄的审美感。在中国古典诗词中，生命意识的表达大致上有两个向度。其一是意识到死亡是对人世的彻底剥夺，其二是寻求对死亡的超越，以获取生命的安宁。

生命意识，是上升到哲学层次的一种对生命的思考与领悟，它源于对生命有限性及其价值的深刻认知。

（二）生命的结构

人的生物性指的是对饮食、运动、休息、睡眠、觉醒、排泄、避痛、配偶、后嗣等需要的属性。人的社会性指个体不能脱离社会而孤立生存的属性，社会内部个体的生存能力远超过脱离社会的个体的生存能力。人的心理性需求分为六类：荣誉地位需求、支持需求、独立需求、保护依存需求、爱与情感需求、生理舒适需求。

（三）生命的特点

1. 生命的不可逆性

从胚胎起，生命便一直生长、发育，以迄衰亡。它绝不会"倒行逆施"，返老还童也绝非现实。

2. 生命的不可再生性

生命，对任何人来说都只有一次。世间常说，"人死不能复生"，便道出了这个真理。

3. 生命的不可互换性

生命为个体所私有，相互不得交换，彼此不可替代。

奥斯特洛夫斯基在《钢铁是怎样炼成的》中第一句就回答了这个问题：生命只有一次，生命没有彩排。

生命的真谛是人格尊严，生命教育的真谛是唤起同情、培育仁性。一个懂得保护生命、尊重他人生或死的人，将来走上社会，才有可能人性向善，社会才有可能多添一份和谐。所以，生命教育，需先从尊重生命开始。

在中国先秦至今两千多年的传统文化中，儒家和道家都对生命问题进行了思考，并提出了各自的生命观。儒家认为，宇宙本质是"生生"，"天地"有"好生之德"，即创生万物，亦长养万物。人应该有"生生不息"之精神，珍惜生命，注重人事，修养心性，以配天德。所以，儒家重视生命，对死亡避而不谈，孔子告诫人们"未知生，焉知死"（《论语·先进》）。

冯友兰先生说过"道家的出发点就是舍生避害"即保全生命，排除威胁生命的各种力量。《吕氏春秋》中记载道："今吾生之为我有，而利我亦大矣：论其贵贱，爵为天子，不足以比焉；论其轻重，富有天下，不足以易之；论其安危，一曙失之，终身不复得。"

由此可见，儒道两家都追求精神生命的"不朽"。但儒家主张积极入世，奋发有为的人生态度，即通过建功立业的实际活动来达到"不朽"。而道家却认为人们只能通过"心齐""坐忘"，在精神境界上摒弃生死的区分，与大道合一，达到"死而不忘"，从而派生出纯精神养炼不问世事的人生态度。

所以，"生命观教育"，是中国古代的传统人生教育的重要组成部分，也是构建当今大学生生命观教育思想来源。

有生命个体的存在是人类社会存在和发展的基础性条件，而个体只有首先保持有生命的存在，才能在社会中实现生命的价值和体现生命的社会性意义。

（四）生命价值教育

生命价值教育是指对大学生所进行的有关生命应该是什么样的教育。经济的快速发展导致大学生所处的社会环境越来越复杂，越来越多的电视选秀节目及拜金男女的出现，严重腐蚀着当代大学生的思想，使他们把自己的人生与名利、金钱这些东西联系在一起，妄想不需要付出任何努力而一举成名。生命价值教育的目的就是要教育大学生认识到生命的价值不仅仅是用金钱名利才能来衡量，生命的价值还在于对社会的奉献，在于自我的实现，从而帮助大学生正确认识生命的价值之所在，形成对生命的正确期待。

生命价值表现在以下两个方面。

（1）个人对社会的责任和贡献，即个人的社会价值，体现了个人对社会的意义。

（2）个人对自己的责任，即个人的自我价值，体现了个人完善和发展自我的意义。

在人生价值的两个方面中，个人对社会的责任和贡献应该是第一位的，是社会存在和发展的客观需要；是人生价值的基本标志；体现了人生价值的高尚性，人生价值必然地要以社会为参照系。人的价值一般表现在人对社会具有的意义、个人的存在给予社会的影响，以及由于这种意义和影响而获得的尊重与平等。

（五）生命历程教育

生命历程教育是针对大学生生命发展过程中的不同需要而开展的教育，体现大学生生命教育的社会性的一面，更多地关注大学生生命应如何的方面。主要包括苦难教育和生命技能教育等内容。

人的生命过程并不是一帆风顺的，而是充满了种种困难与挫折，有时甚至会是致命的打击。这些困难与挫折是生命中的不幸，但同时也是对于生命的考验，是成长的机会，是生命从稚嫩走向成熟的必经阶段。

大学生应该以积极的心态去接纳和面对这些困难和挫折，并且在与困难和挫折抗争的过程中不断走向成熟。生命技能教育就是要教会大学生在生命发展过程中的所需要的各种技能。

首先，对于大学生的生命安全教育，教会他们如何为自己创造安全的生命环境以及在生命受威胁时如何脱离险境；其次，人际交往教育，就是教会大学生如何与他人相处，如何尊重自己也尊重他人，从而为自己创造一个有利的人际关系网络；最后，生命技能教育还包括生存技能的教育，即教会大学生掌握必要的专业知识和专业技能，以便在走向社会后能够为自己和家庭提供必要的经济支持。

（六）死亡教育

死亡的发现是人类意识和个体意识走向成熟的必经环节。死亡教育是要对大学生开展关于死亡的教育，一方面帮助他们正确地认识死亡，接纳死亡；另一方面通过死亡教育敦促他们反思生命的意义，增强其生命意识，从而使他们更加积极地面对人生，更加认真地对待生命，即所谓"向死而生"。

向死而生的意义：向死而生是指德国哲学家马丁·海德格尔在其名著《存在与时间》里面用理性的推理详细地讨论了死的概念，并最终对人如何面对无法避免的死亡给出了一个终极答案：生命意义上的倒计时法——"向死而生"。

正是因为有死亡的存在，生命才会显得光芒四射，所以"不要自虐自嘲，而要自强不息。在我们面前有无数的可能性。你们一定能找到自己可以做的事"。

（七）生命信仰教育

生命信仰教育就是要帮助大学生形成对于生命的敬畏之情，从而使他们能够认真地思考人生，谨慎地对待生命，能够欣赏生命、珍惜生命、提升生命的意义和质量。

【拓展阅读】生命的意义

1942 年 9 月，著名犹太精神病学和神经学专家维克多·弗兰克连同他的妻子和父母一起，被纳粹逮捕并押送至集中营。三年后，当他从集中营中被解救出来时，他有孕在身的妻子和其他大部分家人都早已不在人世，但他作为 119104 号囚犯活了下来。

1946 年，他用了 9 天时间写下了他在集中营中的经历并出版。在这本名为《生命的意义》的畅销书中，他总结了生与死之间的差异：那就是生命的意义。这是他对早年生活的一种顿悟。在他上高中时，一名教授科学的老师站在讲台上告诉他们："生命的进程就像是燃烧，这不过是一个不断氧化的过程而已。"弗兰克立刻从椅子上站起来反驳："先生，倘若生命果真如此，那生命的意义何在？"

在他被关押期间，他发现即使生活在这最骇人的环境之下，一旦找到了生命的意义，一个人的生存适应力就会大大提高。他在《生命的意义》一书中写道："在这里，从一个人最宝贵的生命到一件最微不足道的物品，一切都可被轻易夺走。在这里，我们只被保留了人性中最后一点自由，那就是在任何已经给定的环境下，决定自己的生活态度，决定自己的生存方式。"

弗兰克在集中营中担任医生。在书中，他提到了集中营中两名想要自杀的囚犯。就像集中营中的其他人一样，这两人早已感到心灰意冷，生无所恋。弗兰克写道："在这两个案例中，我需要让他们意识到，他们仍被某些人所期望，他们仍有一个值得等待的未来。他们中有一人是一个孩子的父亲。他的孩子已经在国外生活。而另一人是一名科学家，他还有一套丛书需要完成。"

弗兰克接着写道："每一个个体正是通过自身的独特性和唯一性来对彼此进行区分。正是这两个特性，将每个人生存的意义同创造性的工作和人性之爱联系起来。当一个人意识到他是无可取代之时，他就会意识到自己身处于世所背负的责任，他就会将这份责任发扬光大。当一个人意识到了他需要承受来自他人温情，当一个人意识到了他需要完成未竟的事业，他就永远不会放弃自己的生命。因为他已经知道了自己生存的意义，所以他能坦然面对前方的任何挑战。"

1991 年，美国国会图书馆和每月一读俱乐部将《生命的意义》列为美国最有影响力的十本书之一。这本书在世界范围内已发行数百万本。书的精华部分——对生命意义的探索、对苦难价值的体会、对超越自我之责任的承担，这些似乎都与我们现在的文化格格不入。相较于思考生命的意义，我们现在更乐于追求个体的幸福。弗兰克在书中写道："与欧洲文化不同，这正是美国文化的一个特征：每个人被不断催促着去追求幸福。但是，幸福是可遇不可求的。幸福只会伴随着某些东西款款而来，一个人必须有一个'变得幸福'的理由。"

研究证明：具有追求和充满意义的生活方式会全面地提升一个人的幸福水平和生活满意程度，并促进身心健康，提高恢复力，提升自尊，减少忧郁。而具有讽刺意义的是，那些一味追求幸福的人，反而感到不幸福。近日一份研究显示，正如弗兰克所说的那样，对幸福的过度追求，反而阻挠了幸福的降临。

这就是学者们反对一味追求幸福的原因。有一份新近的研究报告，心理学家对近400名年龄在18岁至78岁之间的美国人进行调查，询问他们对自己生活是否具有意义（或幸福）的看法。在长达一个月的调查中，研究者们根据调查对象对自身幸福感的评价和对生命意义的看法，并结合了调查对象的压力水平、消费习惯、是否抚养孩子等其他许多变量进行分析，结果发现充满意义的生活和幸福的生活虽然有一些共同点，但还是各有不同。心理学家最后总结道：在幸福的生活中，"得到"更多；而在充满意义的生活中，"给予"更多。

研究者写道："那些不追求生命的意义，而只追求幸福的生活，通常意味着相对浅薄、利己甚至自私的生活。在这种生活中，一个人的各种欲望和需求总是能被轻易满足，人们总是逃避困难和负担。"

幸福的生活和有意义的生活有什么区别呢？研究者们发现，幸福的生活通常意味着感觉良好。具体地说，那些感到幸福的人觉得生活是安逸的，他们身体健康，能够买到自己需要的东西。当你囊中羞涩，你会感到生活缺少意义，幸福感下降。金钱对他们的幸福感有着重大的影响。而幸福的生活又可被定义为少有压力和烦恼的生活。

在社会看来，那些一味追求幸福的人有一个显著的特点，那就是自私。正如前文所言，他们只想着"得到"，却不知"给予"。心理学家给出了进一步的解释：幸福就是满足欲望。如果你产生了一种欲望或需求，比如你感到了饥饿，你吃了食物，填补了饥饿感，于是你感到幸福。人们感到幸福，换句话说，就是欲望得到了满足。研究者还指出：人并不是唯一会感到幸福的物种。动物也有欲望和需求，当它们的欲望得到了满足，它们也会感到幸福。

"那些只追求幸福的人只有从其他人那里得到了好处，才会变得幸福。但是那些追求生命意义的人，会在给予他人时享受到愉悦。"凯瑟琳·沃斯，这项研究报告的作者之一，在宾夕法尼亚大学的一次公开演讲上如是说。换句话说，当那些一味追求幸福的人正在忙于满足自己无穷无尽的欲望之时，那些追求生命意义的人早已超越了自我。那些追求更高生命意义的人，更愿意伸出双手去帮助那些有需要的人。研究者写道："总之，纯粹地追求幸福，只意味着对需要帮助的人视而不见。"

所以，追求幸福并不能将人从动物中区分出来，这只是生物的本能而已。人的独特之处，就在于其对意义的追求。佛罗里达大学的社会心理学家罗伊·包麦斯特，这项研究的领导者在新书《意志的力量：重新发现人类的力量》中这样写道。

这项研究的参与者提到了许多奉献自己帮助他人、为了集体的利益牺牲自己而获得生命意义的经历。用当前在世的顶级心理学家马丁·塞利格曼的话说：追求有意义的生活，就是"用你的全部力量和才能去效忠和服务一个超越自身的东西"。举几个例子，给其他人买礼物、照顾孩子、提出见解，这些都是追求更有意义生活的方式。那些生活更有意义的人经常会主动去追寻生命的意义，即使他们明知这是以自身的幸福作为代价。因为他们将自身投入了一项高于自我的事业。他们有着更多的烦恼、更高的压力指数、还比那些感到幸福的人有着更多的焦虑。比如抚养孩子，这是一种有意义的生活体验，但也意味着自我牺牲。包括研究者在内的很多父母，他们的幸福指数都不高。事实上，哈佛心理学家吉尔伯特的研究显示，与健身、吃饭和看电视相比，父母在与孩子互动时会变得更不高兴。

包麦斯特在一次访谈中说道："在一定程度上，作为人类，我们要关心他人，并对他人有所贡献。这会给我们的生命带来意义，却不一定会使我们感到幸福。"

生命的意义不仅超越自我，而且会超越时空——根据研究者的说法，这也许是这项研究中最重要的发现。幸福只是一种存在于此时此刻的情感，最终它会像其他的情感一般消散殆尽。这些积极的影响和情感上的愉悦都是转瞬即逝的。人们关于幸福的报告都与时间相关，但关于生命意义的报告却并非都是如此。

同时，在另一方面，生命的意义是具有持久性的。它连接着过去、现在和将来。研究者们写道："思想会超越当前，连接过去和未来，它与一段充满意义却并不幸福的生活相联系。而幸福却在关于过去与未来的思考中难觅踪迹。"换句话说，注重当下的人会活得更幸福。与之对应的是，尽管那些更多地考虑过去和未来的人会感受更多的痛苦，作出更多的奋斗，享有更低的幸福感，可他们活得更有意义。

研究发现，尽管遭受不幸会使你的幸福感降低，却会使你感到生活的意义。相关的研究也证明了这一点。那些有着明确奋斗目标，追求生命意义的人，会把满足生活的标准定得更高，即使在当下他们比那些没有奋斗目标的人感到不幸得多。弗兰克在他的书中写道："如果生命有着它的意义，那么所经历的痛苦也一定是有意义的。"

让我们继续回顾弗兰克的生活，尤其是他被送至集中营前的一段具有决定性的经历。这一事件强调了追求意义的生活和追求幸福的生活是有多么的不同。

在他和他的家人被带到集中营前，弗兰克已经在维也纳和世界精神病研究领域声名远扬。例如，在 16 岁时，他就开始与弗洛伊德通信，凭着过人的天资，他给弗洛伊德留下了深刻的印象。弗洛伊德把他的信投给了《国际精神病学期刊》，并在给他的回信中写道："希望你不会反对。"

当他在医学院就读时，弗兰克变得更加出类拔萃。他不仅建立了青少年自杀预防中心——这是他在集中营中工作的前身。他还发展出了一套被称为存在心理分析治疗的方法，为精神病学临床医学作出了独特的贡献。这套治疗方法通过帮助人们找到自己生命的独特意义，以战胜抑郁，实现幸福。1941 年，他的理论已经在国际上引起了广泛的关注，他也成了维也纳罗斯柴尔德医院神经疾病学的主任医师。在那里，他冒着生命和事业上的危险为精神病患者伪造诊断报告，以帮助他们逃避纳粹对精神病患者实施的安乐死屠杀。

就在同一年，弗兰克作了一个决定，一个改变了他一生的决定。他的事业正在冉冉上升，而纳粹正对他虎视眈眈，他在 1941 年成功申请到了前往美国的签证。当时，纳粹已经开始对犹太人进行包围并把他们送至集中营，最开始时他们的目标还是犹太老人。弗兰克知道纳粹把他的父母带走只是时间问题而已。他也知道，一旦他的父母被带走，他就有责任陪着他们一起进入集中营，并帮助他们治疗在集中营期间产生的心理创伤。可在另一方面，作为一个拿着签证的新婚男人，他又想逃往安全的美国，并在事业上有所建树。

作家安娜所著的《弗兰克传记》对当时的情况是这么描述的：弗兰克感到心烦意乱，不知如何是好，于是他前往维也纳圣史蒂芬大教堂厘清思路。伴随着管风琴的音乐，他不断问着自己，"难道就这样抛下我的父母吗？难道让我对他们说一声再见，然后把他们丢给命运的安排吗？"他的责任何在？他在寻求"上帝的启示"。

当他回家时，一进门就发现桌上躺着一块大理石。父亲告诉他，这块石头来自附近一所被纳粹拆毁的犹太教堂的废墟。大理石上记着十诫中的一条片段——当孝敬父母。于是，弗兰克作出了决定，无论美国有多么安全，对他的事业多么有益，他都要留在维也纳。他把个人的追求放在了一边，服务家庭，在进了集中营后，服务那些被关押的囚犯们。

弗兰克从他早年的经历和被关集中营时经受的非人折磨中学到了很多智慧："人类生存在世，总是会向某个方向前进，这个方向也许指向了某个人，也许指向了某件物，但一个人的行动更多地是为了别人，而不是为了自己。也许是为了追寻某种意义，也许是为了遇见某个人。一个人愈忘我——为了所爱之人、所爱之物燃烧自己——那个人才愈加是一个真正的人。"

包麦斯特和他的同事们都同意这个观点，人生而为人，其独特的一生就是为了追寻生命的意义。把私利放在一边，多"给予"，少"索取"。我们不仅仅是在表现最基本的人性，我们也应该承认：追求幸福，并不是生命的全部意义。

第二节　大学生常见心理异常

一、大学生常见心理异常的识别

（一）判断正常心理和异常心理的三原则

正常心理和异常心理的判断是个比较复杂的问题，因为正常心理和异常心理没有一个明确的界限，正常人在某个时期也会有异常心理活动，精神病人哪怕是最严重时也有正常心理活动。近年来国内外不少心理学家为正确地区分正常心理和异常心理，制定了不少测验工具和量表，并应用现代化的仪器去处理数据，使心理测量有了很大进步。但是，由于人的心理活动极其复杂，简单的量表测得的结果只能起参考作用，判断一个人心理是否异常及异常的程度，主要还根据判断心理是否异常的三原则进行认真观察。

（1）主客观是否相一致。主要是观察其心理活动与外界环境的协调性。一个人正常的心理及受它支配的情感和行为，应与外界相协调，而不应发生矛盾和冲突，他们的言谈和举止行为，应该受到正常人的理解。比如说，一个同学在班级里唱一首歌曲，可引起大家的掌声，但如果在一个会议上突然引吭高歌，就会引起人们的惊讶。我们说前者为正常心理，后者为异常心理，因为和外界环境不协调。

（2）知、情、意是否相统一。就是观察其心理活动与情感和行为的一致性。一个人的心理活动应与受它支配的情感和行为是一致的，人们常说：人逢喜事精神爽，闷来愁肠盹睡多；酒逢知己千杯少，话不投机半句多。这些都说明了这种一致性。比如一个同学面带笑容地讲述他的不幸遭遇，我们说他对痛苦的事件缺乏相应的内心体验。知觉、情感、意向不协调，也是一种异常心理。

（3）人格是否相对稳定。即观察当事人心理活动的相对稳定性。一个人受遗传素质、家庭教育、环境影响，使他们对现实有个比较稳定的态度和习惯的行为模式，这就是人的性格特点。它相对稳定，如果一个人几年来一直寡言少语，不明原因地突然变得话多而爱交往，给人一种判若两人之感，这就说明其心理异常了。

（二）高校中常见异常精神障碍的识别

大学生中常见的心理问题，大多是成长中的一般问题，通过自身的调节、朋友家长及老师的相助，一般都可以顺利度过。但也存在着极少数较严重的心理障碍，甚至是心理疾病。比如神经症、人格障碍、精神疾病等，这些精神疾病在很大程度上影响了大学生的身心健康，严重阻碍了其成长成才和发展。特别是重性精神疾病，对自身和他人都存在着极大的破坏性，是校园潜在的危险。作为学生工作者必须认识和学会识别这些精神疾病，做到及早识别、及早治疗，防患于未然。

1. 精神分裂症

精神分裂症是一种常见的精神疾患，病因不清，多起病于青壮年，病前可有一定的心理、社会因素。临床表现主要是在思维、感知、情感和行为等方面出现紊乱和不协调，如怀疑有人迫害自己，饭菜里有毒，外出感到有人跟踪自己，自己的想法被他人洞悉，听到背后有人议论自己，或有声音时常对自己评头论足等。

精神分裂症的诊断目前仍主要依赖于临床，至今仍未发现有确诊意义的生物学指标，实验室的检查只能是排除其他器质性病因。精神分裂症的诊断需要病程至少持续存在 3 个月以上，有社会功能明显受损或缺乏现实检验能力（自知力丧失——否认自己有精神病），另外，在精神症状表现上至少有下述两项肯定存在。

（1）联想障碍：明显的思维松弛，逻辑倒错，或病理性象征思维，如讲话缺乏中心内容，对事物叙述不中肯，使人不易理解，将无关的几个词拼凑起来，赋予特殊意义。

（2）妄想：原发性妄想或内容荒谬离奇，如认为自己的大脑受无线电波控制，房间里装上窃听器，被人跟踪，周围人都用异样眼光看着自己等。

（3）情感障碍：不协调，淡漠或倒错，如自言自语、痴笑、喜怒无常等。

（4）幻听：听到有人评论自己的声音或命令、争论性幻听，感到自己的思维被大声地讲出来等。

（5）行为障碍：紧张症状群（木僵），或怪异的愚蠢行为。

（6）意志减退：孤独、退缩、生活懒散，不注意个人卫生，数日不理发、不洗澡等。

（7）被动体验：被控制感，思维被洞悉，思维被插入、被撤走或中断等。

2. 抑郁症

抑郁症是以心境低落为主，与其环境不相称，可伴有思维缓慢和运动性抑制，患者表现为自我感觉不良、情绪低落、对外界反应缓慢、联想迟钝、言语动作减少，甚至发生木僵。患者可伴有自卑、自责和自罪观念，严重者可出现幻觉、妄想等精神病性症状。

抑郁症的临床表现有如下几点：

（1）抑郁心境。这是抑郁症患者最主要的特征，轻者心情不佳、苦恼、忧伤，终日唉声叹气；重者情绪低沉、悲观、绝望。

（2）快感缺失。对日常生活的兴趣丧失，对各种娱乐或令人高兴的事体验不到乐趣。轻者尽量回避社交活动；重者闭门独居、疏远亲友、杜绝社交。

（3）无明显原因的持续疲劳感。轻者感觉自己身体疲倦，力不从心，生活和工作丧失积极性和主动性；重者甚至连吃、喝、个人卫生都不能顾及。

（4）睡眠障碍。约有 70%~80% 的抑郁症患者伴有睡眠障碍，患者通常入睡无困难，但几小时后即醒，故称为清晨失眠症、中途觉醒及末期失眠症，醒后又处于抑郁心情之中。伴有焦虑症者表现为入睡困难和噩梦多，还有少数的抑郁症患者睡眠过多，称为"多睡性抑郁"。

（5）食欲改变。表现为进食减少，体重减轻，重者则终日不思茶饭，但也有少数患者有食欲增强的现象。

（6）躯体不适。抑郁症患者普遍有躯体不适的表现。患者常检查和治疗不明原因的疼痛、疲劳、睡眠障碍、喉头及胸部的紧迫感、便秘、消化不良、肠胃胀气、心悸、气短等病症，但多数对症治疗无效。

（7）自我评价低。轻者有自卑感、无用感、有无价值感；重者把自己说得一无是处，有强烈的内疚感和自责感，甚至选择自杀作为自我惩罚的途径。

（8）自杀观念和行为，是抑郁症最危险的行为。患有严重抑郁症的患者常选择自杀来摆脱自己的痛苦。

（9）其他。部分抑郁症患者还可能有激越、焦虑、性欲低下、记忆力减退等症状。

我们不妨用上述表现对照检查一下自己的生活方式和行为规范，然后作出是否存在心理疾患的判断。如果有持久的心境低落并伴有上述三种症状，持续两周以上，最好去找心理医生咨询。抑郁症是一种可以治疗的疾病，大多数治疗方法多通过对中枢神经系统功能的整合起作用，其中包括抗抑郁药治疗、物理治疗和心理治疗。

【拓展阅读】生命的意义

[美] 罗杰·冯·伊区

生命如同甜甜圈。刚出炉时味道新鲜可口，但过一段时间后，便生硬难吃，其中间的圈洞意味着生命神秘的一面，但若欠缺这神秘的圈洞，甜甜圈就不成为甜甜圈了。

生命如同吃葡萄柚一般，你首先必须剥开柚皮，然后试咬几口，以便适应柚子的风味。然后，当你开始享受柚子时，柚子汁却可能喷得你睁不开眼睛。

生命如同香蕉一般。开始时是生涩的，然后随着时间而变黄变软。有些人希望自己只是香蕉，另一些人则希望自己成为上等的香蕉。你必须谨慎小心，不要被香蕉皮滑倒。此外，你必须努力剥去香蕉皮，才能享受香蕉的美味。

生命如同烹饪一般，一切味道全取决于你的作料与烹饪技巧。你可依照食谱烹饪技巧进行烹饪，也无妨自由创造。

生命如同少了原图的拼图游戏一般，你无法猜测出将拼出什么图形来。有时，你甚至无法确知是否拥有所需的一切拼块。

生命如同搭乘电梯一般。许多人上上下下，而有些人保持平稳。有时，你找到了电梯通道，但令你心烦的是电梯停停开开。

生命如同玩扑克牌。有时你坐庄，有时别人坐庄，这其中包含着许多牌技与运气。你下赌注，核对牌局虚张声势，甚至提高筹码。在输赢之中，你获取许多教训。有时，你拿的牌不好却赢了，有时你拿副好牌却反而输了。

但无论如何，你必须持续不断地洗牌。

第三节　大学生心理危机及应对方式

一、心理危机概念及原因

（一）什么是心理危机？

所谓心理危机，指个体面临突然或重大的负性生活事件时，既不能回避，又无法用通常解决问题的方法来解决所出现的心理失衡状态。

确定"危机"有以下三项标准。

（1）存在具有重大心理影响的生活事件。

（2）引起急性情绪扰乱或认知、躯体和行为等方面的改变，但又均不符合任何精神病的诊断标准。

（3）当事人用平常解决问题的手段应对无效。

（二）引起心理危机的常见原因

引起心理危机的常见原因有：急性残废或急性严重疾病；恋爱关系破裂；突然失去亲人（如父母、配偶或子女或朋友）；破产或重大财产或住房损失；重要考试失败；晋升失败；严重自然灾害等。

引起大学生心理危机的常见原因：大学新生入学适应不良；人际交往中同学关系紧张；异性交往时恋爱受挫；负性生活事件；家庭贫困；就业压力；成长创伤经历。

（三）心理危机的表现形式

心理危机常见的表现形式有以下几种。

（1）性格。平时性格开朗、生活态度积极乐观，出现危机时则相反，如果平时性格内向，那么可能会加重。或许性格变得暴躁、易怒，抱怨一切事情，甚至认为社会对他不公平等。

（2）情绪。紧张、恐惧、怕见人、情绪低落或不稳，或表面平静，给人的眼神感觉游离。

（3）言语。沉默少语，或言语本身带来特定意义令人费解，如打听用什么方式自杀没有痛苦、直接询问哪种药物吃多少会死、活着不如死了等。

（4）行为。躲避人、对关心他的人采取回避的态度、呆坐沉思、麻木。

（5）其他。失眠、食欲食量变化、做事注意力不集中、工作、学习能力下降，严重者出现自杀、药物滥用等。

（四）心理危机的正常应对过程

心理危机的正常应对过程大致有以下几个阶段。

第一阶段（立即反应），当事者表现麻木、否认或不相信。

第二阶段（完全反应），当事者感到激动、焦虑、痛苦和愤怒，也可能有罪恶感、退缩或抑郁。

第三阶段（消除阶段），当事者接受事实并为将来作好计划。

不是所有的难题都会对人构成危机。一个难题是否会构成危机，除了事件本身的性质之外，与当事人有效应对难题的能力有关。

二、大学生心理危机预防

（一）大学生心理危机的预防机制

学校可以围绕着五级防护开展工作。

一级防护：学生自我调节（自觉地认识自己、独立地调节各种心理问题）。开展心理健康教育与宣传，提高学生心理素质。

二级防护：学生的朋辈互助（有互帮互助意识和能力，通过互帮互助解决某些心理问题）。可成立指导学生心理协会，培训志愿者开展朋辈互助活动。

三级防护：辅导员、班主任、教师的工作（发现学生有心理问题，有保护帮助学生解决某些心理问题的能力，能及时推荐某些学生去咨询）。建立院系心理健康联系人制度，培训心理辅导员，合作开展重点学生的工作。

四级防护：心理咨询中心的工作（负责对大学生提供心理咨询、心理测试、心理训练、心理健康教育等服务）。

五级防护：医院治疗与家庭护理工作（医院能对学生心理疾病问题实施门诊药物治疗或住院治疗。家庭能协助并配合做好当事人的心理问题的防护和心理危机的干预工作）。与校医院及校外医疗机构保持紧密联系。

（二）大学生心理危机的种类

大学生心理危机大致有以下几类。

（1）发展性危机。发展性危机是指个人在正常成长和发展过程中，对急剧的变化或转变所产生的异常反应，如升学危机、性心理危机等。这些危机是大学生生命中必要和重大的转折点，每一次发展性危机的成功解决都是大学生走向成熟和完善的阶梯。

（2）境遇性危机。境遇性危机是指突如其来、无法预料和难以控制的心理危机，如交通事故、人质事件、突然的绝症或死亡、自然灾害等。

（3）存在性危机。存在性危机是指一些人生中的重要事件出现问题而导致的个人内心的冲突和焦虑，是伴随着重要的人生目的、人生责任和未来发展等内部压力的冲突和焦虑的危机。

（三）大学生心理危机的主要原因

大学生产生心理危机的主要原因大致有以下几种。

（1）精神疾病是导致大学生心理危机和自杀的重要因素。

（2）人格成长中的挫折与早期经验不良现状。

（3）适应困难、交往障碍与自卑。

（4）学习、择业、就业压力带来的心理烦恼。

（5）情感与性问题带来的心理困扰。

（四）大学生心理危机的特征

大学生心理危机的特征大致有以下几点。

（1）突发性。危机常常是出人意料、突如其来的，具有不可控制性。

（2）紧急性。危机的出现具有紧急的特征，它需要人们去紧急应对。

（3）痛苦性。危机在事前事后给当事人带来的体验都是痛苦的，甚至可能涉及当事人尊严的丧失。

（4）无助性。危机的降临，常常使当事人觉得无所适从，而且，危机使当事人未来的计划受到威胁和破坏。由于心理自助能力差、社会心理支持系统不完善，危机常常使当事人感到无助。

（5）危险性。危机之中隐含着危险，这种危险可能影响人们的正常生活与交往，严重的还可能危及自己和他人的生命。

（五）大学生心理危机的结果

大学生心理危机的结果大致有以下几种。

第一种是顺利度过危机，并学会了处理危机的方法策略，提高了心理健康水平。

第二种是度过了危机但留下心理创伤，影响今后的社会适应。

第三种是经不住强烈的刺激而自伤自毁。

第四种是未能度过危机而出现严重的心理障碍。

（六）大学生心理危机干预的重点对象

当代大学生，如果出现下列情况之一，应适当进行心理危机干预。

（1）在心理健康测评中筛查出来的有心理障碍或心理疾病或自杀倾向的学生。

（2）由于学习压力过大而出现心理异常的学生，如第一次出现不及格科目的优秀学生、需要重修多门功课的学生、将试读的学生、将被退学的学生、完成毕业论文有严重困难的学生等。

（3）在生活学习中遭遇突然打击而出现心理或行为异常的学生，如家庭发生重大变故（亲人死亡、父母的离异、父母下岗、家庭暴力等）、遭遇性危机（性伤害、性暴力、性侵犯、意外怀孕等）、受到意外刺激（自然灾害、校园暴力、车祸等其他突发事件）的学生等。

（4）个人感情受挫后出现心理或行为异常的学生，如失恋者、单相思而情绪失控的学生等。

（5）人际关系失调后出现心理或行为异常的学生，如当众受辱、受惊吓、与同学发生严重人际冲突而被排斥受歧视的学生、与老师发生严重人际冲突的学生。

（6）性格内向孤僻、经济严重贫困且出现心理或行为异常的学生，如性格内向、不善交往、交不起学费的学生、需要经常向亲友借贷的学生。

（7）身体出现严重疾病，如患上传染性肝炎、肺结核、肿瘤等，医疗费用很高但又难以治愈的疾病，个人很痛苦，治疗周期长，经济负担重的学生。

（8）患有严重心理疾病并已经专家确诊的学生，如患有抑郁症、恐惧症、强迫症、癔症、焦虑症、精神分裂症、情感性精神病等疾病的学生。

（9）出现严重适应不良导致心理或行为异常的学生，如新生适应不良者、就业困难的毕业生。

（10）由于身边的同学出现个体危机状况而受影响，产生恐慌、担心、焦虑、困扰的学生。如自杀或他杀者同宿舍、同班的学生等。

（七）大学生心理危机干预的基本步骤与技术

心理危机干预就是对处于心理危机状态者采取明确有效的措施，使症状得到缓解，使心理功能恢复到危机前的水平，并获得新的应对技能，以预防将来心理危机的发生。危机干预的主要目标是降低急性、剧烈的心理危机和创伤的风险，稳定和减少危机或创伤情境的直接严重后果，促进个体从危机和创伤事件中恢复或康复，帮助的及时性、迅速性是其突出特点，有效的行动是危机干预成败的关键。

1. 危机干预的步骤

在大学校园内，当我们发现学生面临心理危机时，可使用心理学家总结的"六步干预法"进行危机干预。

（1）确定问题。危机干预的第一步是从求助者的立场出发，确定和理解求助者的问题。干预人员使用积极的倾听技术：同感、理解、真诚、接纳及尊重，包括使用开放式问题，既注意求助者的语言信息，也注意其非语言信息。

（2）保证求助者安全。在危机干预过程中，干预人员应该将保证当事人安全作为首要目标。这里的安全是指将自我和对他人的生理和心理的危险性降低到最小的可能性。在干预人员的检查评估、倾听和制定行动策略的过程中，安全问题都必须给以同等的、足够的关注。

（3）给予支持和帮助。危机干预强调与当事人沟通和交流，通过语言、语调和躯体语言让求助者认识到危机干预人员是能够给予其关心帮助的人，让求助者相信"这里有确实很关心你的人"。

（4）提出应对的方式。帮助当事人探索可以利用的替代解决方法，促使当事人积极地搜索可以获得的环境支持、可以利用的应付方式，启发其思维方式。当事人知道有哪些人现在或过去能关心自己，有许多可变通的应对方式可供选择。

（5）制订行动计划。帮助当事人作出现实的短期计划，包括另外的资源的提供应对方式，确定当事人理解的自愿的行动步骤。计划应该根据当事人应对能力，着重于切实可行和系统地帮助当事人解决问题。计划的制订应该与当事人合作，让其感到这是他自己的计划。制订计划的关键在于让求助者感到没有剥夺他们的权力、独立和自尊。

（6）得到当事人的承诺。帮助当事人向自己承诺采取确定的、积极的行动步骤，这些行动步骤必须是当事人自己的，从现实的角度是可以完成的。如果制订计划完成得较好的话，则得到承诺比较容易。在结束危机干预前，危机干预工作者应该从求助者那里得到诚实、直接和适当的承诺。

除以上六步之外，还应该启动社会支持系统。社会支持系统主要包括来自父母及其他亲人、来自老师和同学、来自其他方面如朋友和社区志愿者的支持等。这种支持不仅包括心理和情感的支持，也包括一些实质的救助行动。有调查表明，大学生从他人那里获得的社会支持具有可靠同盟、价值增进、陪伴支持、情感支持、亲密感和满意度等调节功能，这些功能对处于危机期的大学生具有重要作用。

2.心理危机干预主要应用技术

心理危机干预的主要应用技术有以下几种。

（1）支持技术。这类技术的应用旨在尽可能地解决危机，使病人的情绪状态恢复到危机前水平。由于危机开始阶段病人焦虑水平很高，应尽可能使之减轻，可以应用暗示、保证、疏泄、环境改变、镇静药物等方法；如果有必要，可考虑短期的住院治疗。

（2）干预技术。又称解决问题技术，帮助病人按以下步骤进行思考和行动，常能取得较好效果：①明确存在的问题和困难；②提出各种可供选择的方案；③罗列并澄清各种方案的利弊和可行性；④选择最可取的方案；⑤确定方案实施的具体步骤；⑥执行方案；⑦检查方案的执行结果。在这里临床医务人员的作用在于启发、引导、促进和鼓励，而不是提供现成的公式。进一步讲，治疗人员在干预的过程中的职能是：①帮助患者正视危机；②帮助患者正视可能应对的方法；③帮助患者获得新的信息或知识；④可能的话在日常生活中给患者提供帮助；⑤帮助患者回避一些应激性境遇；⑥避免给予不恰当的保证；⑦敦促患者接受帮助。

（3）倾听技术。危机干预浓缩了一系列治疗技术和策略，要求危机干预工作者比日常心理咨询或治疗者更加主动、积极和自信。准确和良好的倾听技术是危机干预者必须具备的能力，实际上有时仅仅倾听就可以有效地帮助所有的人。为了做到很好地倾听，危机干预工作者必须全神贯注于求助者。

有效倾听的重要因素有以下几种。

① 要在开始时就用自己的言语向对方真实地说明自己将要做什么。

② 要让求助者知道，危机干预工作者能够准确地领会其所描述的事实和情绪体验。

③ 要帮助求助者进一步明确了解自己的情感、内心动机和选择。

④ 要帮助求助者了解危机境遇的影响因素。

（八）自杀心理危机的识别与干预

1. 自杀危险性的评估

有自杀倾向的大学生一般具有以下一些特征：①遭遇了不能忍受的心理痛苦；②心理需求遇到挫折；③在情感上感到绝望无助；④对自杀的态度通常是矛盾的；⑤想与别人交流，但找不到与人交流的途径。

对于危机工作者来说，值得庆幸的是几乎所有想自杀的求助者都提供了几种线索或呼救信号。按照施奈德曼以及他的同事所说的，没有任何人百分之百地想自杀。一般来说，大学生在自杀前都有一些迹象出现。因此，应注意观察识别，许多自杀就可以避免。自杀的征兆可以表现在语言上、行为上和各种症状中。如果当事人无论何时具备了下述的4~5项危险症状，危机工作者就有理由认为该当事人正处在自杀的高危时期。

（1）求助者有自杀家族史。

（2）求助者曾说过要自杀，或有过自杀未遂经历。

（3）求助者已经形成一个特别的自杀计划。

（4）有条理地安排后事，将自己珍贵的东西送人。

（5）收集与自杀方式有关的资料并与人探讨。

（6）将死亡或抑郁作为谈话、写作、阅读内容或艺术作品的主题。

（7）谈论自己现有的自杀工具。

（8）抓伤或划伤身体，或者其他自伤行为。

（9）求助者最近有朋友或家人死亡或自杀事例；或其他丧失（如父母离婚，个人遭受虐待、暴力或性虐待等）。

（10）求助者陷入特别的创伤损失而难以自拔。

（11）求助者有药物和酒精滥用史，或突然地使用或增量使用成瘾物质。

（12）求助者最近有躯体和心理创伤。

（13）求助者有失败的医疗史。

（14）求助者独居并与他人失去联系。

（15）求助者有抑郁症，或处于抑郁症的恢复期，或最近因抑郁症住院。

（16）求助者有突然的性格改变、反常的行为、攻击性或闷闷不乐，或者最近从事高危险性活动。

（17）学习成绩突然显著恶化或好转，慢性逃避或拖拖拉拉，或者出走。

（18）躯体症状异常，如进食障碍、失眠或睡眠过多、慢性头痛或胃痛、月经不规律、无动于衷。

（19）求助者陷于以前经历过的躯体、心理或性虐待的情绪中不能自拔，有严重的绝望或无助感。

（20）求助者是精神病患者（精神分裂症、抑郁症等）。

上面描述的这几个方面的警示信号，可使危机工作者或其他任何与求助者接近或亲近的人转换成挽救生命的行动。

2. 自杀危机的干预

1）自杀咨询的规则

首先，要弄清楚当事人已考虑或筹划用哪种方法自杀，一般来说方法越具体，离死期就越近。

其次，劝导当事人多看光明面的做法是不值得提倡的，如果当事人能够在情感上接受光明面，那么他也不至于陷入今天的境地。

最后，咨询老师应该始终对自杀抱有高度的警惕。因为自杀者大多数是性格高度内向者。他（她）可能并不暴露出任何自杀迹象，但只要他（她）具有任何一点自杀的可能，就应千方百计引出他（她）的内心自杀动机。

2）自杀干预的原则

自杀干预的原则有"五要""十不要"。"五要"原则包括以下内容。

（1）保持平静、沉稳，对当事人随之而来的暴风雨般的情绪要有心理准备。

（2）给当事人充分的机会倾诉，以便确定危机类型、诱发事件及严重程度。不要试图消解自己被当事人引起的沮丧感。

（3）必要时询问客观问题，只要得当，可有镇静作用。

（4）要直接面对事情，勿涉及深层及潜意识原因。

（5）可向社区、医务、法律等机构求援。

"十不要"原则包括以下内容。

（1）不要对求助者责备或说教。

（2）不要批评求助者或对他的选择、行为提出批评。

（3）不要与其讨论自杀的是非对错。

（4）不要被求助者所告诉你的危机已过去的话所误导。

（5）不要否定求助者的自杀意念。

（6）不要过急，要保持冷静。

（7）不要分析求助者的行为或对其进行解释。

（8）不要让助者保持自杀的秘密。

（9）不要把自杀行为说成是光荣的、浪漫的、神秘的，以防止别人盲目仿效。

（10）不要忘记跟踪观察。

3. 大学生自杀事件后的群体心理危机干预

学生自杀事件发生后，在校园内会产生很大的影响，特别是对自杀事件的目击者和同学好友伤害更大，因此学校的心理咨询工作者必须尽快对相关人群进行心理危机干预，可通过以下方式进行群体心理危机干预。

（1）个别咨询和干预。咨询师直接与学生交谈，为学生提供安全场所，让其发泄悲痛、自由地表达自己的感受。

（2）团体咨询和干预。教师可与学生一起讨论对未来和生命的看法，但不宜对已自杀的学生进行太多的纪念，经验证明，不渲染自杀的戏剧性、浪漫性、神秘性，有助于防止别人盲目效仿。

（3）及时公布事情真相，避免误传和谣言等失真信息的传播，避免造成不必要的恐慌。

【拓展阅读】

有个游客在沙漠里走着，忽然后面出现了一群饿狼，追着他要群起而噬。

他大吃一惊，拼命狂奔。就在饿狼快追上他时，他见到前面有口井，一口未知的井，便不顾一切跳了进去。哪料井里不但没有水，还有很多毒蛇，见到有食物送上门来，毒蛇正昂首吐舌，热切地引颈以待。

他大惊失色下，胡乱伸手想抓点什么可以救命的东西，想不到竟天遂人愿，他抓到了一棵在井中间横伸出来的小树，将他稳在半空中。

这时，上有饿狼，下有毒蛇，不过他虽陷身在进退两难的绝境，但暂时是安全的。

就在他松了一口气的时刻，奇怪的异响传入他的耳中。他骇然循声望去，魂飞魄散地发现有一群大老鼠正以尖利的牙齿啃着树根，这救命的树已疲惫不支了。就在这生死一瞬间，他看到眼前的树叶上有一滴蜜糖。于是他忘记了上面的饿狼，下面的毒蛇，也忘了快要给老鼠啃断的小树，闭上眼睛，伸出舌头，全心全意去舐尝那滴蜜糖。此时此刻，对他来说，那滴蜜糖就是生命的意义。

心理自测一：抗挫折心理小测试

1. 在过去的一年中，你自认为遭受挫折的次数。（　　　）

A. 0~2 次　　　　　　　　B. 3~4 次　　　　　　　　C. 5 次以上

2. 你每次遇到挫折，会怎么做？（　　　）

A. 大部分都能自己解决　　B. 有一部分能解决　　　　C. 大部分解决不了

3. 你对自己才华和能力的自信程度如何？（　　　）

A. 十分自信　　　　　　　B. 比较自信　　　　　　　C. 不太自信

4. 你对问题经常采用的方法是什么？（　　　）

A. 知难而进　　　　　　　B. 找人帮助　　　　　　　C. 放弃目标

5. 有非常令人担心的事时，你会怎么做？（　　　）

A. 无法学习　　　　　　　B. 学习照样不误　　　　　C. 介于 A、B 之间

6. 碰到讨厌的学习对手时，你会怎么做？（　　　）

A. 无法应付　　　　　　　B. 应付自如　　　　　　　C. 介于 A、B 之间

7. 面临失败时，你会怎么做？（　　　）

A. 破罐子破摔　　　　　　B. 使失败转化为成功　　　C. 介于 A、B 之间

8. 学习进展不快时，你会怎么做？（　　　）

A. 焦躁万分　　　　　　　B. 冷静地想办法　　　　　C. 介于 A、B 之间

9. 碰到难题时，你会怎么做？（　　　）

A. 失去自信　　　　　　　B. 为解决问题而动脑筋　　C. 介于 A、B 之间

10. 学习中感到疲劳时，你会怎么做？（　　　）

A 总是想着疲劳，脑子不好使了

B 休息一段时间，就忘了疲劳

C 介于 A、B 之间

11. 学习环境不够安静时，你会怎么做？（　　　）

A. 无法完成任务　　　　　B. 能克服困难干好工作　　C. 介于 A、B 之间

12. 产生自卑感时，你会怎么做？（　　　）

A. 不想再干工作　　　　　B. 立即振奋精神去干工作　C. 介于 A、B 之间

13. 老师给了你很难完成的任务时，你会怎么做？（　　　）

A. 顶回去了事　　　　　　B. 千方百计干好　　　　　C. 介于 A、B 之间

14. 困难落到自己头上时，你会怎么做？（　　　）

A. 厌恶之极　　　　　　　B. 认为是个锻炼　　　　　C. 介于 A、B 之间

评分分析：

1~4 题，选择 A、B、C 分别得 2、1、0 分；

5~14 题，选择 A、B、C 分别得 0、2、1 分。

19 分以上：说明你的抗挫折能力很强。

9~18 分：说明你虽有一定的抗挫折能力，但对某些挫折的抵抗力薄弱

8 分以下：说明你的抗挫折能力很弱。

心理自测二：心理承受能力测试

下面测试题可以测试出你的心理承受能力。

（1）当你与父母发生不愉快时，你是否曾想离家出走？

A. 是　　　　　　　　B. 否

（2）如果现在就去睡觉，你会担心自己睡不着吗？

A. 是　　　　　　　　B. 否

（3）晚睡两个小时会使你第二天明显的精神不振吗？

A. 是　　　　　　　　B. 否

（4）看完惊险片后，在很长一段时间内，你一直觉得心有余悸吗？

A. 是　　　　　　　　B. 否

（5）你常常觉得生活很累吗？

A. 是　　　　　　　　B. 否

（6）当考试成绩不理想时，你会感到非常沮丧吗？

A. 是　　　　　　　　B. 否

（7）当你与某个同学闹意见后，你一直无法消除相处时的尴尬吗？

A. 是　　　　　　　　B. 否

（8）当你在课堂上回答不出问题时，你在课后还会久久地感到烦恼吗？

A. 是　　　　　　　　B. 否

（9）每到一个新地方，你是否常常会出现问题，如睡不好等？

A. 是　　　　　　　　B. 否

（10）你明显偏食吗？

A. 是　　　　　　　　B. 否

（11）你认为自己是个弱者吗？

A. 是　　　　　　　　B. 否

（12）你觉得自己有些神经衰弱吗？

A. 是　　　　　　　　B. 否

（13）看到苍蝇、蟑螂等讨厌的东西，你感到害怕吗？

A. 是　　　　　　　　B. 否

（14）你常常会因为想心事而躺在床上久久不能入睡吗？

A. 是　　　　　　　　B. 否

（15）在人多的场合或陌生人面前说话，你是否感到窘迫？

A. 是 　　　　　　　　 B. 否

（16）你认为受到的挫折与其他人相比，是否根本算不了什么？

A. 是 　　　　　　　　 B. 否

（17）你是否喜欢冒险和刺激？

A. 是 　　　　　　　　 B. 否

（18）你生活在使你感到快乐和温暖的班级里吗？

A. 是 　　　　　　　　 B. 否

（19）你相信自己能够战胜任何挫折吗？

A. 是 　　　　　　　　 B. 否

（20）你是否常常与同学们交流看法？

A. 是 　　　　　　　　 B. 否

（21）你认为你的老师喜欢你吗？

A. 是 　　　　　　　　 B. 否

（22）心情不愉快时，你的饭量与平时差不多吗？

A. 是 　　　　　　　　 B. 否

（23）你是否每周至少进行一次喜欢的体育活动，如登山、打球等？

A. 是 　　　　　　　　 B. 否

（24）即使在困难时，你还是相信困难终将过去吗？

A. 是 　　　　　　　　 B. 否

（25）大部分时间你对未来充满信心吗？

A. 是 　　　　　　　　 B. 否

（26）你有一个关心、爱护你的家吗？

A. 是 　　　　　　　　 B. 否

（27）你是否有一些无话不谈的知心朋友？

A. 是 　　　　　　　　 B. 否

（28）你认为自己健壮吗？

A. 是 　　　　　　　　 B. 否

（29）生病时你依旧乐观吗？

A. 是 　　　　　　　　 B. 否

（30）你是否认为家人需要你？

A. 是 　　　　　　　　 B. 否

积分标准：

1~15题，选择 A 不得分，选择 B 得 1 分；16~30题，选择 A 得 1 分，选择 B 不得分。然后将各题所得的分数相加得出总得分。

测试结果：

总得分为 0~9 分。这说明你的心理承受能力差，你遇到困难易灰心，常常有挫折感。

总得分为 10~20 分。这说明你的心理承受能力一般，你能轻松地承受一些小的压力，但遇到大的打击时，还是容易产生心理危机。

总得分为 21~30 分。这说明你的心理承受能力很强，你能在各种艰难困苦面前保持旺盛的斗志。

思 考 题

1. 生命教育的含义是什么？

2. 大学生心理危机有哪些类型？

3. 大学生应如何预防心理危机？

第十章
大学生生涯规划

【本章学习目标】

1. 了解生涯规划的概念，学会区分生涯规划与职业生涯规划。
2. 了解职业生涯规划的意义。
3. 学习如何规划自身职业发展。

名人名言

在选择职业时，我们应该遵循的主要指针是人类的幸福和我们自身的完美。

——马克思

烹调"成功"的秘诀是：把"抱负"放到"努力"的锅中，用"坚韧"的小火炖熬，再加上"判断"做调味料。 ——卡耐基

人无远虑，必有近忧。 ——孔子

案 例 分 析

案例一："自愧不如"的小李

某知名单位招聘毕业生时，小李去面试，可没有几分钟就因紧张、缺乏自信被淘汰下来了。据了解，小李毕业于大专院校，因为得知与其一起来应聘的有名校的高材生，自己学校的名气、资源都不如别人，一时间信心全无，打起了退堂鼓，结果很快就因发挥失常没能进入第二轮的面试。

点评：这是明显的自信心不足，认为自己比不上名校的毕业生，很多大学生在这种消极心态的影响下像小李一样不战而败。事实上，一定程度的自卑感能使人知耻而后勇、奋发努力、不断前进，但过度的自卑会使人在机会面前畏缩退让，精神不振，让本该属于自己的工作白白丢掉。同时，名校与高材生没有必然的联系，只要自己在大学期间合理规划，增加学识，提高综合素质，非名校也能走出高材生。

案例二：考研还是就业

小萍学的是计算机科学专业，已经大三，性格相对外向，喜欢新闻专业，在学校电视台担任主播。高考时，小萍想学新闻专业，但父亲认为计算机科学专业好就业。到学校以后，小萍才发现她一点也不喜欢自己的专业，听不懂老师讲的课程，成绩也不好，又错过了在学校调换专业的时机。现在还有一年多就毕业了，父亲希望她毕业找个好工作，但她希望可以考研，以求多学点新闻专业方面的科学文化知识。

点评：大学生考研原因主要有以下几方面：一是本专业工作不好找，想通过继续深造提升个人实力，这种原因是比较常见的；二是随波逐流，其他同学都在考，所以自己也

跟着考；三是很早的时候脑海中就有了一个蓝图，读研究生，在自己喜爱的领域多学知识，多做研究；四是不想过早走入社会，还想继续留在人际关系相对简单、环境较单纯的校园；五是通过跨专业考研学习自己喜欢的专业和领域。小萍考虑考研的原因似乎属于第五个。

对于大学生来说，至于是否选择考研，这需要根据个人兴趣、专业特点、就业前景、个人学习实力、职业生涯规划方向等多方面因素进行综合分析来选择。案例中的小萍，应结合自己的实际情况，为自己的未来做一个合理的规划：如果选择考研，可以和父亲进行沟通，争取家长的理解与支持，然后专心做好考研准备。但也要做好考研失利的心理准备，毕竟考研是精英教育的人才培养模式。如果选择就业，就要勇敢面对就业市场，逃避不是办法。"是金子总会发光"，大学生们在今后的职业生涯中完全有机会发挥自己的特长和才干。

第一节　生涯规划的基本概念

一、生涯规划与职业生涯规划

（一）生涯及生涯规划概述

1. 生涯的含义及特征

1）生涯的含义

生涯是人一生中依序发展的各种职业和生活角色的总和。是以事业角色为主轴，同时伴随着与之相关的其他角色的发展。人的一生中会有八种角色：儿童、学生、工作者、休闲者、公民（公益）、配偶、父母、子女。这八种角色主要在人生的四个舞台展现：家庭、学校、小区和工作场所。所以生涯不等于生活，生涯也不等于职业。

"生涯"是由英文"career"翻译而来，其原义为两轮马车，可引申为道路，即人生的发展道路，也就是个人一生中所扮演的系列角色与职位。1957年，生涯发展理论的代表人物、美国职业管理学家萨帕在他出版的《职业生涯心理学》一书中首次使用了"生涯"概念。目前，学术界大多接受舒伯在1976年提出的观点：生涯是生活中各种事件的演进方向和历程，它结合了人的一生中的各种职业和生活角色，由此表现出个人独特的自我发展形态。

成功的生涯指在不同的生涯阶段，成功地完成各种角色的安排。它是我们主动地去规划和安排，而不是被动地适应。

2）生涯的特征

生涯的特征大致有以下几点。

（1）方向性。每个人一生的生涯发展都有他的路径。影响其发展路径的因素各不相同，有可能是自我概念、价值观、能力、兴趣、性格等。

（2）时间性。生涯纵贯人的一生，是依序发展的，如销售代表、主管、经理、总监。

（3）空间性。生涯以事业为主轴，同时伴随着其他角色的发展。例如，女性生涯发展到一定阶段，结婚生子，在那个阶段，女性既是职员，同时也是妻子、妈妈、女儿等。

（4）独特性。每个人的生涯都是独一无二的。

（5）现象性。生涯不等于生命或生活。生命是客观存在的，而生涯只有我们去寻求它的时候才存在，是主观的。

（6）主动性。人是生涯的塑造者。

（二）职业生涯与职业生涯规划

职业生涯指个体从正式进入职场开始到退出职场这段时间与工作有关的经历、态度、需求、行为等过程，是一个人的终身职业经历。职业生涯规划并不是简单地找工作或者只与工作相关。它是指个人与组织相结合。一个人在对职业生涯的主客观条件进行测定、分析和总结的基础上，对其兴趣、爱好、能力及特点进行综合分析与权衡，结合时代特点，根据其职业倾向，确定最佳的职业奋斗目标，并为实现这一目标作出行之有效的努力。

1980 年，有"职业指导之父"之称的帕森斯（Frank Pasons）针对大量年轻人失业的情况，成立了波士顿职业局，首次提出职业指导的概念。帕森斯人职匹配理论包含以下三个方面内容。

第一，要清清楚楚地了解自己，包括了解自己的能力倾向、能力、兴趣、雄心、资源及限制，以及这些特质的成因。

第二，要明明白白地指导各种工作成功所必须具备的条件和要求、优点与缺点、待遇、就业机会与发展前途。

第三，要实实在在地推论以上两组事实之间的相关情形。现在，我们仍能从许多职业生涯咨询案例中看到这三个步骤的影子。

生涯发展理论的兴起使帕森斯的人职匹配三步骤只能被看作实施职业辅导的指导原则，并未形成系统的理论。到了 20 世纪五六十年代，舒伯等人提出了"生涯"概念，由此带动了相关研究的热潮。许多新观点和方法陆续被提出，生涯辅导才形成了自己的理论，成为咨询心理学的重要分支。

舒伯认为，人的生涯发展会伴随着年龄的增长而递进，每个年龄阶段各有其生涯发展的任务。他的生涯发展阶段理论以个体的职业生涯发展周期为研究内容。根据个体不同生命周期的特点和不同职业阶段的任务、目标，将生涯划分为不同发展阶段，进而提出了不同生涯周期面临的管理重点。

舒伯将人的生涯发展划分为以下五个主要阶段。

（1）成长阶段，属于认知阶段。

（2）探索阶段，属于打基础阶段。

（3）建立阶段，属于选择和安置阶段。

（4）维持阶段，属于升迁和专精阶段。

（5）衰退阶段，属于退休阶段。

每一个阶段都有其特定的发展任务需要完成，每一阶段均需达到一定的发展水准或成就水准；而且前一阶段发展任务的达成与否直接关系后一阶段的发展。

大学生的生涯发展阶段属于探索期。这个阶段的主要生涯发展任务是从多种机会中探索自我，逐渐明确职业偏好，并在所选定的领域中开始起步。

舒伯在原有的阶段理论基础上，增加了角色理论，并将生涯发展阶段与角色彼此间交互影响的状况描绘出一个多重角色生涯发展的综合图形——生涯彩虹图（图10-1）。它形象地展现了生涯发展的时空关系，更好地诠释了生涯的定义。

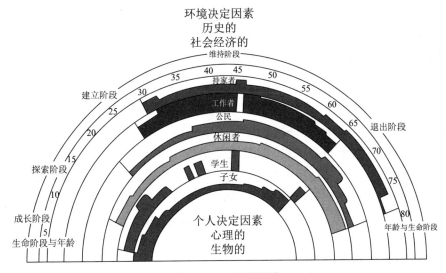

图 10-1 生涯彩虹图

生涯彩虹图横向代表人一生的不同阶段，纵向代表人在不同时期担任的不同角色。内圈代表角色的弯带互相重叠，粗细不一，表示一个人在人生的不同时间段，投入在各角色的精力分量是不一样的。各种角色之间互相作用，互相影响。如果一个人在某个角色上取得成功，将促进其他角色的发展；如果一个人在某个角色上投入了过多的精力，打破了角色间的平衡，就会导致其他角色的失败。所以，舒伯不仅仅关注职业角色，还重视非职业角色对一个人生涯发展的影响。

【拓展阅读】100 个人的故事

某研究机构，曾经从 100 个人年轻时开始追踪，直到他们年满 65 岁。结果发现，只有一个人很富有，其中有 5 个人有经济保障，剩下 94 人情况不太好，晚年生活拮据，应该算是失败者。这 94 人之所以晚年拮据，并非年轻时努力不够，主要是因为没有选定清晰的目标。

人生没有了目标，就没有了希望，也就丧失了动力。

第二节 职业生涯规划的意义与作用

一、职业生涯规划的意义

职业生涯规划可帮助个人对自我进行全面透彻的分析，从而更加深刻地认识自己的性格特点、职业兴趣、职业价值和所具备的能力与潜力。在探索与认识职业世界的过程中，评估自己的优势与不足，通过对客观环境的分析，明确个人职业发展的方向，正确选择职业目标；实施有效的行动计划，并克服职业生涯发展中的困难，一步步达成目标，进而实现人生理想。通过职业生涯规划的训练，可避免大学生在校期间学习和实践的盲目性与被动性。可帮助大学生更加有目标有计划地完成知识的积累与能力的锻炼，少走弯路，节省时间和精力。职业生涯规划技术，可帮助大学生更加清晰客观地了解自己，看到自身与社会要求的差距，激发他们学习、实践，不断进取的愿望。因此，在大学阶段进行职业生涯规划对大学生将来职业发展与个人成长有着重大的意义。

职业生涯规划能给大学生带来以下几个方面的价值。

（1）帮助大学生确立与自身情况相符的人生目标，让努力变得有动力。

（2）帮助大学生提高自我认知，明确自身优势与不足。

（3）帮助大学生有目的地培养与锻炼职业能力与素质，锤炼核心竞争力。

（4）帮助大学生认识职业环境，了解职业、市场需求与就业形势，为就业做准备。

（5）帮助大学生从过去的经历中找寻成功的规律，善用资源、优势和机遇。

二、职业生涯规划六步骤

职业生涯规划的六步骤包括觉知与承诺、自我探索、探索职业世界、决策、求职行动、再评估（成长）六个步骤（图10-2）。

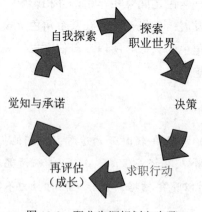

图 10-2 职业生涯规划六步骤

1. 觉知与承诺

这个阶段的主要目的是建立生涯规划意识，了解生涯、职业生涯与职业生涯规划的定义。明确职业生涯规划的重要性，并愿意花时间来规划自己的人生。职业生涯规划不能一蹴而就，也不能立竿见影，更不是一劳永逸的事情。随着我们对自我和职业环境认识的加深，职业目标也会随之而改变。所以，职业生涯规划是一个动态平衡的过程，通过对自我和职业环境认识的加深，生涯目标不断调整，这是必然的。

2. 自我探索

很多大学生往往不知道如何择业，那是因为他们不清楚自己想要什么。职业生涯规划是一个由内及外的过程，所以生涯规划首先要认识自我，即明确以下几个方面的问题。

（1）我是怎样的性格，我的性格适合什么样的职业环境？

（2）我的职业兴趣是什么，适合我的职业环境是怎样的？

（3）我具备哪些能力，哪些方面我还可以加强与提升，如何加强和提升？

（4）我看中职业的什么特质，职业价值是如何影响我进行决策的？

3. 探索职业世界

很多大学生到了大学四年级，即便对自己非常了解，但面对择业，仍然犹豫不决，甚至茫然。这是因为大学生对职业世界知之甚少。所谓知己知彼才能百战不殆，所以大学生需要利用课余时间深入社会、了解社会，增长才干。职业世界的探索内容包括以下几个方面。

（1）我国有哪些产业？哪些行业？当下哪些行业最热门？

（2）了解各行业的领头企业或知名企业，企业的业务范围，企业的类型、文化与风格。

（3）各企业能提供哪些岗位，岗位的职责与要求、相关培训学习渠道与发展路径。

（4）了解国家宏观经济发展政策，如两会政府工作报告等。

（5）了解职业宏观发展趋势。

4. 决策

决策是梳理与评估对做决策有帮助的信息，是确立生涯目标与职业生涯发展行动计划的关键一环，它包括以下几个方面的内容。

（1）对所收集信息的综合整理与评估。

（2）考虑各种可能性，锁定 2~3 个选项。

（3）理性决策，确立生涯目标，制订职业生涯发展行动计划。

5. 行动

行动是将所有的设想与计划落地的一步。行动非常重要，只有行动起来，我们才会更加接近目标；否则，目标只能是停留在想象中的海市蜃楼。对大学生来说，行动包括以下几个方面的内容。

（1）有条理、按计划地完成学业。

（2）参与社会实践与工作实习。

（3）制作并投递简历，参加面试。

6.再评估（成长）

随着我们对职业世界更加了解，对自我认识更加全面，我们可能会继续按照原有规划前进；也有可能在与职业接触过程中，发现原来的生涯目标与计划并不适合自己，或者发现过去的规划并不是最佳方案。这就需要再次进行系统的生涯规划，修正生涯目标。这也是为什么我们总说职业生涯规划是一个循环的、动态平衡的过程。这部分内容包括以下两个方面。

（1）实习实践，深入职场。

（2）管理与修正自己的职业生涯规划。

三、职业兴趣的定义

兴趣是指人们以特定的事物或活动为对象，所产生的积极的、带有倾向性和选择性的态度和情绪。兴趣是人们内心动力和快乐的来源。兴趣常常表现为一种自觉自愿、乐此不疲的精神状态。

职业兴趣是兴趣在职业方面的表现，是指人们对某种职业活动具有的比较稳定而持久的心理倾向，使人对某种职业给予优先注意，并向往之。

职业兴趣会直接影响个人的工作满意度、职业稳定性和个人成就感。

（一）霍兰德职业兴趣理论

约翰·霍兰德（John Holland）是美国约翰斯·霍普金斯大学心理学教授，美国著名的职业指导专家。他于1959年提出了具有广泛社会影响的职业兴趣理论。他认为人的人格类型、兴趣与职业密切相关，兴趣是人们活动的巨大动力，凡是具有职业兴趣的职业，都可以提高人们的积极性，促使人们积极地、愉快地从事该职业，且职业兴趣与人格之间存在很高的相关性。霍兰德认为人格可分为社会型、企业型、常规型、现实型、研究型和艺术型六种类型。

霍兰德的职业兴趣理论提供了一个重要的生涯辅导理念：把个人特质和适合这种特质的工作联合起来。生涯辅导（简单说就是职业辅导）强调生涯探索，对自我能力、兴趣、价值以及工作世界的探索，霍兰德巧妙地拉近了自我与工作世界的距离。借助霍兰德代码的协助，当事人能迅速地、有系统地而且有所依据地在一个特定的职业群里进行探索活动。

职业兴趣是职业选择中最重要的因素，是一种强大的精神力量。职业兴趣测验可以帮助个体明确自己的主观性向。

1.社会型

社会型人格的共同特点：喜欢与人交往、不断结交新的朋友、善言谈、愿意教导别人；关心社会问题、渴望发挥自己的社会作用；寻求广泛的人际关系，比较看重社会义务和社会道德。

社会型人格的典型职业：喜欢要求与人打交道的工作，能够不断结交新的朋友，从事提供信息、启迪、帮助、培训、开发或治疗等事务，并具备相应的能力，如教育工作者（教师、教育行政人员）、社会工作者（咨询人员、公关人员）等。

2. 企业型

企业型人格的共同特点：追求权力、权威和物质财富，具有领导才能；喜欢竞争、敢冒风险、有野心、抱负；为人务实，习惯以利益得失，权力、地位、金钱等来衡量做事的价值，做事有较强的目的性。

企业型人格的典型职业：喜欢要求具备经营、管理、劝服、监督和领导才能，以实现机构、政治、社会及经济目标的工作，并具备相应的能力，如项目经理、销售人员，营销管理人员、政府官员、企业领导、法官、律师等。

3. 常规型

常规型人格的共同特点：尊重权威和规章制度，喜欢按计划办事，细心、有条理，习惯接受他人的指挥和领导，自己不谋求领导职务；喜欢关注实际和细节情况，通常较为谨慎和保守，缺乏创造性，不喜欢冒险和竞争，富有自我牺牲精神。

常规型人格的典型职业：喜欢要求注意细节、精确度、有系统有条理，具有记录、归档、据特定要求或程序组织数据和文字信息的职业，并具备相应能力，如秘书、办公室人员、记事员、会计、行政助理、图书馆管理员、出纳员、打字员、投资分析员等。

4. 现实型

现实型人格的共同特点：愿意使用工具从事操作性工作，动手能力强，做事手脚灵活，动作协调。偏好于具体任务，不善言辞，做事保守，较为谦虚；缺乏社交能力，通常喜欢独立做事。

现实型人格的典型职业：喜欢使用工具、机器，需要基本操作技能的工作；对要求具备机械方面才能、体力或从事与物件、机器、工具、运动器材、植物、动物相关的职业有兴趣，并具备相应能力，如技术性职业（计算机硬件人员、摄影师、制图员、机械装配工）、技能性职业（木匠、厨师、技工、修理工、农民、一般劳动）等。

5. 研究型

研究型人格的共同特点：思想家而非实干家，抽象思维能力强，求知欲强，肯动脑，善思考，不愿动手；喜欢独立的和富有创造性的工作。知识渊博，有学识才能，不善于领导他人；考虑问题理性，做事喜欢精确，喜欢逻辑分析和推理，不断探讨未知的领域。

研究型人格的典型职业：喜欢智力的、抽象的、分析的、独立的定向任务，具备智力或分析才能，并将其用于观察、估测、衡量、形成理论、最终解决问题的工作，如科学研究人员、教师、工程师、电脑编程人员、医生、系统分析员等。

6. 艺术型

艺术型人格的共同特点：有创造力，乐于创造新颖、与众不同的成果，渴望表现自己的个性，实现自身的价值；做事理想化，追求完美，不重实际；具有一定的艺术才能和个性；善于表达、怀旧、心态较为复杂。

艺术型人格的典型职业：喜欢的工作要求具备艺术修养、创造力、表达能力和直觉，并将其用于语言、行为、声音、颜色和形式的审美、思索和感受，具备相应的能力；不善于事务性工作，如艺术方面（演员、导演、艺术设计师、雕刻家、建筑师、摄影家、广告制作人），音乐方面（歌唱家、作曲家、乐队指挥），文学方面（小说家、诗人、剧作家）。

　　然而，大多数人都并非只有一种性向。比如，一个人的性向中很可能同时包含着社会性向、实际性向和调研性向这三种。霍兰德认为，这些性向越相似，相容性越强，则一个人在选择职业时所面临的内在冲突和犹豫就会越少。为了帮助描述这种情况，霍兰德建议将这六种性向分别放在一个正六角形的每一角。

　　员工的工作满意度与流动倾向性，取决于个体的人格特点与职业环境的匹配程度。当人格和职业相匹配时，会产生最高的满意度和最低的流动率。例如，社会型的个体应该从事社会型的工作，社会型的工作对现实型的人则可能不合适。这一模型的关键在于：①个体之间在人格方面存在着本质差异；②个体具有不同的类型；③当工作环境与人格类型协调一致时，会产生更高的工作满意度和更低的离职可能性。

【拓展阅读】管理小故事：石块、碎石、沙子和水

　　试想一下，如果要将石块、碎石、沙子和水都装进一个桶里，要怎么样才能让桶里装得最多呢？

　　如果将石块一一放进铁桶里，当铁桶里再也装不下一块石头时，还可以将一小桶碎石放在已装满石块的铁桶里，然后慢慢摇晃，装进更多的碎石。同样的方法，还可以再继续装入沙子、倒入清水。如果将石块、碎石、沙子和水比作生活中的事件的话，那么这个实验就能很好地说明：即使日程安排再满，也是能够挤出时间来做别的事情的。

　　石块就像是大的计划，也就是重要不紧急的事情，碎石则是紧急重要的事务，沙子是紧急不重要的事情，而水则是不紧急也不重要的事情。

　　如果不是首先把石块装进铁桶里，那么你就再也没有机会把石块装进铁桶里了，因为铁桶里早已装满了碎石、沙子和水。而当你先把石块装进去，铁桶里会有很多你意想不到的空间来装剩下的东西。在安排日程时，我们应分清楚什么是石块，什么是碎石、沙子和水，并且总是把石块放在第一位。

　　桶装得再满也有空间留给水，生活再忙也可以见缝插针地收获快乐。

第三节　大学生生涯规划的步骤与方法

　　大学生生涯规划的步骤与方法大致有以下四个方面内容。

一、第一阶段——探索期

　　大学生在探索期的阶段目标是：职业生涯认知和规划。要实现这一目标，可从以下三个方面努力：一是转变由高中生到大学生的角色，重新确定自己的学习目标和要求。二是开始接触职业和职业生涯的概念。重点了解自己未来所希望从事的职业或与自己所学专业

对口的职业，多向毕业生咨询就业方面的问题。进行初步的职业生涯设计。三是熟悉环境，建立新的人际关系，尽快融入大学生活中去；认真学习，掌握好专业基础知识，加强英语、计算机学习，掌握现代职业者所应具备的最基本技能；积极参加各种各样的社团活动，尽可能全面地锻炼自己。

二、第二阶段——定向期

大学生在定向期的阶段目标是：初步确定就业方向以及相应能力与素质的培养。大学生在此阶段要实现这一目标，应从以下四个方面努力：一是认识自己的需要和兴趣，确定自己的价值观、动机和抱负。二是以提高自身的基本素质为主，通过参加学生会或社团等组织，职业规划培养和锻炼自己的组织领导能力、团队协作精神，同时检验自己的知识技能。三是思考未来的就业方向，开始尝试兼职、社会实践活动，争取在课余时间长时期从事与自己未来职业或本专业有关的工作，提高自己的责任感，主动性和抗挫折能力，不断总结职业经验。四是增强英语口语和计算机应用的能力，通过英语和计算机的相关证书考试。

三、第三阶段——准备期

大学生在准备期的阶段目标是：掌握求职技能，为择业做好准备。大学生在此阶段应着手做好以下工作：一是在加强专业知识学习的同时，考取与目标职业有关的职业资格证书或通过相应的职业技能鉴定。二是进一步树立科学的就业观念，学习撰写简历、求职信，学习面试知识、求职礼仪，掌握求职技能。三是了解收集就业信息的渠道，加入校友网络，向已经毕业的校友了解往年的求职情况，参加和专业有关的暑期工作，和同学交流求职工作心得体会等。

四、第四阶段——冲刺期

大学生在冲刺期的阶段目标是：成功就业。在这个阶段大学生的毕业方向已经确定，大部分学生的目标应该锁定在工作申请及成功就业上。大学生在此阶段应着手做好以下事情：一是审视自己的职业目标是否明确，就业期望是否恰当，所做的准备是否充分。二是主动参加就业、创业讲座，积极参加模拟招聘，提高择业技巧。三是重视实习机会，通过实习从宏观上了解单位的工作方式、运转模式、工作流程，从微观上明确个人在岗位上的职责要求及规范，为正式走上工作岗位奠定良好基础。四是精心设计制作求职材料，开始毕业后工作的申请，主动了解就业指导中心提供的招聘信息，积极参加招聘活动，落实就业单位。

总之，职业生涯规划具有十分重要的意义。大学生应从大一开始就及早谋划，科学地设计自己的职业生涯。这不仅有利于大学学业的圆满完成，顺利走上就业岗位，还有利于正确把握人生方向，创造精彩的人生。

【拓展阅读】斯皮尔伯格的故事

同学们都喜欢看大导演斯皮尔伯格的电影，如侏罗纪公园等。他在36岁时就成为世界上最成功的制片人，电影史十大卖座的影片中，他个人就有四部。他17岁时到一个电影制片厂参观后，他就偷偷立下了目标，要拍最好的电影。

第二天，他穿了一套西装，提着爸爸的公文包，里面装了一块三明治，再次来到制片厂。他故意装出一个大人模样，骗过了警卫，来到了制片厂里面，然后找到一辆废弃的手推车，用一块塑胶字母，在车门上拼出来"斯蒂芬•斯皮尔伯格""导演"等字样。然后他利用整个夏天去认识各位导演，编剧等，天天忙着以一个导演的生活来要求自己。从与别人的交谈中学习、观察、思考，并最终在20岁那年，他成为正式的电影导演，开始了他大导演的职业生涯。

目标与理想并不是大人的事情，从小立志，并努力实现它，你就能拥有超人的力量。

心理自测：职业生涯规划心理测试题

（1）在职场中，你还有多少能量可以继续奋斗，一起做几道测试题吧。下面分享的是职业生涯规划心理测试题，一起来看看吧。

小时候，你和爸爸在家里的院子里种了棵小树苗，同时也埋下了一个时间锦囊。20年的今天，你突然想起，挖了出来，你觉得里面会放了些什么呢？

A. 日记、照片

B. 弹珠、石头、贝壳

C. 儿时的绘画图和蜡笔

D. 小玩具、动画卡片、糖纸

结果分析：

选 A 的人：

你以后大概率会成为人文科学中的人物。你从小喜欢记录心情，练就了很好的文笔。喜欢用纸笔描画出各种不同的世界。你在人文方面，包括文学、历史、心理等略有所长，可以为社会带来很多的贡献，现实生活其实需要很多文字性的东西去感化。

选 B 的人：

你以后很可能在自然科学领域工作。你从小就热爱自然的美，思维比较广阔，不仅仅局限于书本上的东西。其实生活更需要的是理数、技术等来丰富，从而提升生活的质量。善用知识结合实践的你，在这方面一定大有作为。

选 C 的人：

你以后在艺术的领域的机会比较多。也许你稍不同于周围的人，从小思想就比较天马行空，有自己的认知，喜欢一些创意小制作等。所以你在美术、设计等艺术方面的发展会很不错。

选 D 的人：

你很有机会从事社会经济的工作。你从小善于分类，喜欢有历史价值的事物。对于经济社会，需要历史、现在、未来共同协调发展，在经济社会领域工作的人需要善于收集资料，情报处理等，相信你在这方面蛮有兴趣和能力的。

（2）在美丽爱情的蛊惑之下，美人鱼牺牲了发声的权利，罗密欧与朱丽叶则付出了生命。也是爱情信徒的你，为了尝到恋爱的甜美滋味，所愿意付出的最高代价，会是以下哪一种？

A. 寿命减少

B. 智商超低

C. 贫困度日

D. 众叛亲离

结果分析：

选 A 的人：

你希望人生时时充满惊喜，你也期许自己能成为一朵散发生命力的鲜花，而不是变成一朵日渐干枯的干燥花。工作上当然也是如此，待遇或职位都不是你最重视的事情，你想要从公事中得到自由发挥的主控权，考验自我的实力和耐力；如果不能得到舞台，或是你不再是众所瞩目的主角，这哪里会是你能忍受的，你自然会想要另谋发展，燃起生命的新火花。

选 B 的人：

在工作中，你可以任劳任怨，将你满腔热情投注在办公室中，但是这种三更灯火五更鸡的斗志，需要持续得到上司的鼓舞和赏识，要是让你觉得遇不上伯乐，或是伯乐已经逐渐疏远你时，你就会有倦怠的念头，无法再像从前一样打拼卖命，而因为没有伯乐关爱你，奋斗的原动力也就日渐熄灭，从而会让你的工作能量湮灭。

选 C 的人：

在职场内，你最在意的是福利制度和相关权益，如薪资、配股或分红制度，虽然都是些基本的需求，但你觉得是万万不能比别人少的；弹性上班或休假等规定，也是你非常在意的，因为在你的想法当中，上班只是谋生的手段，一旦这些原有福利缩水或不见，就是老板和你过不去，你就会没有工作动力，忍不住感染了工作倦怠症，完全提不起劲来。

选 D 的人：

你是没有安全感的人，也许是童年失欢，也许是不好的生活经验，让你失却了安全感，所以如果你现在的工作不能满足你的需求，也许是让你觉得不牢靠，随时有倒闭或遣散走人的可能，像从事泡沫化的网络业，你更会时时刻刻担心成为失业一族，工作心情可能大受影响，一点点风吹草动，就会让你胡思乱想，根本不能专心工作。

思　考　题

1. 大学生进行职业生涯规划有哪些步骤？

2. 职业生涯规划对大学生人生发展有什么意义？

3. 谈一下自己的职业发展目标，并思考从现在起需要做哪些努力。

4. 与同学进行交流，为自己设计一份职业生涯规划。

附 录

推荐书籍：

1.《非暴力沟通》马歇尔·卢森堡

2.《必要的丧失》朱迪恩·维奥斯特

3.《自我实现的人》马斯洛

4.《做最好的自己》李开复

5.《靠自己去成功》刘庸

6.《自控力：和压力做朋友：斯坦福大学最实用的心理课程》凯利·麦格尼格尔

7.《沟通力 高效人际关系的构建和维护》[美]威廉·J.瑟勒，玛丽莎·L.贝尔，约瑟夫·P.梅泽

8.《生命的重建》露易丝·海

9.《十天谋定好前途》洪向阳

10.《跨界》詹姆斯·阿尔图切斯

11.《10倍法则》格兰特·卡尔登

12.《生涯发展理论》塞缪尔·H.奥西普/路易丝·F.菲茨杰拉德

推荐电影：

1.《美丽心灵》

2.《哪吒之魔童降世》

3.《头脑特工队》

4.《冲出逆境》

5.《少女奥萨玛》

6.《触不可及》

7.《当幸福来敲门》

8.《深海长眠》

附录二　大学生身心健康状况问卷（UPI）

指导语： 以下问题是为了了解你的健康状况并为你的身心健康而设计的调查。请你按题号顺序阅读，在最近一年中你常常感到或体验到的项目上用"○"标在题号前。为了你顺利完成大学学业，身心健康地去迎接新生活，请你如实选择！

1. 食欲不振。
2. 恶心、胃口不好、便秘。
3. 容易拉肚子或便秘。
4. 关心心悸和脉搏。
5. 身体健康状况良好。
6. 牢骚和不满多。
7. 父母的期望过高。
8. 自己的过去和家庭是不幸的。
9. 过于担心将来的事情。
10. 不想见人。
11. 觉得自己不是自己。
12. 缺乏热情和积极性。
13. 悲观。
14. 思想不集中。
15. 思想起伏过大。
16. 常常失眠。
17. 头痛。
18. 脖子、肩膀酸痛。
19. 胸痛憋闷。
20. 总是朝气蓬勃。
21. 气量过小。
22. 爱操心。
23. 焦躁不安。
24. 容易动怒。
25. 昏迷或抽风。
26. 人缘好，受欢迎。
27. 过于拘泥。
28. 对任何事情不反复确认就不放心。
29. 对脏很在乎。
30. 摆脱不了毫无意义的想法。
31. 觉得自己有怪味。
32. 常觉得别人在背后说自己坏话。
33. 总注意周围的人。
34. 有时想轻生。
35. 对任何事都没有兴趣。
36. 记忆力减退。
37. 缺乏耐心。
38. 缺乏判断能力。
39. 过于依赖别人。
40. 为脸红而苦恼。
41. 口吃、发音颤抖。
42. 身体忽冷忽热。
43. 常常注意排尿和性器官。
44. 心情开朗。
45. 莫名其妙地不安。
46. 一个人独处时感到不安。
47. 缺乏自信心。
48. 办事畏首畏尾。
49. 容易被人误解。
50. 不相信别人。
51. 过于猜疑。
52. 厌恶交往。
53. 感到自卑。
54. 杞人忧天。
55. 身体倦乏。
56. 一着急就出汗。
57. 站起来就头晕。
58. 在乎别人的看法。
59. 觉得别人轻视自己。
60. 情绪易被破坏。

61. 至今你感到自身健康方面有问题吗？ 　　63. 你有健康或心理方面想咨询的问

62. 至今你曾接受心理咨询与治疗吗？ 　　题吗？

（请将想咨询的问题在答卷上注明）

评估说明： UPI 调查的目的是了解学生的心理健康状况，为其提供及时有效的帮助。在做 UPI 问卷前，一定要先看指导语，重点注意此调查是近一年来常常感觉到、体验过的，并要求独立完成，问卷最好直接交给咨询人员。

1. UPI 的记分方法

UPI 测验完成后，需要计算的只有一个指标，即总分。UPI 问卷共 63 个题，其中是非选择题为 60 个（第 1~60 题），辅助选择题 3 个（第 61~63 题），是非选择题中又有 4 个测伪题（第 5、20、35、50 题）。UPI 总分的计算规则是将测伪题以外的其他 56 个是非选择题的得分求总和，所以，UPI 总分最高为 56 分，最低为 0 分。

2. UPI 的筛选规则

（1）第一类筛选标准：满足下列条件之一者应归为第一类。

① UPI 总分在 25 分（包括 25 分）以上者。

② 第 25 题做肯定选择者。

③ 辅助题中同时至少有两题做肯定选择者。

④ 明确提出咨询要求者。

（2）第二类筛选标准：满足下列条件之一者应归为第二类。

① UPI 总分在 20 分至 25 分（包括 20 分，不包括 25 分）之间者。

② 第 8、16、26 题中有一题做肯定选择者。

③ 辅助题中只有一题做肯定选择者。

（3）第三类筛选标准：不属于第一类和第二类者应归为第三类。

其中第一类为可能有较明显心理问题的学生，应尽快约请到学校心理咨询中心进行心理辅导。根据筛选规则和 UPI 结果评价分类方法将这些学生再分为 A、B、C 三类，A 类学生应持续进行心理辅导和心理治疗。

3. UPI 结果的评价分类

A 类：各类神经症（恐惧症、强迫症、焦虑症、严重的神经衰弱等），有精神分裂症倾向、悲观厌世、心理矛盾冲突，明显影响正常生活、学习者，这类学生可立即预约下次咨询时间，每周或隔周面谈一次，直到症状减轻。

B 类：存在一般心理问题，如人际关系不协调、对新环境不适应等。这类学生有种种烦恼，但仍能够维持正常学习和生活。对他们提供帮助的同时应告诉他们如遇到问题，应随时咨询。

其余为 C 类，对他们通过面谈可以起预防的作用。他们的症状暂时不明显或已经解决，以后出现症状时，让他们知道咨询机构可以提供帮助。

把握 A、B、C 分类也可以从比率入手。目前各种调查表明，大学生中心理障碍发生率在 20% 左右，其中心理症状比较严重者约占 1%~2%；在 UPI 调查中，A 类学生约占总体被测者的 1%~2%。

　　A、B、C 分类的目的是筛选出重点帮助和关心的对象，使那些有明显心理症状的学生通过心理咨询和心理治疗，减轻症状，缓解问题，逐步正常化。各校可以根据学生的人数、咨询人员的力量，在有条件的情况下多请一些学生持续面谈，一直到他可以独立应付生活中的任何事件。在心理咨询工作人员缺乏的学校，也可以少请一些学生。A 类并不肯定有神经症或精神病，只有某些症状，需要继续提供帮助和指导。

　　此外，为了对 A 类诊断更为准确，可以借助其他测验手段，如采用康奈尔量表 CMI、心理症状自评量表 SCI-90 等问卷，为神经症的判定提供参考。

附录三　自我认知风格测试

指导语：

（1）自我认知风格测试的目的是帮助你发现自己在面临各类信息时的思考方式。

（2）答案没有对错之分，要试着发现你现实的或可能的反应，而不要刻意去想应该如何反应。

（3）对于每个场景都给出三对选择。在每一对选择中，选择最能真实地反映你的反应的答案。

（4）假如你不是非常肯定，就猜测选择与你的反应最接近的答案。

当回答完所有的问题后计算你的得分，这个得分可作为与他人比较的基础。

1. 假设你是一个天体科学家，你的工作是收集有关水星的卫星信息。下列哪一条是你在研究中最感兴趣的？

（1）A. 卫星之间的相似点

　　B. 卫星之间的差异点

（2）A. 整个卫星系统是如何运作的

　　B. 每个卫星的特性

（3）A. 水星及其卫星与地球及地球的卫星之间的区别所在

　　B. 水星及其卫星与地球及其卫星之间的相同之处

2. 假设你是一个企业的总经理，要求你的分公司主管在年末做述职报告。下列哪一条对你最有吸引力？

（4）A. 一份详细分析数据的述职报告

　　B. 着重整体远景的述职报告

（5）A. 展示分公司对公司整体贡献的述职报告

　　B. 展示分公司单独贡献的述职报告

（6）A. 分公司的运作细节

　　B. 分公司业绩数据的大体概括

3. 假设你正在某一个亚洲国家访问，现在你正要写信回家讲述你的访问经历。哪一种是你最典型的叙述方式？

（7）A. 对人和事件的详细描述

　　B. 一般性的观感和感受

（8）A. 重点介绍他国与本国文化的相似之处

　　B. 重点介绍他国文化的独特之处

（9）A. 整体的、概括性的经历观感

　　B. 经历中某几个片段的个别的、独特的观感

4. 假设你正欣赏由著名交响乐队演奏的音乐会，下列哪一条是你最有可能去做的？

（10）A. 倾听单个乐器的不同演奏内容

　　　　B. 倾听所有乐器合奏的和谐乐章

（11）A. 集中于欣赏音乐整体旋律的全部情感

　　　　B. 主要欣赏乐曲不同部分所带来的不同的感受

（12）A. 集中于欣赏指挥的整体风格

　　　　B. 重点在于欣赏指挥是如何演绎不同乐章的

5. 假设你正考虑接受某一组织的工作。就决定是否接受这项工作，下列哪一种行动是你最可能采取的？

（13）A. 系统收集该组织的有关信息

　　　　B. 依赖个人直觉或灵感

（14）A. 首先考虑该工作是否适合自己

　　　　B. 首先考虑在组织中要取得成功所需的政治关系问题

（15）A. 收集数据和做决定都是很有条理性的

　　　　B. 主要考虑个人本性和内在感受

6. 假如你继承了一份遗产，并准备进行投资。恰好你得知一家新成立的高科技企业在发行股票。当你决定购买该企业的股票时，下列哪一条同你的实际情况较一致？

（16）A. 你是依靠自己的预感来投资

　　　　B. 只有在经过对该企业的系统调查以后，你才进行投资

（17）A. 你进行投资多多少少有些冲动

　　　　B. 你按照一个预定的程序进行投资决策

（18）A. 你能理智地将投资与不同企业的投资决策进行比较

　　　　B. 理智地将投资与不同企业的投资决策进行比较对你来说是件很困难的事

7. 假设你正接受电视采访，以下是你将被问到的问题和相应的选择，选择最适合你的答案。

（19）你是如何做菜的？

　　　　A. 使用烹饪手册

　　　　B. 不使用烹饪手册

（20）你如何预测下一赛季全国足球甲级联赛的冠军？

　　　　A. 通过系统研究球队人员构成和以往战绩

　　　　B. 预感和直觉

（21）你最喜欢哪类游戏？

　　　　A. 随机性的游戏

　　　　B. 国际象棋、围棋等逻辑性的游戏

8. 假设你是一个经理，现在需要聘请一个经理助理。下列哪些是你最有可能做的？

（22）A. 使用一套问题来面试每个候选人

B. 以对每个候选人的个人感受和直觉判断

（23）A. 主要考虑你和候选人之间的性格是否合拍

B. 主要考虑候选人的能力是否满足职务要求

（24）A. 依靠候选人真实的、历史的背景做决定

B. 依靠个人感觉和印象做决定

评估说明： 在表附 3-1 自我认知风格测试计分表中圈出你选择的答案，每个选择的答案以 1 分计，然后加总你圈出的答案数并填入表格最后一行的空格中。

表附 3-1　自我认知风格测试计分表

直　觉	分　数	感　觉	分　数	思　考	分　数	知　觉	分　数
（1）　A		（1）　B		（13）　A		（13）　B	
（2）　A		（2）　B		（14）　B		（14）　A	
（3）　B		（3）　A		（15）　A		（15）　B	
（4）　A		（4）　A		（16）　B		（16）　A	
（5）　A		（5）　B		（17）　B		（17）　A	
（6）　A		（6）　A		（18）　A		（18）　B	
（7）　B		（7）　A		（19）　A		（19）　B	
（8）　A		（8）　B		（20）　A		（20）　B	
（9）　A		（9）　B		（21）　B		（21）　A	
（10）　B		（10）　A		（22）　A		（22）　B	
（11）　A		（11）　B		（23）　B		（23）　A	
（12）　A		（12）　B		（24）　A		（24）　B	
直觉得分		感觉得分		思考得分		知觉得分	

计算出直觉、感觉、思考和知觉的得分后，与表附 3-2 中的自我认知风格测试参照数据相比较，如果超过对应的四种类型的参考分，则表明被测试者在某方面的特征比较明显。

表附 3-2　自我认知风格测试参照数据

性　别	直　觉	感　觉	思　考	知　觉
男	5.98	6.02	6.08	5.20
女	6.04	5.96	6.94	5.06

附录四　心理自测——我心目中的自己和别人眼中的我

指导语：表附 4-1 个人特性描述汇总表中所列是一些描述个人特性的形容词。将最符合你特性的描述涂上绿色，将比较符合你特性的描述涂上黄色，将不符合你特性的描述涂上红色。

表附 4-1　个人特性描述汇总表

朴实的	单纯的	成熟的	有才华的
内向的	发脾气的	助人的	温和的
固执的	律己的	随便的	有信用的
冒险的	乐观的	勇敢的	独立的
刻苦的	慷慨的	热情的	腼腆的
顺从的	不服输的	有同情心的	外向的
自私的	快乐的	有进取心的	幽默的
认真的	爱表现的	懒惰的	有毅力的
果断的	谨慎的	可靠的	合群的

做完上述练习后，请将与表附 4-1 同样的未作标记的表格给你的同学，让他根据对你的印象分别涂上绿色、黄色和红色。

将未作标记的表附 4-1 交给你的家长，让他们也按照上述方法涂颜色。

评估说明：对比你所填的颜色与同学和家长所填颜色的相同数，即可知道你的自我评价是否与他人对你的评价一致。

附录五 情商测试问卷——国际标准情商（EQ）测试题

指导语： 可口可乐公司、麦当劳公司、诺基亚公司等众多世界 500 强企业，曾以此为员工情商测试的模板，帮助员工了解自己的情商状况。测试题共 33 题，测试时间为 25 分钟，最大情商为 174 分。切记这不是一个求职询问表，不必有意识地尽量展示你的优点和掩饰你的缺点。如果你真心想对自己有一个判断，那你就要如实填写。如果你已经准备就绪，请开始计时。

第 1~9 题：请从下面的问题中，选择一个和自己最切合的答案填入右边横线上，但要尽可能少选中性答案。

1. 我有能力克服各种困难：＿＿＿＿＿＿

A. 是的   B. 不一定   C. 不是的

2. 如果我能到一个新的环境，我要把生活安排得：＿＿＿＿＿＿

A. 和从前相仿   B. 不一定   C. 和从前不一样

3. 一生中，我觉得自己能达到我所预想的目标：＿＿＿＿＿＿

A. 是的   B. 不一定   C. 不是的

4. 不知为什么，有些人总是回避或冷淡我：＿＿＿＿＿＿

A. 不是的   B. 不一定   C. 是的

5. 在大街上，我常常避开我不愿打招呼的人：＿＿＿＿＿＿

A. 从未如此   B. 偶尔如此   C. 有时如此

6. 当我集中精力工作时，假使有人在旁边高谈阔论：＿＿＿＿＿＿

A. 我仍能专心工作   B. 介于 A、C 之间   C. 我不能专心且感到愤怒

7. 我不论到什么地方，都能清楚地辨别方向：＿＿＿＿＿＿

A. 是的   B. 不一定   C. 不是的

8. 我热爱所学的专业和所从事的工作：＿＿＿＿＿＿

A. 是的   B. 不一定   C. 不是的

9. 气候的变化不会影响我的情绪：＿＿＿＿＿＿

A. 是的   B. 介于 A、C 之间   C. 不是的

第 10~16 题：请如实选答下列问题，将答案填入右边横线处。

10. 我从不因流言蜚语而生气：＿＿＿＿＿＿

A. 是的   B. 介于 A、C 之间   C. 不是的

11. 我善于控制自己的面部表情：＿＿＿＿＿＿

A. 是的   B. 不太确定   C. 不是的

12. 在就寝时，我常常：＿＿＿＿＿＿

A. 极易入睡   B. 介于 A、C 之间   C. 不易入睡

13. 有人侵扰我时，我：_____

 A. 不露声色 B. 介于 A、C 之间 C. 大声抗议，以泄己愤

14. 在和人争辩或工作出现失误后，我常常感到震颤，精疲力竭，而不能继续安心工作：_____

 A. 不是的 B. 介于 A、C 之间 C. 是的

15. 我常常被一些无谓的小事困扰：_____

 A. 不是的 B. 介于 A、C 之间 C. 是的

16. 我宁愿住在僻静的郊区，也不愿住在嘈杂的市区：_____

 A. 不是的 B. 不太确定 C. 是的

第 17~25 题：在下面问题中，每一题请选择一个和自己最切合的答案填入右侧横线处，尽量少选中性答案。

17. 我被朋友、同事起过绰号、挖苦过：_____

 A. 从来没有 B. 偶尔有过 C. 这是常有的事

18. 有一种食物使我吃后呕吐：_____

 A. 没有 B. 记不清 C. 有

19. 除去看见的世界外，我的心中没有另外的世界：_____

 A. 没有 B. 记不清 C. 有

20. 我会想到若干年后有什么使自己极为不安的事：_____

 A. 从来没有想过 B. 偶尔想到过 C. 经常想到

21. 我常常觉得自己的家庭对自己不好，但是我又确切地知道他们的确对我好：_____

 A. 否 B. 说不清楚 C. 是

22. 每天我一回家就立刻把门关上：_____

 A. 否 B. 不清楚 C. 是

23. 我坐在小房间里把门关上，但我仍觉得心里不安：_____

 A. 否 B. 偶尔是 C. 是

24. 当一件事需要我作决定时，我常觉得很难：_____

 A. 否 B. 偶尔是 C. 是

25. 我常常用抛硬币、翻纸、抽签之类的游戏来预测凶吉：_____

 A. 否 B. 偶尔是 C. 是

第 26~29 题：下面各题，请按实际情况如实回答，仅需回答"是"或"否"即可，在你选择的答案下打"√"。

26. 为了工作我早出晚归，早晨起床我常常感到疲惫不堪：　　　　　是　　否

27. 在某种心境下，我会因为困惑陷入空想，将工作搁置下来：　　　　是　　否

28. 我的神经脆弱，稍有刺激就会使我战栗：　　　　是　　否

29. 睡梦中，我常常被噩梦惊醒：　　　　是　　否

第30~33题：本组测试共4题，每题有5种答案，请选择与自己最切合的答案，在你选择的答案下打"√"。

答案标准为：1——从不；2——几乎不；3——半数时间是；4——大多数时间是；5——总是。

30. 工作中我愿意挑战艰巨的任务。　　　　　1　　2　　3　　4　　5
31. 我常发现别人好的意愿。　　　　　　　　1　　2　　3　　4　　5
32. 能听取不同的意见，包括对自己的批评。　1　　2　　3　　4　　5
33. 我时常勉励自己，对未来充满希望。　　　1　　2　　3　　4　　5

评估说明：计分时请按照计分标准，先算出各部分得分，最后将各部分得分相加，得到的分值即为最终得分。

第1~9题，每回答一个A得6分，回答一个B得3分，回答一个C得0分。计＿＿＿分。

第10~16题，每回答一个A得5分，回答一个B得2分，回答一个C得0分。计＿＿＿分。

第17~25题，每回答一个A得5分，回答一个B得2分，回答一个C得0分。计＿＿＿分。

第26~29题，每回答一个"是"得0分，回答一个"否"得5分。　　计＿＿＿分。

第30~33题，从左至右分数分别为1分、2分、3分、4分、5分。　　计＿＿＿分。

总计为＿＿＿分。

如果你的得分在90分以下，说明你的情商较低，你常常不能控制自己，你极易被自己的情绪所影响。很多时候你容易被激怒、发火、发脾气，这是非常危险的信号。你的事业可能会毁于你的急躁，对于此，最好的解决办法是能够给不好的东西一个好的解释，保持头脑冷静，使自己心情开朗。正如富兰克林所说："任何人生气都是有理的，但很少有令人信服的理由。"

如果你的得分为90~129分，说明你的情商一般，对于一件事，你不同时候的表现可能不一，这与你的意识有关，你比前者更具有情商意识，但这种意识不是常常都有，因此需要你多加注意、时时提醒自己。

如果你的得分为130~149分，说明你的情商较高。你是一个快乐的人，不易恐惧担忧，干工作时你热情投入、敢于负责，你为人更是正义正直、同情关怀他人，这是你的优点，应该努力保持。

如果你的得分在150分以上，那你就是个情商高手，你的情绪智慧不但是你事业的保障，还是你事业有成的一个重要前提条件。

附录六 气质量表

指导语： 下面是一套测试题，可以帮助你了解自己属于哪一种气质类型，以便调整自己的心态。本测验共有 60 个问题，对照自己的实际情况，如下列问题认为很符合自己情况的，计 2 分；比较符合的，计 1 分；介于符合与不符合之间的，计 0 分；比较不符合的，计 -1 分；完全不符合的，计 -2 分。

（1）做事力求稳妥，不做无把握的事。

（2）遇到可气的事就怒不可遏，把心里话全说出来才痛快。

（3）宁肯一个人干事，也不愿跟很多人在一起。

（4）到一个新环境很快就能适应。

（5）厌恶那些强烈的刺激，如尖叫、噪声、危险镜头等。

（6）和人争吵时，总是先发制人，喜欢挑剔别人。

（7）喜欢安静的环境。

（8）善于和人交往。

（9）羡慕那种善于克制自己感情的人。

（10）生活有规律，很少违反作息制度。

（11）在多数情况下情绪是乐观的。

（12）碰到陌生人就觉得很拘束。

（13）遇到令人气愤的事，能很好地自我克制。

（14）做事总是有旺盛的精力。

（15）遇到问题常常举棋不定、优柔寡断。

（16）在人群中从不觉得过分拘束。

（17）情绪高昂时，觉得干什么都有趣；情绪低落时，又觉得干什么都没有意思。

（18）当注意力集中于某一事物时，别的事很难使我分心。

（19）理解问题总比别人快。

（20）碰到危险情境时，常有一种极度恐怖感。

（21）对学习、工作、事业怀有很大的热情。

（22）能够长时间做枯燥、单调的工作。

（23）符合兴趣的事情，干起来劲头十足，否则就不想干。

（24）一点小事就能引起情绪波动。

（25）讨厌做那种需要耐心、细致的工作。

（26）与人交往不卑不亢。

（27）喜欢参加热烈的活动。

（28）爱看感情细腻、描写人物内心活动的文学作品。

（29）工作学习时间长了常感到厌倦。

（30）不喜欢长时间谈论一个问题，愿意实际动手干。

（31）宁愿侃侃而谈，也不愿窃窃私语。

（32）别人说我总是闷闷不乐。

（33）理解问题常比别人慢些。

（34）疲倦时只要短暂的休息就能精神抖擞，重新投入工作。

（35）心里有话宁愿自己想，不愿说出来。

（36）认准一个目标就希望尽快实现，不达目的，誓不罢休。

（37）学习、工作同样长时间，常比别人更疲倦。

（38）做事有些莽撞，常常不考虑后果。

（39）老师或师傅讲授新知识、新技术时，总希望他讲慢些，多重复几遍。

（40）能够很快地忘记那些不愉快的事情。

（41）做作业或完成一件工作总比别人花的时间多。

（42）喜欢运动量大的剧烈体育活动，或参加各种文艺活动。

（43）不能很快地把精力从一件事转移到另一件事上去。

（44）接受一个任务后，就希望把它迅速解决。

（45）认为墨守成规比冒风险要强一些。

（46）能够同时注意几件事物。

（47）当我烦闷的时候，别人很难使我高兴起来。

（48）爱看情节起伏跌宕、激动人心的小说。

（49）对工作抱认真严谨、始终如一的态度。

（50）和周围人的关系总是相处不好。

（51）喜欢复习学过的知识，重复做熟练的工作。

（52）希望做变化大、花样多的工作。

（53）小时候会背的诗歌，我似乎比别人记得清楚。

（54）别人说我出语伤人，可我并不觉得这样。

（55）在体育活动中，常因反应慢而落后。

（56）反应敏捷、头脑机智。

（57）喜欢有条理而又不甚麻烦的工作。

（58）兴奋的事常使我失眠。

（59）老师讲新概念，常常听不懂，但是弄懂了以后就很难忘记。

（60）假如工作枯燥无味，马上就会情绪低落。

评估说明：将每种气质类型题号的得分填入如表附 6-1 所示的气质类型计分表并相加，求出各气质类型的总得分。

表附 6-1 气质类型计分表

	题号	2	6	9	14	17	21	27	31	36	38	42	48	50	54	58	总分
胆汁质	得分																
	题号	4	8	11	16	19	23	25	29	34	40	44	46	52	56	60	总分
多血质	得分																
	题号	1	7	10	13	18	22	26	30	33	39	43	45	49	55	57	总分
黏液质	得分																
	题号	3	5	12	15	20	24	28	32	35	37	41	47	51	53	59	总分
抑郁质	得分																
计算结果	你的气质是:																

（1）如果某一类气质得分明显高出其他 3 种，且均高出 4 分以上，则可定为该气质类型；如果该类气质得分为 10~20 分，则为一般型；如果该类气质得分超过 20 分，则为典型的该气质。

（2）如果两种气质类型得分接近，其差异低于 3 分，而且又明显高出其他两种类型 4 分以上，则可定为这两种气质的混合型。

（3）如果三种气质类型得分均高于第四种，而且接近，则为三种气质的混合型，如多血—胆汁—黏液混合型或黏液—多血—抑郁质混合型。

（4）如果四种气质类型得分相差都在 3 分以内，则可能是没有如实回答问题，也可能是四种气质类型的混合型，不过这种情况很少见。

一般来说，正分值越高，表明被试者越具有该项气质的典型特征；分值越低或为负，表明越不具备该项特征。

附录七 学习心理综合诊断量表

指导语: 对以下问题回答"是"或者"否"。

1. 学习态度的自我诊断

A. 是否有强烈的求知欲和努力学习的愿望?

B. 是否有主动积极的进取精神?

C. 学习是否认真?

D. 是否自觉独立地完成各科的学习任务?

2. 知识水平的自我诊断

A. 能否明了基本概念、基本知识?

B. 是否善于将新知识和旧知识联系起来?

C. 所学的知识能否做到举一反三、触类旁通?

D. 能否运用概念正确区分事物?

E. 能否将所学知识结合实际灵活运用?

F. 自己的知识结构是否合理?

3. 思维能力的自我诊断

A. 是否有探究与讨论问题的爱好?

B. 是否善于抓住两个不同事物的异同点?

C. 思维是否严密、准确?

D. 思维是否深刻?

E. 思维是否灵敏?

4. 理解能力的自我诊断

A. 对所学的概念、公式、定理,是否能做到不仅知其然,而且知其所以然?

B. 能否把握知识之间的内在联系?

C. 考试中的论述题(问答题)你是一字不漏地照课本回答,还是用自己的语言回答?

5. 解决问题能力的自我诊断

A. 对自己解决问题的能力是否充满信心?

B. 你是否善于质疑和多发问?

C. 解决问题时你是否能准确果断地抓住要点?

D. 你是否能把注意力集中在所要解决的问题上,而较少注意那些与该问题无关的东西?

E. 解答问题的方法是搬用以前的解答模式,还是来自创新的解答方法?

F. 解答问题的思路是否有条有理?

G. 能否发挥已有知识在解答问题上的作用?

6. 自学能力的自我诊断

A. 是否善于安排和调整学习时间?

B. 是否具有良好的自学习惯?

C. 能否正确地使用工具书？

7. 阅读技能的自我诊断

A. 阅读时你是默默地读，还是出声地读？

B. 朗读时你是否能断句分明、节奏适中、富有感情？

C. 你能否边阅读边思考？阅读后能否准确地概括出段意或中心思想？

8. 听课技能的自我诊断

A. 上课是否能专心地听老师讲课？

B. 听课时是否能紧跟老师的思路？

C. 能否抓住老师讲课的要点？

D. 是否善于发现老师讲课的错误？

9. 笔记技巧的自我诊断

A. 是否能记下讲课的梗概、重点、特别重要的内容、老师反复讲授的地方、开场白、结束语和章节的联系？

B. 能否记下系统的板书？

C. 能否记下老师分析问题和解决问题的思路？

D. 能否记下听课时的体会？

E. 是否记下重要的图表和图解？

F. 是否记下没有听懂的地方、疑难点或来不及思考的问题？

G. 是否能用自己的话来记笔记？

H. 笔记是否记得简明准确、一目了然？

10. 实验技能的自我诊断

A. 在实验之前是否有亲手去做、亲身去体验的愿望？

B. 是否制订了实验计划？

C. 是否能熟练地进行实验器械操作？

D. 是否能准确地记录、计算、整理实验结果？

E. 是否能准确地解释和概括实验结果？

F. 能否独立地完成实验报告？

11. 学习兴趣的自我诊断

A. 你最喜欢什么学科？

B. 你最喜欢什么课外活动？

C. 你是否有广博求知的愿望？

D. 求知的欲望是否强烈、持久？

评估说明： 以上 11 个方面共 53 个问题，如果你有 45 个以上回答"是"，说明你的学习质量很高；如果有 35~44 个回答"是"，说明你的学习质量良好；如果有 25~34 个回答"是"，说明你的学习质量一般；如果回答"是"的问题在 25 个以下，说明你的学习质量较差。

附录八 大学生心理适应性测量问卷

指导语： 本问卷共 20 题，每题均给出 5 个备选答案，请从中选择一项最适合你的答案。

（1）假如把每次考试的试卷拿到一个安静、无人监考的房间去做，我的成绩会更好一些。

    A. 很对　　　B. 对　　　　　C. 无所谓　　　　　D. 不对　　　　　E. 很不对

（2）夜间走路，我能比别人看得更清楚。

    A. 是　　　　B. 好像是　　　C. 不知道　　　　D. 好像不是　　　E. 不是

（3）每次离开家到一个新的地方，我总爱闹点毛病，如失眠、拉肚子、皮肤过敏等。

    A. 完全对　B. 有些对　　　C. 不知道　　　　D. 不太对　　　　E. 不对

（4）我在正式运动会上取得的成绩，常比体育课或平时练习的成绩好些。

    A. 是　　　　B. 似乎是　　　C. 吃不准　　　　D. 似乎不是　　　E. 正相反

（5）我每次明明已将课文背得滚瓜烂熟，可在课堂上背的时候，还是会出差错。

    A. 经常如此　B. 有时如此　C. 吃不准　　　　D. 很少这样　　　E. 没有这种情况

（6）开会轮到我发言时，我似乎比别人更镇定，发言也显得很自然。

    A. 对　　　　B. 有些对　　　C. 不知道　　　　D. 不太对　　　　E. 正相反

（7）我在冷天比别人更怕冷，而热天又比别人更怕热。

    A. 是　　　　B. 好像是　　　C. 不知道　　　　D. 好像不是　　　E. 不是

（8）在嘈杂的环境里，我仍能集中精力学习、工作，效率并不会大幅度降低。

    A. 对　　　　B. 略对　　　　C. 吃不准　　　　D. 有些不对　　　E. 不对

（9）每次检查身体，医生都说我心跳过速，其实我平时脉搏很正常。

    A. 是　　　　B. 有时是　　　C. 时有时无　　　D. 很少有　　　　E. 完全不是

（10）如果需要的话，我可以熬一个通宵，并精力充沛地学习和工作。

    A. 完全可以　B. 有些可以　C. 不知道　　　　D. 不可以　　　　E. 完全不可以

（11）当父母或兄弟姐妹的朋友来我家做客的时候，我尽量回避他们。

    A. 是　　　　B. 有时是　　　C. 时有时无　　　D. 很少有　　　　E. 完全不是

（12）出门在外，虽然吃饭、睡觉、环境等变化很大，可是我很快就能习惯。

    A. 是　　　　B. 有时是　　　C. 是与否之间　　D. 很少是　　　　E. 完全不是

（13）参加各种比赛时，赛场上很热烈，观众越加油，我的成绩反而越上不去。

    A. 是　　　　B. 有时是　　　C. 是与否之间　　D. 很少是　　　　E. 不是

（14）上课回答问题或开会发言时，我能镇定自若地把事先想好的一切都完整地说出来。

    A. 对　　　　B. 略对　　　　C. 对与不对之间　D. 略不对　　　　E. 不对

（15）我觉得一个人做事比大家一起干效率高一些，所以我愿意一个人做事。

    A. 是　　　　B. 好像是　　　C. 是与否之间　　D. 好像不是　　　E. 不是

（16）为求得和睦相处，我有时放弃自己的意见，附和大家。

A. 是　　　　B. 有时是　　　C. 是与否之间　　　D. 很少　　　　E. 根本不是

（17）当着众人和生人的面，我感到窘迫。

A. 是　　　　B. 有时是　　　C. 是与否之间　　　D. 很少是　　　E. 不是

（18）无论情况多么紧迫，我都能注意到该注意的细节，不爱丢三落四。

A. 对　　　　B. 略对　　　　C. 对与不对之间　　D. 略不对　　　E. 不对

（19）和别人争吵起来时，我常常哑口无言，事后才想起该怎么反驳对方，可是已经晚了。

A. 是　　　　B. 有时是　　　C. 是与否之间　　　D. 很少　　　　E. 不是

（20）我每次参加正式考试或考核的成绩，常常比平时的成绩要好些。

A. 是　　　　B. 有时是　　　C. 是与否之间　　　D. 很少是　　　E. 不是

评估说明： 凡顺序为单数的问题，如1、3、5、7等的选项从A到E依次为1、2、3、4、5分。凡顺序为双数的问题，如2、4、6、8等的选项从A到E依次为5、4、3、2、1分。

结果解释：

81~100分：适应性很强。

61~80分：适应性较强。

41~60分：适应性一般。

21~40分：适应性较差。

0~20分：适应性很差。

附录九　大学生人际关系综合诊断量表

指导语：这是一份人际关系行为困扰的诊断量表，共 28 个问题，在每个问题上，选"是"的打"√"，选"非"的打"×"。请你认真完成，然后看后面的评分办法和对测验结果作出的解释。

（1）关于自己的烦恼有口难言。　　　　　　　　　　　　　　　　（　　）

（2）和生人见面感觉不自然。　　　　　　　　　　　　　　　　　（　　）

（3）过分地羡慕和妒忌别人。　　　　　　　　　　　　　　　　　（　　）

（4）与异性交往太少。　　　　　　　　　　　　　　　　　　　　（　　）

（5）对连续不断的会谈感到困难。　　　　　　　　　　　　　　　（　　）

（6）在社交场合感到紧张。　　　　　　　　　　　　　　　　　　（　　）

（7）时常伤害别人。　　　　　　　　　　　　　　　　　　　　　（　　）

（8）与异性交往感觉不自然。　　　　　　　　　　　　　　　　　（　　）

（9）与一大群朋友在一起，常感到孤寂或失落。　　　　　　　　　（　　）

（10）极易受窘。　　　　　　　　　　　　　　　　　　　　　　（　　）

（11）与别人不能和睦相处。　　　　　　　　　　　　　　　　　（　　）

（12）不知道与异性相处如何适可而止。　　　　　　　　　　　　（　　）

（13）当不熟悉的人对自己倾诉他的生平遭遇以求同情时，自己常感到不自在。

　　　　　　　　　　　　　　　　　　　　　　　　　　　　　（　　）

（14）担心别人对自己有什么坏印象。　　　　　　　　　　　　　（　　）

（15）总是尽力使别人赏识自己。　　　　　　　　　　　　　　　（　　）

（16）暗自思慕异性。　　　　　　　　　　　　　　　　　　　　（　　）

（17）时常避免表达自己的感受。　　　　　　　　　　　　　　　（　　）

（18）对自己的仪表（容貌）缺乏信心。　　　　　　　　　　　　（　　）

（19）讨厌某人或被某人所讨厌。　　　　　　　　　　　　　　　（　　）

（20）瞧不起异性。　　　　　　　　　　　　　　　　　　　　　（　　）

（21）不能专注地倾听。　　　　　　　　　　　　　　　　　　　（　　）

（22）自己的烦恼无人可倾诉。　　　　　　　　　　　　　　　　（　　）

（23）受别人排斥与冷漠。　　　　　　　　　　　　　　　　　　（　　）

（24）被异性瞧不起。　　　　　　　　　　　　　　　　　　　　（　　）

（25）不能广泛地听取各种意见、看法。　　　　　　　　　　　　（　　）

（26）自己常因受伤害而暗自伤心。　　　　　　　　　　　　　　（　　）

（27）常被别人谈论、愚弄。　　　　　　　　　　　　　　　　　（　　）

（28）与异性交往不知如何更好地相处。　　　　　　　　　　　　（　　）

评估说明： 打"√"的计 1 分，打"×"的计 0 分。

如果你得到的总分是 0~8 分，那么说明你在与朋友相处上的困扰较少。你善于交谈，性格比较开朗，能主动关心别人，你对周围的朋友都比较好，愿意和他们在一起，他们也都喜欢你，你们相处得不错。而且，你能够从与朋友相处中得到许多乐趣。你的生活是比较充实而且丰富多彩的，你与异性朋友也相处得很好。一句话，你不存在或较少存在交友方面的困扰，你善于与朋友相处，人缘很好，获得许多人的好感与赞同。

如果你得到的总分是 9~14 分，那么，你与朋友相处存在一定程度的困扰。你的人缘很一般，换句话说，你和朋友的关系并不牢固，时好时坏，经常处在一种起伏波动的状态之中。

如果你得到的总分是 15~28 分，那就表明你在同朋友相处上的行为困扰较严重；分数超过 20 分，则表明你的人际关系困扰程度很严重，而且在心理上出现较为明显的障碍。你可能不善于交谈，也可能是一个性格孤僻的人，不开朗，或者有明显的自高自大、讨人嫌的行为。

下面根据表附 9-1 人际关系综合诊断分栏计分表各个小栏上的得分，具体说明受测者与朋友相处的困扰行为及其纠正方法。

表附 9-1　人际关系综合诊断分栏计分表

栏	题　目　序　号							得分小计	困扰行为
I	1	5	9	13	17	21	25		交谈
II	2	6	10	14	18	22	26		交际与交友
III	3	7	11	15	19	23	27		待人接物
IV	4	8	12	16	20	24	28		与异性交往

（1）计分表 I 栏上的小计分数，显示出受测者在交谈方面的行为困扰程度。

如果得分在 6 分以上，说明受测者不善于交谈，只有在极需要的情况下才同别人交谈，总难以表达自己的感受，无论是愉快还是烦恼；受测者不是个很好的倾听者，往往无法专心听别人说话或只对单独的话题感兴趣。

如果得分为 3~5 分，说明受测者的交谈能力一般，能够诉说自己的感受，但不能讲得条理清晰。如果受测者与对方不太熟悉，开始时往往表现得比较拘谨与沉默，不太愿意与对方交谈。但这种状况一般不会持续太久。经过一段时间的接触，受测者可能会主动与人搭话，这方面的困扰也就会随之减轻或消除。

如果得分为 0~2 分，说明受测者有较强的交谈能力和技巧，善于利用恰当的说话方式来交流思想感情，因而在与别人建立友情方面，往往更容易获得成功。

（2）计分表 II 栏上的小计分数，显示出受测者在交际与交友方面的行为困扰程度。

如果得分在 6 分以上，说明受测者在社交活动与交友方面存在严重的行为困扰。例如，在正常集体活动与社交场合，比大多数同伴更为拘谨；在有陌生人或老师在场时，往往感到更加紧张；往往过多考虑自己的形象而使自己处于越来越被动和孤立的境地。

如果得分为3~5分，说明受测者在社交与交友方面存在一定的困扰。受测者不喜欢一个人待着，需要和朋友在一起，却不善于创造条件并积极主动地寻找知心朋友。

如果得分为0~2分，说明受测者对人较为真诚和热情，不存在人际交往困扰。

（3）计分表Ⅲ栏上的小计分数，显示出受测者在待人接物方面的困扰程度。

如果得分在6分以上，说明受测者缺乏待人接物的智慧与技巧。在实际的人际交往中，受测者也许有意或无意地伤害别人，或者过分羡慕别人以致在内心嫉妒别人，可能因此受到别人的冷漠、排斥，甚至愚弄。

如果得分为3~5分，说明受测者是个多侧面的人，也许是一个较圆滑的人。对待不同的人，受测者有不同的态度，而不同的人对受测者也有不同的评价。受测者讨厌某人或者被某人讨厌，却非常喜欢一个人或者被另一个人喜欢。受测者的朋友关系某些方面是和谐的、良好的，而某些方面是紧张的、恶劣的。因此，受测者的情绪很不稳定，内心极不平衡，常常处于矛盾状态中。

如果得分为0~2分，说明受测者较尊重别人，敢于承担责任，对环境的适应性强。受测者常常以自己的真诚、宽容、责任心强等个性特点，获得众人的好感与赞同。

（4）计分表Ⅳ栏上的小计分数，显示出受测者同异性交往的困扰程度。

如果得分在5分以上，说明受测者在与异性交往的过程中存在较为严重的困扰。也许受测者对异性存有过分的思慕，或者对异性持有偏见。这两种态度都有片面之处。也许是不知如何把握好与异性交往的分寸而陷入困扰之中。

如果得分为3~4分，说明受测者与异性交往的行为困扰程度一般。有时受测者可能觉得与异性交往是一件愉快的事，有时又可能觉得这种交往似乎是一种负担、不知道如何与异性交往最适宜。

如果得分为0~2分，说明受测者知道如何正确处理与异性之间的关系。受测者对异性持公正的态度，能大方自然地与他们交往，并且在与异性交往中得到了许多从同性朋友那里得不到的东西。受测者可能是一个比较受欢迎的人。无论是同性朋友还是异性朋友，多数人都比较喜欢和赞赏受测者。

附录十　恋爱态度测试量表

指导语: 下列题目均有 A、B、C、D 四个选项,每个选项后的括号内有项目的得分(0~3 分),请在每题中选择一项你认为最适合的填在题后的括号内。

(1)你对未来妻子要求最主要的是(男性选择)(　　　)。

A. 善于持家做活,利落能干　　　　　　　　　　　　　　　　　　　　(2)

B. 容貌漂亮,风度翩翩　　　　　　　　　　　　　　　　　　　　　　(1)

C. 人品不错,能体贴帮助自己　　　　　　　　　　　　　　　　　　　(3)

D. 顺从你的意思　　　　　　　　　　　　　　　　　　　　　　　　　(1)

(2)你对未来丈夫要求最主要的是(女性选择)(　　　)。

A. 潇洒大方,有男子汉风度　　　　　　　　　　　　　　　　　　　　(1)

B. 有钱有势,社交能力强　　　　　　　　　　　　　　　　　　　　　(1)

C. 为人诚实正直,有进取心,待人和蔼可亲　　　　　　　　　　　　　(3)

D. 只要他爱我,其他都不考虑　　　　　　　　　　　　　　　　　　　(2)

(3)你认为完美的结合应是(　　　)。

A. 门当户对　　　　　　　　　　　　　　　　　　　　　　　　　　　(1)

B. 郎才女貌　　　　　　　　　　　　　　　　　　　　　　　　　　　(1)

C. 心心相印　　　　　　　　　　　　　　　　　　　　　　　　　　　(3)

D. 情趣相投　　　　　　　　　　　　　　　　　　　　　　　　　　　(2)

(4)对最佳恋爱时间的考虑是(　　　)。

A. 自己已经成熟,懂得人生的意义和爱情的内涵,确定了事业上的主攻方向　(3)

B. 随着年龄的增大,自有贤妻与好丈夫光临,"月老"不会忘记每个人的　(2)

C. 先下手为强,越早越主动　　　　　　　　　　　　　　　　　　　　(0)

D. 还没想过　　　　　　　　　　　　　　　　　　　　　　　　　　　(1)

(5)你希望与自己的恋人的结识方式是(　　　)。

A. 青梅竹马,情深意长　　　　　　　　　　　　　　　　　　　　　　(2)

B. 一见钟情,难分难舍　　　　　　　　　　　　　　　　　　　　　　(1)

C. 在工作和学习中逐渐产生恋情　　　　　　　　　　　　　　　　　　(3)

D. 经熟人介绍　　　　　　　　　　　　　　　　　　　　　　　　　　(1)

(6)你认为推进爱情的良策是(　　　)。

A. 极力讨好取悦对方　　　　　　　　　　　　　　　　　　　　　　　(1)

B. 尽力使自己变得更完美　　　　　　　　　　　　　　　　　　　　　(3)

C. 百依百顺,言听计从　　　　　　　　　　　　　　　　　　　　　　(2)

D. 无计可施　　　　　　　　　　　　　　　　　　　　　　　　　　　(0)

（7）你希望恋爱的时间是（　　）。

A. 越短越好，最好是闪电式　　　　　　　　　　　　　　　　　　　（1）

B. 时间依进展而定　　　　　　　　　　　　　　　　　　　　　　　（3）

C. 时间要拖长些　　　　　　　　　　　　　　　　　　　　　　　　（2）

D. 自己无主张，全听对方的　　　　　　　　　　　　　　　　　　　（0）

（8）谁都希望完整全面地了解对方，你觉得了解他（她）的最佳途径是（　　）。

A. 精心布置特殊场面，连连对恋人进行考验　　　　　　　　　　　　（0）

B. 坦诚地交谈，细心地观察　　　　　　　　　　　　　　　　　　　（3）

C. 通过朋友打听　　　　　　　　　　　　　　　　　　　　　　　　（2）

D. 没想过　　　　　　　　　　　　　　　　　　　　　　　　　　　（1）

（9）你十分倾心的恋人，随着时间的推移，暴露出一些缺点和不足，这时候你（　　）。

A. 采取婉转的方式告知并帮助对方改进　　　　　　　　　　　　　　（3）

B. 无所谓　　　　　　　　　　　　　　　　　　　　　　　　　　　（1）

C. 嫌弃对方，犹豫动摇　　　　　　　　　　　　　　　　　　　　　（0）

D. 内心十分痛苦　　　　　　　　　　　　　　　　　　　　　　　　（2）

（10）当你初步踏进爱河之中，一位条件更好的异性对你表示爱慕时，于是你（　　）。

A. 说明实情　　　　　　　　　　　　　　　　　　　　　　　　　　（3）

B. 对其冷淡，但维持友谊　　　　　　　　　　　　　　　　　　　　（2）

C. 瞒着恋人和其来往　　　　　　　　　　　　　　　　　　　　　　（0）

D. 听之任之　　　　　　　　　　　　　　　　　　　　　　　　　　（1）

（11）当你向久已倾慕的异性发出爱的信息时，忽然发现他（她）另有所爱，你将（　　）。

A. 静观待变，进退自如　　　　　　　　　　　　　　　　　　　　　（2）

B. 参与角逐，继续穷追　　　　　　　　　　　　　　　　　　　　　（1）

C. 抽身止步，成人之美　　　　　　　　　　　　　　　　　　　　　（3）

D. 不知道　　　　　　　　　　　　　　　　　　　　　　　　　　　（0）

（12）恋爱进程很少会一帆风顺，而你对恋爱中出现的矛盾、波折的反应是（　　）。

A. 最好平顺些。既然已经出现了，也是件好事，正好趁此了解和考验对方　　（3）

B. 感到伤心难过，认为这是不幸　　　　　　　　　　　　　　　　　（2）

C. 疑虑顿生，就此提出分手　　　　　　　　　　　　　　　　　　　（1）

D. 没对策　　　　　　　　　　　　　　　　　　　　　　　　　　　（1）

（13）由于性情不合或其他原因，你们的恋爱搁浅了，对方提出分手。这时候你（　　）。

A. 千方百计缠住对方　　　　　　　　　　　　　　　　　　　　　　（1）

B. 到处诋毁对方名誉　　　　　　　　　　　　　　　　　　　　　　（0）

C. 说声"再见"，各奔前程　　　　　　　　　　　　　　　　　　　　（3）

D. 不知所措　　　　　　　　　　　　　　　　　　　　　　　　　　（1）

（14）当你十分依赖的恋人背信弃义，喜新厌旧，甩掉你以后，你的反应是（　　　）。

A. 当自己眼瞎认错了人　　　　　　　　　　　　　　　　　　　（2）

B. 你不仁，我不义　　　　　　　　　　　　　　　　　　　　　（0）

C. 吸取教训，重新开始　　　　　　　　　　　　　　　　　　　（3）

D. 痛苦得难以自拔　　　　　　　　　　　　　　　　　　　　　（1）

（15）你爱途坎坷，多次恋爱均告失败，随着年龄增长进入"老大难"的行列，你将（　　　）。

A. 一如从前，宁缺毋滥　　　　　　　　　　　　　　　　　　　（1）

B. 讨厌追求，随便凑合一个　　　　　　　　　　　　　　　　　（1）

C. 检查一下选择标准是否实际　　　　　　　　　　　　　　　　（3）

D. 叹息命运不佳，从此绝望　　　　　　　　　　　　　　　　　（0）

（16）你认为恋爱作为人生一个极其重要的环节，其最终所达到的目的应当是（　　　）。

A. 找到一个情投意合的爱侣　　　　　　　　　　　　　　　　　（3）

B. 成家过日子，抚养儿女　　　　　　　　　　　　　　　　　　（2）

C. 满足性的饥渴　　　　　　　　　　　　　　　　　　　　　　（0）

D. 只是觉得新鲜有趣儿，没有明确的想法　　　　　　　　　　　（1）

评估说明：将你所选选项后的分数相加，总分在 42 分以上说明你的恋爱观正确，总分为 33~41 分说明你的恋爱观基本正确，总分在 32 分以下说明你的恋爱观需要调整。

附录十一　网络成瘾倾向自我评价表

指导语：请根据你上网的实际情况在表附 11-1 网络成瘾倾向自我评价表中相应的分数上打"√"。

表附 11-1　网络成瘾倾向自我评价表

测 试 项 目	很不符合	不太符合	比较符合	非常符合
1. 曾不止一次有人告诉我，我花了太多时间在网络上	1	2	3	4
2. 我只要有一段时间没有上网，就会觉得心里不舒服	1	2	3	4
3. 我发现自己上网的时间越来越长	1	2	3	4
4. 网络断线或接不上时，我觉得自己坐立不安	1	2	3	4
5. 哪怕再累，上网时就觉得很有精神	1	2	3	4
6. 其实我每次都只想上网待一下子，但常常一待就待很久不下来	1	2	3	4
7. 虽然上网对我的人际关系造成负面影响，我仍未减少上网时间	1	2	3	4
8. 我曾不止一次因为上网的关系而睡不到四小时	1	2	3	4
9. 从上学期以来，我每周平均上网的时间比以前增加了许多	1	2	3	4
10. 我只要有一段时间没有上网就会情绪低落	1	2	3	4
11. 我不能控制自己上网的冲动	1	2	3	4
12. 发现自己专注在网络上而减少与身边朋友的互动	1	2	3	4
13. 我曾因为上网而腰酸背痛或有其他身体不适	1	2	3	4
14. 我每天早上醒来，第一件想到的事就是上网	1	2	3	4
15. 上网对我的学业或工作已造成一些负面的影响	1	2	3	4
16. 我只要有一段时间没有上网，就会觉得自己好像错过了什么	1	2	3	4
17. 因为上网的关系，我与家人的互动减少了	1	2	3	4
18. 因为上网的关系，我平常休闲活动的时间减少了	1	2	3	4
19. 我每次下网后本来是要去做别的事，却又忍不住再次上网看看	1	2	3	4
20. 没有网络，我的生活就毫无乐趣可言	1	2	3	4
21. 上网对我的身体健康造成负面影响	1	2	3	4
22. 我曾经试过想花较少的时间在网络上，但无法做到	1	2	3	4
23. 我习惯减少睡眠时间，以便能有更多时间上网	1	2	3	4
24. 比起以前，我必须花更多的时间上网才能感到满足	1	2	3	4
25. 我曾因为上网而没有按时就餐	1	2	3	4
26. 我会因为熬夜上网而导致白天精神不好	1	2	3	4

评估说明： 把你所打"√"的分数相加计算出总分。得分相应情况说明见表附 11-2 上网情况自测分数对应情况说明表。

表附 11-2 上网情况自测分数对应情况说明

总 分	说 明
42 分以下	一般上网者
42~59 分	可能有轻度网络依赖倾向，请管理好自己的上网时间
59 分以上	可能有重度网络依赖倾向，可寻求相关帮助，以引导你正确使用网络

附录十二 焦虑自评量表（SAS）

指导语： 下面有 20 条文字表述，请仔细阅读每一条，把意思弄明白。然后根据你最近一星期的实际情况按如下标准评定一个 A~D 的量值：A——没有或很少的时间；B——小部分时间；C——相当多的时间；D——绝大部分或全部时间。

（1）我觉得比平常容易紧张或着急。　　　　　　　　　　　　　（　　）

（2）我无缘无故感到害怕。　　　　　　　　　　　　　　　　　（　　）

（3）我容易心里烦乱或觉得惊恐。　　　　　　　　　　　　　　（　　）

（4）我觉得我可能将要发疯。　　　　　　　　　　　　　　　　（　　）

（5）我觉得一切都很好，也不会发生什么不幸。　　　　　　　　（　　）

（6）我手脚发抖、打战。　　　　　　　　　　　　　　　　　　（　　）

（7）我因为头痛、颈痛和背痛而苦恼。　　　　　　　　　　　　（　　）

（8）我感觉容易衰弱和疲乏。　　　　　　　　　　　　　　　　（　　）

（9）我觉得心平气和，并且容易安静坐着。　　　　　　　　　　（　　）

（10）我觉得心跳很快。　　　　　　　　　　　　　　　　　　　（　　）

（11）我因为一阵阵头晕而苦恼。　　　　　　　　　　　　　　　（　　）

（12）我有晕倒发作，或觉得要晕倒似的。　　　　　　　　　　　（　　）

（13）我吸气、呼气都感到很容易。　　　　　　　　　　　　　　（　　）

（14）手脚麻木和刺痛。　　　　　　　　　　　　　　　　　　　（　　）

（15）我因为胃痛和消化不良而苦恼。　　　　　　　　　　　　　（　　）

（16）我常常要小便。　　　　　　　　　　　　　　　　　　　　（　　）

（17）我的手脚常常是干燥、温暖的。　　　　　　　　　　　　　（　　）

（18）我脸红发热。　　　　　　　　　　　　　　　　　　　　　（　　）

（19）我容易入睡并且一夜睡得很好。　　　　　　　　　　　　　（　　）

（20）我做噩梦。　　　　　　　　　　　　　　　　　　　　　　（　　）

评估说明： A、B、C、D 分别计 1、2、3、4 分，将所有得分相加，再将总分乘以 1.25，四舍五入取整数，即得到标准分。第 5、9、13、17、19 条文字为反向计分项目。

中国焦虑评定的分界值为 50 分，分数越高，焦虑倾向越明显。50~59 分为轻度焦虑；60~69 分为中度焦虑；69 分以上是重度焦虑。

附录十三 抑郁自评量表（SDS）

指导语： 下面有 20 条文字表述，请仔细阅读每一条，把意思弄明白。然后根据你最近一星期的实际情况按如下标准评定一个 A~D 的量值：A——没有或很少的时间；B——小部分时间；C——相当多的时间；D——绝大部分或全部时间。

（1）我觉得闷闷不乐，情绪低沉。　　　　　　　　　　　　　　　　　（　　）

（2）我觉得一天之中早晨最好。　　　　　　　　　　　　　　　　　　（　　）

（3）我一阵阵哭出来或觉得想哭。　　　　　　　　　　　　　　　　　（　　）

（4）我晚上睡眠不好。　　　　　　　　　　　　　　　　　　　　　　（　　）

（5）我吃得和平常一样多。　　　　　　　　　　　　　　　　　　　　（　　）

（6）我与异性密切接触时和以往一样感到愉快。　　　　　　　　　　　（　　）

（7）我发觉我的体重在下降。　　　　　　　　　　　　　　　　　　　（　　）

（8）我有便秘的苦恼。　　　　　　　　　　　　　　　　　　　　　　（　　）

（9）我心跳比平时快。　　　　　　　　　　　　　　　　　　　　　　（　　）

（10）我无缘无故地感到疲乏。　　　　　　　　　　　　　　　　　　（　　）

（11）我的头脑跟平常一样清楚。　　　　　　　　　　　　　　　　　（　　）

（12）我觉得经常做的事情并不困难。　　　　　　　　　　　　　　　（　　）

（13）我觉得不安但平静不下来。　　　　　　　　　　　　　　　　　（　　）

（14）我对将来抱有希望。　　　　　　　　　　　　　　　　　　　　（　　）

（15）我比平时容易生气激动。　　　　　　　　　　　　　　　　　　（　　）

（16）我觉得作出决定是容易的。　　　　　　　　　　　　　　　　　（　　）

（17）我觉得自己是个有用的人，有人需要我。　　　　　　　　　　　（　　）

（18）我的生活过得很有意思。　　　　　　　　　　　　　　　　　　（　　）

（19）我认为如果我死了，别人会生活得好些。　　　　　　　　　　　（　　）

（20）我平常感兴趣的事仍然感兴趣。　　　　　　　　　　　　　　　（　　）

评估说明： 正向计分题 A、B、C、D 按 1、2、3、4 分计；反向计分题按 4、3、2、1 计分。反向计分题号：2、5、6、11、12、14、16、17、18、20。总分乘以 1.25，四舍五入取整数即得标准分，标准分越高，表示这方面的症状越严重。

中国抑郁评定的分界值为 53 分，53~62 分为轻度抑郁，63~72 分为中度抑郁，72 分以上为重度抑郁。

注：量表总分值仅作为参考而非绝对标准，应根据临床（要害）症状来划分，对严重阻滞症状的抑郁病人评定有困难。

附录十四 症状自评量表（SCL—90）

指导语： 表附 14-1 中列出了有些人可能有的病痛或问题，请仔细阅读每一条，然后根据最近一星期以内下列问题影响你或使你感到苦恼的程度，在方格内画"√"，请不要漏掉问题。

表附 14-1 症状自评量表

	0 没有	1 轻度	2 中度	3 偏重	4 严重
1. 头痛	☐	☐	☐	☐	☐
2. 神经过敏，心中不踏实	☐	☐	☐	☐	☐
3. 头脑中有不必要的想法或字句盘旋	☐	☐	☐	☐	☐
4. 头昏或昏倒	☐	☐	☐	☐	☐
5. 对异性的兴趣减退	☐	☐	☐	☐	☐
6. 对旁人责备求全	☐	☐	☐	☐	☐
7. 感到别人能控制你的思想	☐	☐	☐	☐	☐
8. 责怪别人制造麻烦	☐	☐	☐	☐	☐
9. 忘性大	☐	☐	☐	☐	☐
10. 担心自己的衣饰整齐及仪态的端正	☐	☐	☐	☐	☐
11. 容易烦恼和激动	☐	☐	☐	☐	☐
12. 胸痛	☐	☐	☐	☐	☐
13. 害怕空旷的场所或街道	☐	☐	☐	☐	☐
14. 感到自己的精力下降，活动减慢	☐	☐	☐	☐	☐
15. 想结束自己的生命	☐	☐	☐	☐	☐
16. 听到旁人听不到的声音	☐	☐	☐	☐	☐
17. 发抖	☐	☐	☐	☐	☐
18. 感到大多数人都不可信任	☐	☐	☐	☐	☐
19. 胃口不好	☐	☐	☐	☐	☐
20. 容易哭泣	☐	☐	☐	☐	☐
21. 同异性相处时感到害羞、不自在	☐	☐	☐	☐	☐
22. 感到受骗、中了圈套或有人想抓住你	☐	☐	☐	☐	☐
23. 无缘无故地突然感到害怕	☐	☐	☐	☐	☐
24. 自己不能控制地大发脾气	☐	☐	☐	☐	☐
25. 怕单独出门	☐	☐	☐	☐	☐
26. 经常责怪自己	☐	☐	☐	☐	☐
27. 腰痛	☐	☐	☐	☐	☐

	0 没有	1 轻度	2 中度	3 偏重	4 严重
28. 感到难以完成任务	☐	☐	☐	☐	☐
29. 感到孤独	☐	☐	☐	☐	☐
30. 感到苦闷	☐	☐	☐	☐	☐
31. 过分担忧	☐	☐	☐	☐	☐
32. 对事物不感兴趣	☐	☐	☐	☐	☐
33. 感到害怕	☐	☐	☐	☐	☐
34. 你的感情容易受到伤害	☐	☐	☐	☐	☐
35. 旁人能知道你私下的想法	☐	☐	☐	☐	☐
36. 感到别人不理解你，不同情你	☐	☐	☐	☐	☐
37. 感到人们对你不友好，不喜欢你	☐	☐	☐	☐	☐
38. 做事必须做得很慢以保证做得正确	☐	☐	☐	☐	☐
39. 心跳得很厉害	☐	☐	☐	☐	☐
40. 恶心或胃部不舒服	☐	☐	☐	☐	☐
41. 感到比不上他人	☐	☐	☐	☐	☐
42. 肌肉酸痛	☐	☐	☐	☐	☐
43. 感到有人在监视你、谈论你	☐	☐	☐	☐	☐
44. 难以入睡	☐	☐	☐	☐	☐
45. 做事必须反复检查	☐	☐	☐	☐	☐
46. 难以作出决定	☐	☐	☐	☐	☐
47. 怕乘电车、公共汽车	☐	☐	☐	☐	☐
48. 呼吸有困难	☐	☐	☐	☐	☐
49. 一阵阵发冷或发热	☐	☐	☐	☐	☐
50. 因为感到害怕而避开某些东西、场合或活动	☐	☐	☐	☐	☐
51. 脑子变空了	☐	☐	☐	☐	☐
52. 身体发麻或刺痛	☐	☐	☐	☐	☐
53. 喉咙有梗塞感	☐	☐	☐	☐	☐
54. 感到前途没有希望	☐	☐	☐	☐	☐
55. 不能集中注意力	☐	☐	☐	☐	☐
56. 感到身体的某一部分软弱无力	☐	☐	☐	☐	☐
57. 感到紧张或容易紧张	☐	☐	☐	☐	☐
58. 感到手或脚发重	☐	☐	☐	☐	☐
59. 想到死亡的事	☐	☐	☐	☐	☐
60. 吃得太多	☐	☐	☐	☐	☐

续表

	0 没有	1 轻度	2 中度	3 偏重	4 严重
61. 当别人看着你或谈论你时感到不自在	□	□	□	□	□
62. 有一些不属于你自己的想法	□	□	□	□	□
63. 有想打人或伤害他人的冲动	□	□	□	□	□
64. 醒得太早	□	□	□	□	□
65. 必须反复洗手、点数	□	□	□	□	□
66. 睡得不稳、不深	□	□	□	□	□
67. 有想摔坏或破坏东西的想法	□	□	□	□	□
68. 有一些别人没有的想法	□	□	□	□	□
69. 感到对别人神经过敏	□	□	□	□	□
70. 在商店或电影院等人多的地方感到不自在	□	□	□	□	□
71. 感到任何事情都很困难	□	□	□	□	□
72. 一阵阵恐惧或惊慌	□	□	□	□	□
73. 感到在公共场合吃东西很不舒服	□	□	□	□	□
74. 经常与人争论	□	□	□	□	□
75. 单独一人时神经很紧张	□	□	□	□	□
76. 别人对你的成绩没有作出恰当的评价	□	□	□	□	□
77. 即使和别人在一起也感到孤单	□	□	□	□	□
78. 感到坐立不安、心神不定	□	□	□	□	□
79. 感到自己没有什么价值	□	□	□	□	□
80. 感到熟悉的东西变得陌生或不像是真的	□	□	□	□	□
81. 大叫或摔东西	□	□	□	□	□
82. 害怕会在公共场所昏倒	□	□	□	□	□
83. 感到别人想占你的便宜	□	□	□	□	□
84. 为一些有关性的想法而苦恼	□	□	□	□	□
85. 你认为应该因为自己的过错而受到惩罚	□	□	□	□	□
86. 感到要很快把事情做完	□	□	□	□	□
87. 感到自己的身体有严重问题	□	□	□	□	□
88. 从未感到和其他人很亲近	□	□	□	□	□
89. 感到自己有罪	□	□	□	□	□
90. 感到自己的脑子有毛病	□	□	□	□	□

评估说明：采取五级评分法（0~4 级），即对于所列情况或症状在某一时间内的严重程度进行评定：无＝0 分，轻度＝1 分，中度＝2 分，偏重＝3 分，严重＝4 分。

症状自评量表结构及意义见表附 13-2。

表附 13-2　症状自评量表（SCL—90）因子结构及意义

因子（最高分）	题　号	意　义
1. 躯体化（48）	1，4，12，27，40，42，48，49，52，53，56，58	反映身体不适感，如头痛、背痛、肌肉酸痛，以及焦虑的其他躯体症状
2. 强迫症状（40）	3，9，10，28，38，45，46，51，55，65	反映与强迫观念、行为有关的症状
3. 人际关系敏感（36）	6，21，34，36，37，41，61，69，73	反映人际交往障碍，如自卑感、不自在、社交时焦虑不安
4. 忧郁（52）	5，14，15，20，22，26，29，30，31，32，54，71，79	反映心境不佳，悲观失望，忧郁，对生活无兴趣，甚至有自杀的观念
5. 焦虑（40）	2，17，23，33，39，57，72，78，80，86	反映烦躁、坐立不安、紧张过敏，以及躯体征象
6. 敌对（24）	11，24，63，67，74，81	反映敌意的情绪、思想和行为
7. 恐怖（28）	13，25，47，50，70，75，82	反映空旷场地恐惧、高空、人群、社交场合产生恐怖的感觉
8. 偏执（24）	8，18，43，68，76，83	反映投射性思维、猜疑、妄想、被动体验和夸大等偏执性思维特征
9. 精神病（40）	7，16，35，62，77，84，85，87，88，90	反映各种限定的严重精神病急性症状和行为
10. 其他（20）	19，44，59，60，64，66，89	反映睡眠和饮食情况

附录十五 霍兰德的职业爱好问卷

指导语: 仔细阅读以下各种职业爱好类型,并在每一项特性前用铅笔标记号。凡是看起来像自己的,请画上"+",完全不像的画上"-",其他的留空白。

现实型:

- □ 喜好户外、机械及体育类的活动、嗜好及职业。
- □ 喜欢从事和事物、动物有关的工作,而不喜欢和理念、资料或成人有关的工作。
- □ 往往具有机械和运动员的能力。
- □ 喜欢建筑、塑造、重新建构和修理东西。
- □ 喜欢使用设备和机器。
- □ 喜欢看到有形的结果。
- □ 是个有毅力、勤勉的人。
- □ 缺乏创造力和原创性。
- □ 较喜欢用熟悉的方法做事并建立固定模式。
- □ 以绝对的观点思考。
- □ 不喜欢模棱两可。
- □ 较不喜欢处理抽象、理论和哲学的议题。
- □ 是个唯物论、传统和保守的人。
- □ 没有很好的人际关系和语言沟通技巧。
- □ 当焦点汇聚在自己身上时会很不自在。
- □ 很难表达自己的情感。
- □ 别人认为他很害羞。

研究型:

- □ 天生好奇且好问。
- □ 必须了解、解释及预测身边发生的事。
- □ 具有科学精神。
- □ 对于非科学、过度简化或超自然的解释持悲观、批判的态度。
- □ 对于正在做的事能全神贯注、心无旁骛。
- □ 独立自主且喜欢单枪匹马做事。
- □ 不喜欢管人也不喜欢被管。
- □ 以理论和解析的观点看事情且勇于解决抽象、含糊的问题及状况。
- □ 具有创造力和原创性。
- □ 常难以接受传统的态度及价值观。
- □ 逃避那种受外在规定束缚的高结构化情境。
- □ 处事按部就班、精确且有条理。

☐　对于自己的智力很有信心。

☐　在社交场合常觉得困窘。

☐　缺乏领导能力和说服技巧。

☐　在人际关系方面拘谨与形式化。

☐　通常不做情感表达。

☐　可能让人觉得不太友善。

艺术型：

☐　是个创造力、善表达、有原则性、天真、有个性的人。

☐　喜欢与众不同并努力做个卓绝出众的人。

☐　喜欢以文字、音乐、媒体和身体（如表演和舞蹈）创造新事物来表达自己的人格。

☐　希望得到众人的目光和赞赏，对于批评很敏感。

☐　在衣着、言行举止上倾向于无拘无束、不循传统。

☐　喜欢在无人监督的情况下工作。

☐　处事较冲动。

☐　非常重视美及审美品位。

☐　较情绪化且心思复杂。

☐　喜欢抽象的工作及非结构化的情境。

☐　在高度秩序化和系统化的情境中很难表现出色。

☐　寻求别人的接纳和赞美。

☐　觉得亲密的人际关系有压力而避之。

☐　主要透过艺术间接与别人交流以弥补疏离感。

☐　常自我反思。

社会型：

☐　是个友善、热心、外向、合作的人。

☐　喜欢与人为伍。

☐　能了解及洞察别人的情感和问题。

☐　喜欢扮演帮助别人的角色，如教师、调解员、顾问和咨询者。

☐　善于表达自己并在人群中具有说服力。

☐　喜欢当焦点人物并乐于处在团体的中心位置。

☐　对于生活及与人相处都很敏感、理想化和谨慎。

☐　喜欢处理哲学问题，如人生、宗教及道德的本质和目的。

☐　不喜欢从事与机器或资料有关的工作，或是结构严密、反复不变的任务。

☐　和别人相处融洽并能自然地表达情感。

☐　待人处事很圆滑，在别人看来很仁慈、乐于助人和贴心。

企业型：

☐ 外向、自信、有说服力、乐观。

☐ 喜欢组织、领导、管理及控制团体活动以达到个人或组织的目标。

☐ 胸怀雄心壮志且喜欢肩负责任。

☐ 相当重视地位、权力、金钱及物质财产。

☐ 喜欢控制局面。

☐ 在发起和监督活动时充满活力和热忱。

☐ 喜欢影响别人。

☐ 爱好冒险、有冲动、行事武断且言语具有说服力。

☐ 乐于参与社交圈并喜欢与有名、有影响力的人往来。

☐ 喜欢旅行和探险，并常有新奇、昂贵的嗜好。

☐ 自认为很受人欢迎。

☐ 不喜欢需要科学能力的活动以及有系统、理论化的思考。

☐ 避免从事需要注意细节及千篇一律的活动。

常规型：

☐ 是个一板一眼、固执、脚踏实地的人。

☐ 喜欢做抄写、计算等遵行固定程序的活动。

☐ 是个可依赖、有效率且尽责的人。

☐ 希望拥有隶属于团体和组织的安全感且做个好成员。

☐ 具有身份地位的意识，但通常不渴望居于高层领导地位。

☐ 知道自己该做什么事时，会感到很自在。

☐ 倾向于保守和遵循传统。

☐ 遵循别人所期望的标准及自己所认同的权威人士的领导。

☐ 喜欢在令人愉快的室内环境工作。

☐ 重视物质享受和财物。

☐ 有自制力并有节制地表达自己的情感。

☐ 避免紧张的人际关系，喜欢随性的人际关系。

☐ 在熟识的人群中才会自在。

☐ 喜欢有计划地行事，较不喜欢打破惯例。

评估说明： 在你读完这六种类型职业爱好的特性后，根据所画"+"和"-"及各类型的一般描述，选出一种最像你的类型，虽然可能没有一种类型可以完全准确地描述你，但总有一个比其他类型看起来更适合你的，最后从高到低依次排列出你的六种类型的"+""-"的项目数，思考什么职业最适合你。与周围同学的施测结果进行对比，看看有什么差异。

附录十六　自杀态度调查问卷（QSA）

指导语： 本问卷旨在了解青少年对自杀的态度，以期为自杀预防工作提供资料与指导。请在下列每个问题后面的括号内填入符合的选项。选项A~E依次表示完全赞同、比较赞同、中立、比较不赞同、完全不赞同。

（1）自杀是一种疯狂的行为。　　　　　　　　　　　　　　　　　　　　（　　）

（2）自杀死亡者应与自然死亡者享受同等待遇。　　　　　　　　　　　（　　）

（3）一般情况下，我不愿意和有过自杀行为的人深交。　　　　　　　　（　　）

（4）在整个自杀事件中，最痛苦的是自杀者的家属。　　　　　　　　　（　　）

（5）身患绝症又极度痛苦的病人，可由医务人员在法律的支持下帮助病人结束生命。

（　　）

（6）处理自杀事件的过程中，应该对其家人表示同情和关心，并尽可能为他们提供帮助。　　　　　　　　　　　　　　　　　　　　　　　　　　　　　　（　　）

（7）自杀是对人生命尊严的践踏。　　　　　　　　　　　　　　　　　　（　　）

（8）不应为自杀死亡者开追悼会。　　　　　　　　　　　　　　　　　　（　　）

（9）如果我的朋友自杀未遂，我会比以前更关心他。　　　　　　　　　（　　）

（10）如果我的邻居家里有人自杀，我会逐渐疏远他们。　　　　　　　（　　）

（11）安乐死是对人生命尊严的践踏。　　　　　　　　　　　　　　　　（　　）

（12）自杀是对家庭和社会一种不负责任的行为。　　　　　　　　　　（　　）

（13）人们不应该对自杀死亡者评头论足。　　　　　　　　　　　　　　（　　）

（14）我对那些反复自杀者很反感，因为他们常常将自杀作为一种控制别人的手段。

（　　）

（15）对于自杀，自杀者的家属在不同程度上都应负有一定的责任。　　（　　）

（16）假如我自己身患绝症又处于极度痛苦之中，我希望医务人员能帮助我结束自己的生命。　　　　　　　　　　　　　　　　　　　　　　　　　　　　　　（　　）

（17）个体为某种伟大的、超过人生命价值的目的而自杀是值得赞许的。　（　　）

（18）一般情况下，我不愿去看望自杀未遂者，即使是亲人或好朋友也不例外。

（　　）

（19）自杀只是一种生命现象，无所谓道德上的好和坏。　　　　　　　（　　）

（20）自杀未遂者不值得同情。　　　　　　　　　　　　　　　　　　　（　　）

（21）对于身患绝症又极度痛苦的病人，可不再为其进行维护生命的治疗（被动安乐死）。　　　　　　　　　　　　　　　　　　　　　　　　　　　　　　（　　）

（22）自杀是对亲人、朋友的背叛。　　　　　　　　　　　　　　　　　（　　）

（23）人有时为了尊严和荣誉而不得不自杀。　　　　　　　　　　　　　（　　）

（24）在交友时我不太介意对方是否有过自杀行为。　　　　　　　　　（　　）

（25）对自杀未遂者应给予更多的关心和帮助。　　　　　　　　（　　）

（26）当生命已无欢乐可言时，自杀是可以理解的。　　　　　　（　　）

（27）假如我自己身患绝症又处于极度痛苦之中，我不愿再接受维持生命的治疗。

　　　　　　　　　　　　　　　　　　　　　　　　　　　　　　（　　）

（28）一般情况下我不会和家中有过自杀现象的人结婚。　　　　（　　）

（29）人应该有选择自杀的权利。　　　　　　　　　　　　　　（　　）

评估说明： 自杀态度调查问卷（QSA）共29个项目，都是关于自杀态度的陈述，分为4个维度：

（1）对自杀行为性质的认识，共9项，即问卷的第1、7、12、17、19、22、23、26、29项。

（2）对自杀者的态度，共10项，即问卷的第2、3、8、9、13、14、18、20、24、25项。

（3）对自杀者家属的态度，共5项，即问卷的第4、6、10、15、28项。

（4）对安乐死的态度，共5项，即问卷的第5、11、16、21、27项。

对所有的问题，都要求受试者在完全赞同、赞同、中立、不赞同、完全不赞同选项中作出一个选择。在分析时，第1、3、7、8、10、11、12、14、15、18、20、22、28项为反向计分，即回答A、B、C、D、E分别计5、4、3、2、1分；其余项目均为正向计分，回答A、B、C、D、E分别计1、2、3、4、5分。在此基础上，再计算每个维度的项目均分，最后分值在1～5分之间。在分析结果时，可以2.5分和3.5分为两个分界值，将对自杀的态度划分为三种情况：小于等于2.5分为对自杀的肯定、认可、理解和宽容的态度；大于2.5分小于3.5分为矛盾或中立的态度；大于等于3.5分为对自杀持反对、否定、排斥和歧视的态度。本问卷的总分或总均分无特殊的意义，各维度可单独使用。

参考文献

[1] 全国十二所重点师范大学联合编写. 心理学基础 [M]. 北京：教育科学出版社，2003.

[2] 樊富珉，费俊峰. 青年心理健康十五讲 [M]. 北京：北京大学出版社，2006.

[3] 周莉. 大学生心理健康教育 [M]. 北京：中国人民大学出版社，2010.

[4] 郑日昌. 大学生心理健康：自主与自助手册 [M]. 北京：高等教育出版社，2007.

[5] 金宏章，张劲松. 大学生心理健康教育：理解·规范·提高（教师用书）[M]. 北京：科学出版社，2010.

[6] 陈国海，许国彬，肖沛雄. 大学生心理与训练 [M]. 第 2 版. 广州：中山大学出版社，2005.

[7] 江光荣. 心理咨询与治疗 [M]. 合肥：安徽人民出版社，1995.

[8] 梁瑞琼，邱鸿钟. 大学生心理健康教育与训练 [M]. 北京：教育科学出版社，2010.

[9] 马建青. 大学生心理健康 [M]. 北京：人民出版社，2011.

[10] 蒋琳. 当代大学生常见心理问题探析 [J]. 时代教育，2009（3）.

[11] 崔景贵. 90 后大学生心理发展的基本特征 [J]. 教育与职业，2008（03）.

[12] 陈国梁，唐慧敏. 大学生心理健康教育 [M]. 广州：华南理工大学出版社，2006.

[13] 黎文森，邓志军. 大学生心理健康教育导论 [M]. 长春：吉林人民出版社，2003.

[14] 张日冉，陈丽. 大学生心理健康 [M]. 第 2 版. 大连：大连理工大学出版社，2006.

[15] 牧之，张震. 心理学与你的生活 [M]. 北京：新世界出版社，2006.

[16] 杨亚琴，心理疾病的测量与治疗 [M]. 北京：东方出版社，1999.

[17] 黄希庭，郑涌. 大学生心理健康与咨询 [M]. 北京：高等教育出版社，2000.

[18] 李维青. 心理健康与自我调适 [M]. 乌鲁木齐：新疆人民出版社，2001.

[19] 许国彬，林绍雄. 当代大学生工作学 [M]. 广州：广东高等教育出版社，2010.

[20] 周家华，王金凤. 大学生心理健康教育 [M]. 第 2 版. 北京：清华大学出版社，2007.

[21] 张大均，邓卓明. 大学生心理健康教育：诊断·训练·适应·发展 [M]. 重庆：西南大学出版社，2004.

[22] 段鑫星，赵玲. 大学生心理健康教育 [M]. 第 2 版. 北京：科学出版社，2008.

[23] 毕淑敏. 心灵七游戏 [M]. 北京：北京十月文艺出版社，2014.

[24] 彭聘龄. 普通心理学 [M]. 第 4 版. 北京：北京师范大学出版社，2002.

[25] 连榕，罗丽芳. 教育心理学概论 [M]. 北京：北京大学出版社，2009.

[26] 柏雨萍，等. 光剧的故事——当代大学生成长辅导案例集 [M]. 南京：南京大学出版社，2011.

[27] 邱观建，等. 心灵氧吧——大学生心理调适漫读 [M]. 武汉：武汉理工大学出版社，2007.

[28] 刘惠珍，黄靖生. 塑造美好心灵：大学生心理咨询案例集 [M]. 南宁：广西科学技术出版社，2007.

[29] 吴惠. 敦行致远大学生深度辅导案例探析 [M]. 北京：北京航空航天大学出版社，2010.

[30] 王筱鹏. 快乐从打开心窗开始：大学生心理咨询案例集 [M]. 太原：山西经济出版社，2008.

[31] 聂曲. 大学生心理健康教育（下册）：高职生心理问题疏导 [M]. 北京：中国传媒大学出版社，2009.

[32] 门杨雪梅，朱建军. 大学生心理咨询与治疗案例解析 [M]. 北京：中央编译出版社，2012.

[33] 渠淑坤. 青少年心理咨询案例分析与辅导（修订版）[M]. 北京：中国科学技术出版社，2008.

[34] 游永恒. 大学生心理咨询案例集 [M]. 成都：四川大学出版社，2005.

[35] 冯晓完，肖建宗. 关爱与沟通：青年学生心理辅导案例分析 [M]. 贵阳：贵州人民出版社，2007.

[36] 张海燕. 绸缪未雨时：大学生心理危机自救 [M]. 北京：高等教育出版社，2008.

[37] 王宇. 牛奶可乐心理学最妙趣横生的生活心理学课堂 [M]. 济南：山东科学技术出版社，2008.

[38] 顾剑. 大学生心理健康导读 [M]. 上海：立信会计出版社，2011.

[39] 张海燕. 走过去，前面是个天——大学生心理危机援助案例集 [M]. 上海：华东理工大学出版社，2005.

[40] Gerald Corey. 心理咨询与治疗经典案例 [M]. 谭晨，译. 北京：中国轻工业出版社，2010.

[41] Larry B. Golden. 婚姻与家庭治疗案例 [M]. 吴波，译. 北京：中国轻工业出版社，2007.

[42] Sarah Edelman. 思维改变生活——积极而实用的认知行为疗法 [M]. 黄志强，殷明，译. 上海：华东师范大学出版社，2009.

[43] Richard K. James，Burl E. Gilliland. 危机干预策略 [M]. 高申春，译. 北京：高等教育出版社，2009.

[44] BE. Gilliland，R. K. James. 危机干预策略 [M]. 肖水源，等，译. 北京：中国轻工业出版社，2000.

[45] 杜元刚. 大学生心理健康教育 [M]. 长春：吉林大学出版社，2009.

[46] 吉家文. 新编大学心理健康教育 [M]. 天津：南开大学出版社，2012.

教师服务

感谢您选用清华大学出版社的教材！为了更好地服务教学，我们为授课教师提供本书的教学辅助资源，以及本学科重点教材信息。请您扫码获取。

≫ 教辅获取

本书教辅资源，授课教师扫码获取

≫ 样书赠送

公共基础课类重点教材，教师扫码获取样书

 清华大学出版社

E-mail: tupfuwu@163.com	网址：http://www.tup.com.cn/
电话：010-83470332 / 83470142	传真：8610-83470107
地址：北京市海淀区双清路学研大厦 B 座 509	邮编：100084